"十四五"普通高等教育精品系列教材

新编会计学原理
（第四版）

▶ 主 编◎胡世强 杨本芳
　　　　肖 峰 刘 羽

西南财经大学出版社

中国·成都

图书在版编目(CIP)数据

新编会计学原理/胡世强等主编.—4 版.—成都:西南财经大学出版社,
2024.3(2025.7 重印)
ISBN 978-7-5504-6124-6

Ⅰ.①新… Ⅱ.①胡… Ⅲ.①会计学 Ⅳ.①F230

中国国家版本馆 CIP 数据核字(2024)第 047703 号

新编会计学原理(第四版)

XINBIAN KUAIJIXUE YUANLI

主编 胡世强 杨本芳 肖 峰 刘 羽

策划编辑:孙 婧

责任编辑:孙 婧

责任校对:廖 韧

封面设计:墨创文化

责任印制:朱曼丽

出版发行	西南财经大学出版社(四川省成都市光华村街 55 号)
网 址	http://cbs.swufe.edu.cn
电子邮件	bookcj@swufe.edu.cn
邮政编码	610074
电 话	028-87353785
照 排	四川胜翔数码印务设计有限公司
印 刷	郫县犀浦印刷厂
成品尺寸	185 mm×260 mm
印 张	20.625
字 数	473 千字
版 次	2024 年 3 月第 4 版
印 次	2025 年 7 月第 2 次印刷
印 数	2001— 4000 册
书 号	ISBN 978-7-5504-6124-6
定 价	52.00 元

总　序

为推进中国高等教育事业可持续发展，经国务院批准，教育部、财政部启动实施了"高等学校本科教学质量与教学改革工程"（下面简称"本科质量工程"），《国家中长期教育改革和发展规划纲要（2010—2020）》也强调全面实施"高等学校本科教学质量与教学改革工程"的重要性。这是落实"把高等教育的工作重点放在提高质量上"的战略部署，是在新时代实施的一项意义重大的本科教学改革举措。"本科质量工程"以提高高等学校本科教学质量为目标，以推进改革和实现优质资源共享为手段，按照"分类指导、鼓励特色、重在改革"的原则，对推进课程建设、优化专业结构、改革培养模式、提高培养质量发挥了重要的作用。为满足本科层次经济类、管理类教学改革与发展的需求，培养具有国际视野、批判精神、创新意识和精湛业务能力的高素质应用型复合型人才，迫切需要普通本科院校经管类学院开展深度合作，加强信息交流。在此背景下，我们协调和组织部分高等院校特别是四川的高等院校，通过定期召开普通本科院校经济管理学院院长联席会议，就学术前沿、教育教学改革、人才培养、学科建设、师资建设和社会科学研究等方面的问题进行广泛交流、研讨和合作。

为了切实推进"本科质量工程"，2008 年的第一次联席会议将"精品课程、教材建设与资源共享"作为讨论、落实的重点。与会人员对普通本科的教材内容建设问题进行了深入探讨，并认为在高等教育进入大众化教育的新时代，各普通高校使用的教材与其分类人才培养模式脱节，除少数"985"高校定位于培养拔尖创新型学术型人才外，大多数高校定位于培养复合型应用型经管人才，而现有的经管类教材存在理论性较强、实践性不足、针对性不够等问题，需要编写一套满足复合型应用型人才培养要求的高质量的普通本科教材，以促进人才培养和课程体系的合理构建，推动教学内容和教学方法的改革创新，形成指向明确、定位清晰和特色鲜明的课程体系，奋力推进经济管理类高等教育质量稳步提高。与会人员一致认为，共同打造符合高教改革潮流、深刻把握普通本科教育内涵特征、满足教学需求的系列教材，非常必要。鉴于此，本编委会与西南财经大学出版社合作，组织了 30 余所普通本科院校的经济学类、管理学类的专业教师共同编写本系列教材。

本系列教材编写的指导思想是：在适度的基础知识与理论体系覆盖下，针对普通本科院校学生的特点，夯实基础，强化实训。在编写时，一是注重教材的科学性和前沿性，二是注重教材的基础性，三是注重教材的实践性，力争使本系列教材做到"教师易教、学生乐学、方便实用"。

本系列教材以立体化、系列化和精品化为特色。一是除纸质教材外，还配备课件、视频、案例、习题等数字化教学资源；二是力争做到"基础课横向广覆盖，专业课纵向成系统"；三是力争把每种教材都打造成精品，让多数教材能成为省级精品课教材、部分教材成为国家级精品课教材。

为了编好本系列教材，我们在西南财经大学出版社的协调下，经过多次磋商和讨论，成立了首届编委会。首届编委会主任委员由西华大学管理学院院长章道云教授担任。2017年，由于相关学院院长职务变动，编委会的构成也做了相应调整。调整后的编委会由西南财经大学副校长张邦富教授任名誉主任，蒋远胜教授任主任，李成文教授、张华教授、周佩教授、赵鹏程教授、董洪清教授、傅江景教授任副主任，20余所高等院校经济管理及相关学院院长或教授任编委会委员。

在编委会的组织、协调下，该系列教材由各院校具有丰富教学经验并有教授或副教授职称的教师担任主编，由各书主编拟订大纲，经编委会审核后再编写。同时，每一种教材均吸收多所院校的教师参加编写，以集众家之长。自2008年启动以来，经过近十年的打造，该系列教材现已出版公共基础、工商管理、财务与会计、旅游管理、电子商务、国际商务、专业实训、金融经济、综合类九大系列近百种教材。该系列教材出版后，社会反响好，师生认可度高。截至2017年年底，已有30多种图书获评四川省"十二五"规划教材，多个品种成为省级精品课程教材，教材在西南地区甚至全国普通高校的影响力也在不断增强。

当前，中国特色社会主义进入了新时代，习近平总书记在党的十九大报告中对高等教育提出明确要求，加快一流大学和一流学科（简称"双一流"）建设，实现高等教育内涵式发展。"双一流"建设的核心是提升学校自身的办学水平，关键是提高人才培养质量和学科建设水平，同时办学声誉得到国际社会的认可。为此，高等院校要更新教育思想观念，遵循教育教学规律，坚持内涵式发展，进一步深化本科人才培养模式改革。而教材是体现高校教学内容和方法的知识载体，是高校教学中最基本的工具，也是高校人才培养的基础，因此，高校必须加强教材建设。

为适应"双一流"建设的需要，全面提升高校人才培养质量，构建学术型人才和应用型人才分类、通识教育和专业教育结合的培养制度，满足普通本科院校教师和学生需求，需要对已出版的教材进行升级换代。一是结合教学需要对现有教材进行精心打造。具体而言，贯彻厚基础、重"双创"的理念，突出创新性、应用性、操作性特色，反映新知识、新技术和新成果的学科前沿；利用数字技术平台，加快数字化教材建设，打造立体化的优质教学资源库，嵌入可供学生自主学习和个性化学习的网络资源模块。二是根据学科发展的需要，不断补充新的教材，特别是规划旅游类、实训类、应用型教材。

我们希望，通过编委会、各位主编和编写人员及使用教材的师生共同努力，将该系列教材打造成适应新时代普通本科院校需要的高质量教材。在此，我们对各经济管理学院领导的大力支持、各位编者的智力成果以及西南财经大学出版社员工的辛勤劳动表示衷心的感谢！

21世纪普通高等院校系列教材编委会

2018年5月

第四版前言

《新编会计学原理》从 2011 年出版发行第一版到 2022 年第三版第 4 次印刷出版，至今已经有 12 个年头了。感谢众多高校的老师们和广大读者对本教材的认可、支持与厚爱。我们将会一如既往地伴随着我国会计、税收、金融等改革的深入进行，与时俱进，对本教材不断进行更新，以适应会计环境的变化和"会计学原理"课程教学的需要。为此，我们根据 2023 年最新企业会计准则和税收、金融等财经法规的发展变化，对《新编会计学原理》（第三版）进行了系统、全面的修订，推出了《新编会计学原理》（第四版）。

"会计学"是高等学校工商管理类专业和经济类专业的核心课程之一，所以"会计学原理"课程不仅是会计学专业的专业基础课程，也是所有的工商管理类专业和经济类专业必须设置的专业基础课程。为了适应"会计学原理"课程教学的需要，我们组织有关会计专家、学者编写了本教材。

2011 年，我们遵循最新的《企业会计准则》以及《企业会计准则——应用指南》，以国内外最新的会计理论为基础，结合我国会计、财务、税收、金融、财政等改革的最新成果，按照会计学的教学规律，编写了《新编会计学原理》教材，全面系统地阐述了会计的基本理论、基本知识和基本技能。本教材第一版是在我国会计深入改革的背景下推出的。

2014 年，财政部发布了 2 个新的准则，修订了 3 个会计准则，特别是发布了《企业会计准则第 39 号——公允价值计量》并对《企业会计准则——基本准则》等进行了相应的修订。根据会计环境的变化以及教学内容的改革，我们于 2015 年修订推出了本教材第二版。

第二版发行后，我国的会计制度又发生了较大改变，会计、税收、金融等改革进一步推进。2015 年新修订的《会计档案管理办法》发布；2016 年我国全面实行"营业税改增值税"政策；财政部新发布了 2 个新的具体准则《企业会计准则第 41 号——在其他主体中权益的披露》和《企业会计准则第 42 号——持有待售的非流动资产、处置组和终止经营》；财政部对《企业会计准则第 14 号——收入》以及第 16 号、第 22 号、第 23 号、第 24 号、第 37 号、第 42 号等 7 项具体准则进行了修订并发布施行；财政部陆续发布了《企业会计准则解释第 8 号》《企业会计准则解释第 9 号》《企业会计准则解释第 10 号》《企业会计准则解释第 11 号》《企业会计准则解释第 12 号》；财政部还发布了《小企业内部控制规范》（试行）。这些会计环境的变化对教材提出了新的要求，为此，我们于 2017 年修订出版了《新编会计学原理》第三版。

2017 年第三版发行后，到 2022 年 7 月，连续 4 次印刷发行。在此期间，我国会计、税收、金融等改革继续深入进行，会计环境继续发生较大变化，教材的修订势在必行。

本次修订根据会计环境的变化，加之我们对会计教学规律的进一步认识，对本教材进行了全面、系统的修订。

本教材的编写既遵循会计学课程教学的客观规律性，又符合最新《企业会计准则》和相关金融、税收法规的规范要求；既考虑了财务、会计专业学生的使用，又考虑了非财务、非会计专业学生学习"会计学"课程的需要。我们在结构和内容上做了一些新的尝试。

本教材分为 15 章，较为系统全面地介绍了会计核算的基本理论、方法程序和核算技能。其中第 1~3 章主要介绍会计学的基本原理；第 4~5 章介绍会计记录的主要手段；第 6~10 章采用企业实际经济业务资料介绍企业会计核算的详细过程；第 11~12 章介绍我国的会计工作组织及会计法规；第 13 章通过案例来模拟企业会计核算过程，第 14~15 章构建了完整的会计模拟实验内容，通过会计模拟实验来培养学生的会计核算实务技能。每章后面都配了复习思考题和练习题，便于学生对知识进行复习与巩固。

作为会计专业、财务管理专业的入门教材和非财务、非会计专业的专业基础课本，本书立足于介绍会计的基本原理和会计核算的基本方法，并将其运用于现代企业的会计核算实践，注重会计理论与会计实践的结合，以企业经常发生的主要实务经济业务为基础，选用会计实际工作中采用的会计凭证、会计账簿和会计报表等实物资料，先易后难，由浅入深地讲解会计核算的基本内容和方法，传授会计核算的基本技能。因此，本教材既满足非财务管理、非会计专业学生通过本门课程的学习就能掌握较完整的会计学知识的要求，同时又可作为财务管理、会计学专业学生的入门教材。在使用本书时，可将其中属于后续会计课程的部分内容留给其他课程介绍。

本教材第四版由成都大学胡世强教授、杨本芳教授、肖峰副教授、刘羽讲师担任主编。具体写作分工如下：胡世强教授修订撰写 1、4、5、9、11、15 章以及全书所有章节后的复习思考题和练习题；杨本芳教授修订撰写 3、5、13、14 章；刘羽讲师修订撰写 2、6、7、10 章；肖峰副教授修订撰写 8、12 章。最后由胡世强教授总纂，对全书进行了审读和补充完善。

编者水平有限，加之我国会计改革正在深入进行，国际会计创新理论也在不断涌现，书中难免有疏漏和不足，恳请广大读者批评指正。

胡世强
2023 年 8 月于成都

目 录

1　总　论

1.1　会计的内涵

1.1.1　会计的产生和发展

会计是适应人类社会生产的发展和经济管理的要求而产生和发展起来的。

物质资料是人类社会存在和发展的基础，人们通过生产实践活动认识到，为了达到以尽可能少的劳动耗费生产出尽可能多的物质财富的目的，就有必要对生产活动过程中的劳动耗费和所取得的劳动成果进行准确的计量、计算、记录和登记，这便产生了最初的会计。

随着人类社会的进步、生产活动的发展和经济管理水平的不断提高，会计也经历了一个由低级到高级、由简单到复杂的漫长发展过程。

在人类社会历史发展初期，会计只是生产职能的附带组成部分，会计还没有成为一项独立的工作，从事会计活动的人都是生产者本人——在生产活动之余，对自己的劳动成果进行简单的计算和记录。这是因为，当时生产力水平很低，没有必要将十分简单的计量、计算和记录交由专门的人进行。随着生产力水平的逐步发展，生产规模日益扩大，劳动生产率不断提高，剩余产品大量出现，需要记录、计量和计算的事项越来越多，经济管理对会计信息的要求也越来越复杂，因而对会计的要求也就越来越高——要求会计不仅仅是简单的计量和记录工具，而应当成为经济管理的重要组成内容。所以会计从生产职能的附属物独立成为经济管理的基本职能就成其必然，随着会计从生产职能的附属物独立成为经济管理的基本职能，会计工作就成其为一项专门的经济管理工作。

在我国西周时代，"会计"一词已经出现，当时已经设置了专门核算周王朝财赋收支的官员——司会；在原始的印度公社里，也已经有了一个记账员，登记和记录与农业有关的一切事项，这些都是早期的会计的表现。早期的会计，核算范围是很广泛的，几乎包括经济活动的所有数量方面；其主要内容是计算和登记财物的收支；主要采用实物计量单位，也不排除货币计量单位。随着商品经济的发展，会计核算和会计监督的内容才逐渐发展成为经济活动过程的价值运动，货币计量单位也才成为主要的计量单位，而实物和劳动量计量单位则成为辅助计量单位。

会计核算的方法也经历了从简单到复杂、从不完善到完善的过程。从单式簿记过渡到复式簿记，是会计发展史上的一次革命性变革，是一次历史的飞跃，具有划时代的意义。1494 年，意大利数学家卢卡·巴其阿勒在他的著作——《算术、几何与比例概要》中第一次系统地阐述了复式记账法，为推动复式记账法在整个欧洲以及全世界的普及奠定了基础。卢卡·巴其阿勒被公认为"现代会计之父"。

我国会计从单式记账向复式记账的过渡发生在明代，15 世纪以后出现的"三脚账"是这个过渡时期的产物；17 世纪中叶以后出现的"四脚账"等则是我国有代表性的收付复式记账法。目前广泛使用的借贷记账法是在 20 世纪初传入我国的。

20 世纪 20 年代以后，世界经济的快速发展，促进了会计的深刻变革。会计不仅为企业主服务，而且应当考虑到企业外部有关利益集团的需要，传统会计的服务职能和内部管理职能逐步分离，形成了财务会计和管理会计两大相互依存又相对独立的会计分支。这是会计历史上的又一次飞跃，标志着现代会计走向成熟，实现了传统会计向现代会计的转变。

1.1.2 现代会计的定义

1. 会计概念

会计（Accounting）是以货币作为统一的计量尺度，运用一整套专门的方法，遵循会计准则，对会计主体的经济活动进行全面、系统、连续、综合的核算和监督，为各种会计信息使用者提供有用的经济信息，并参与相关经济决策的一种经济管理活动。

2. 现代会计分为财务会计和管理会计两大分支

（1）财务会计（Financial Accounting）是以公认的会计准则为准绳，运用会计核算的基本原理，主要是对会计主体已经发生的经济业务，采用一套公认、规范的确认、计量、记录和报告的会计处理程序和方法，通过一套通用的、标准的财务报表，定期为财务会计信息使用者，特别是企业的外部使用者提供真实、公正、客观的财务会计信息的会计信息系统。所以，财务会计又称为对外报告会计（外部会计）。

（2）管理会计（Management Accounting）是以现代管理科学为理论基础，从传统会计中分离出来并具有会计特征，采用一系列特定的技术和专门方法，利用财务会计提供的资料及其他信息，对会计主体的经济活动进行规划和控制的会计信息系统。

1.1.3 会计的特点

1. 会计以货币为统一计量单位

会计是一种价值管理活动，它以货币为统一计量单位，对会计主体的经济活动从价值量方面进行核算和监督。人们可以用实物量、劳动量和货币量三种量度对会计主体的经济活动加以反映，但是企业及其他会计主体的经济活动过程实质上都是其资金运动过程，劳动量度和实物量度都无法综合反映该会计主体的经济活动总的情况，最终都必须换算成货币单位予以计量。所以，会计是利用货币作为统一的量度单位，从价值量上对会计主体的经济活动进行核算和监督。

2. 会计核算的全面性、连续性、系统性和综合性

全面性是指会计对所有的交易或者事项都要进行确认、计量、记录和报告，完整地、充分地揭示出经济业务的来龙去脉，不允许任意取舍，不能遗漏；连续性是指会

计核算中不能发生中断，即要求对经济活动过程中发生的具体事项按照发生的时间顺序，从始至终如实地加以反映，不允许有任何间断；系统性是指会计信息的取得、加工、整理、汇总和提供是科学有序的一个整体；货币计量则保证了会计信息的综合性。

3. 会计方法的科学性和特殊性

会计有一整套科学的专门的方法，这些方法组成了一个有机的、科学的方法体系。这是从长期会计实践中总结出来的，特别是会计核算的方法具有特殊性，是其他经济管理方法不能替代的，也是其他经济管理方式所不用或者极少使用的。会计方法将在本章第五节中介绍。

1.1.4 企业会计的目标

1. 会计目标的含义

会计目标也就是会计的目的，属于会计概念中的较高层次，是指会计活动应当达到的境界或想要得到的最终结果。有了会计目标，就意味着向会计管理工作提出了它应达到的具体要求，从而为会计活动指明了方向。会计的目标主要解决向谁提供信息、为何提供信息和提供何种信息这三个问题。关于会计目标的观点主要有两种：决策有用观和受托责任观。这两种观点并不相互排斥，只是强调的侧重点不同，所以许多国家会计目标是二者的结合。我国 2006 年发布的《企业会计准则——基本准则》将二者有机结合起来，形成了具体的会计目标。

2. 会计目标的内容

在市场经济条件下，企业会计的最终目标是促进会计主体（企业）的经济效益不断提高，具体的会计目标就是向会计信息使用者提供与企业财务状况、经营成果和现金流量等有关的会计信息，反映企业管理层受托责任的履行情况，有助于会计信息使用者做出经济决策。这具体表现在四个方面：

（1）为国家进行宏观调控提供会计信息。在现代市场经济条件下，国家仍然是社会经济生活的组织者和管理者，具有宏观调控的职能。国家通过政府有关部门运用经济手段对国民经济实行宏观调控。这种调控所需经济信息的一个主要来源就是各会计主体所提供的会计信息。所以，会计提供符合国家宏观管理要求的会计信息，是会计的目标之一。

（2）为企业外部信息使用者提供会计信息。在市场经济条件下，企业是一个独立的利益实体，在从事生产经营活动时，必然与外界发生各种经济往来，从而形成企业外部的各种利益集团，比如企业的投资者、各种债权人、企业的材料供应商和产品经销商等。尤其在现代企业制度建立和发展的今天，股份公司的大量涌现，这种外部利益集团与个人更趋于复杂化、明确化。如持有公司股票的股东、准备进入股票市场的潜在投资者、国家的有关部门（财政、税收、审计、国资等部门）、商业银行和其他金融机构、证券交易所、注册会计师等，他们出于对各自利益的考虑，都非常关心公司的经营状况和财务情况，他们是会计信息的主要使用者。所以，会计目标之二就是向他们提供可靠的会计信息，帮助其了解企业的经营成果、财务状况及其变动，以便做出正确的经济决策。

（3）为企业内部管理者提供会计信息。在市场经济条件下，企业是法人，是自主经营、自我约束、自我发展、自负盈亏的生产者和经营者。为了保证资本的保值与增值，增强市场竞争能力，实现价值最大化，企业必须加强内部管理，进行科学决策。这样企业的管理当局和各级责任人、公司股东大会或职工代表大会与工会组织、广大的职工等，都需要利用会计信息进行各种经营决策、理财决策和投资决策；利用会计信息来加强企业内部各部门、各环节的管理与控制；利用会计信息来维护广大职工的利益。所以，会计目标之三就是向企业内部信息使用者提供可靠的会计信息。

（4）反映企业管理层受托责任的履行情况。在经营权和所有权分离的现代企业制度中，企业管理层是接受委托人（投资者和债权人）的委托经营管理企业及其各项资产，负有受托责任，即企业管理层所经营管理的企业各项资产基本上均为投资者投入，是资本（留存收益作为再投资）或者向债权人借入的资金所形成的，企业管理层不仅有责任确保这些资产的安全、完整，而且还有责任高效运用这些资产，使其不断产生增值，为委托人创造新的价值。所以企业的投资者和债权人等委托人也需要及时或者经常性地了解企业管理层保管和使用资产的情况，以便客观地评价企业管理层的履行责任和经营业绩情况，并决定是否需要调整投资或者信贷政策，是否需要加强企业内部控制和其他制度建设，是否需要更换管理层等。因此会计目标之四就是反映企业管理层受托责任的履行情况，以便外部投资者和债权人等评价企业的经营管理责任和资源使用的有效性。

1.1.5 会计学科体系

会计学是人们对会计实践进行科学总结而形成的知识体系。会计学对会计诸多方面的研究，主要采用归纳演绎的方式，是人们在长期的会计工作的实践中，经过不断的总结，逐步形成的专门研究会计理论、会计方法和会计技能的一门应用型的技术经济管理学科。它本质上是一门经济管理学科，但就其方法体系而言，有极强的技术、技能和技巧性质。会计学要获取有关会计的全面知识，揭示会计发展的规律，预测会计未来发展的趋势，就需要研究会计环境、会计对象、会计目标、会计假设、会计信息质量特征以及会计确认、计量、记录和报告的技术方法等诸多方面，以便更好地组织和指导会计实践，发挥会计的职能作用，满足社会经济发展对会计信息的需要。

会计学通过对会计实践的深入考察和研究，在会计实践的基础上，进行归纳和总结，从而产生了一系列的概念、特征、方法和技术，形成了一个有关会计的完整知识体系。

会计学科一般分为理论会计学和应用会计学两大部分。理论会计学包括会计史和纯会计理论，而应用会计学又分为企业会计和非营利组织会计两类学科。本教材主要介绍企业会计的基本知识。企业会计学科体系是由各个分学科组成，基本上是按国际上通行的划分标准，形成了会计学原理、中级财务会计、成本会计、高级财务会计、管理会计、财务分析、电算化会计等分支学科。

会计学原理是会计学的入门学科，也是经济管理类专业的公共专业基础课。它所阐述的是会计的一些原理性的知识即会计的基本理论、基本知识和基本方法。会计的基本理论主要阐述会计基本概念与理论问题，如会计的定义、会计的产生与发展、会计与社会环境、会计的对象与内容、会计的职能和目标、会计的基本假设和会计信息质量特征等；会计的基本知识所包括的内容较多，比如会计工作的组织，会计人员的职责与权利，各种会计法律、法令及规章制度；会计的基本方法将在本章第五节中综合介绍，以后的各章内容就是这些会计方法的具体应用。会计的基本理论、基本知识和基本方法是不能截然分开的，它们是相互联系、相互渗透的有机整体。

1.2　会计的基本假设

会计的基本假设是指会计存在、运行和发展的基本假定，是进行会计工作的基本前提条件，故又称为会计的基本前提。它是对会计核算的合理设定，是人们对会计实践进行长期认识和分析后所作出的合乎理性的判断和推论。会计要在一定的假设条件下才能确认、计量、记录和报告会计信息，所以会计假设也称为会计核算的基本前提。我国的"企业会计准则——基本准则"明确了四个基本假设，即会计主体、持续经营、会计分期和货币计量。

1.2.1　会计主体假设

1. 会计主体

会计主体是指会计为之服务的特定单位，它不一定是法人，只要具有相对独立的经济业务的单位都可以成为会计主体。一般而言，企业、事业、机关、社会团体都是会计主体，但典型的会计主体仍然是公司企业。

《企业会计准则——基本准则》第五条规定："企业应当对其本身发生的交易或者事项进行会计确认、计量和报告。"这是我国对会计主体假设的制度规范。

2. 会计主体假设

（1）会计主体假设是指每个企业的经济业务必须同它的所有者及其他组织和企业（其他主体）分开。换句话讲，会计所反映的是一个特定主体的经济业务，而不是所有者个人或其他主体的经济活动。

（2）会计主体假设的设定，明确了会计服务的对象和会计核算的范围，即会计核算必须严格限定在经济相对独立的特定单位，会计核算应当以会计主体发生的各项交易或事项为对象，记录和反映会计主体本身的各项经营活动，这为会计人员在日常的会计核算中对各项交易或事项作出正确判断、对会计处理方法和会计处理程序作出正确选择提供了依据。只有这样，会计主体的财务状况和经营成果才能独立地反映出来，并区别于其他特定的单位，从而为该会计主体有关的单位和个人提供有价值的会计信息，满足其需要。本书主要是以企业为会计主体编写的，所以，下面的内容将主要介绍企业会计核算的基本原理和方法。

1.2.2　持续经营假设

《企业会计准则——基本准则》第六条规定："企业会计确认、计量和报告应当以持续经营为前提。"这是我国对持续经营假设的制度规范。

持续经营假设是指会计主体在可预见的未来时期将按照它既定的目标持续不断地经营下去，企业不会面临破产清算；会计核算应当以企业持续、正常的生产经营活动为前提。该假设对企业会计方法的选择奠定了基础，主要表现在：

一是企业对资产以其取得时的历史成本计价，而不是按其破产清算的现行市价计价；

二是企业对固定资产折旧、无形资产摊销问题，均是按假定的折旧年限或者摊销年限合理地处理；

三是企业偿债能力的评价与分析也是基于企业在会计报告期后能够持续经营为前提；

四是由于考虑了持续经营假设，企业会计核算中才选择了权责发生制为基础进行会计确认、计量、记录和报告。

如果说会计主体假设为会计活动规定了空间范围，那么持续经营假设则为会计的正常活动作出了时间上的规定。

1.2.3　会计分期假设

会计分期是指在会计主体持续经营的基础上，人为地将持续经营活动时间划分为若干阶段，每个阶段作为一个会计期间。《企业会计准则——基本准则》第七条明确规定："企业的会计核算应当划分会计期间，分期结算账目和编制财务会计报告。"会计期间分为年度和中期。中期是指短于一个完整的会计年度的报告期间，包括半年度、季度和月度。年度、半年度、季度和月度均按公历起讫日期确定，比如从 1 月 1 日起至 12 月 31 日，称为一个会计年度。半年度、季度和月度均称为会计中期。通常意义上所称的期末，是指月末、季末、半年末和年末。

会计分期使得企业每一个会计期间的收入、成本费用和利润都得到了确认，并形成各个会计期间的各种财务报表，从而及时、定期地向企业内部和外部的相关单位及个人提供有效的会计信息。

由于有了会计分期假设，为了分清各个会计期间的经营业绩和经营责任，在会计上就需要运用"应计""递延""分配""预计""计提""摊销"等特殊程序来处理一些应付费用、预收收入、预付费用、折旧、摊销等事项。这样就把企业的会计核算建立在权责发生制的基础上了。

1.2.4　货币计量假设

《企业会计准则——基本准则》第八条规定："企业会计应当以货币计量。"这是我国对货币计量假设的制度规范。

货币计量假设是指对所有会计核算的对象都采用同一种货币作为共同的计量尺度，

把企业的经营活动和财务成果的数据转化为按统一货币单位反映的信息。之所以在会计的确认、计量、记录和报告中选择货币作为统一的计量尺度，是由货币本身属性决定的。

货币是商品的一般等价物，是衡量一般商品价值的共同尺度，具有价值尺度、流通手段、贮藏手段和支付手段等特点。其他计量单位，如重量、长度、容积、台、件、个等，只能从一个侧面反映企业的生产经营情况，无法在量上面进行汇总和比较，不便于会计计量和经营管理。只有选择货币尺度进行计量，才能充分反映企业的生产经营情况。

货币计量假设包含了四层含义：

第一，会计所计量和反映的，只能是企业能够用货币计量的方面，而不能记录和传递其他的非货币信息。

第二，不同形态的资产都需要用货币作为统一的计量单位，才能据以进行会计处理，揭示企业的财务状况。

第三，在存在多种货币间的交易或者存在境内外会计报表间的合并时，应当确定某一种货币作为记账本位币。记账本位币是指企业经营所处的主要经济环境中的货币并在会计核算中所采用的基本货币单位。

第四，货币计量单位在市场经济条件下，是借助于价格来完成的，在会计处理中使用的价格，可以是市场交易中的价格，也可以是评估价格、协商价格以及内部价格。

货币计量假设也有一个限制因素，即货币自身作为计量单位的局限性。因为货币本身的"量度"是受货币购买力影响的，而货币的购买力是随时变化的，因此，货币计量假设必须还有一个附带假设，即币值稳定假设。只有假设货币本身或它的购买力稳定，才能保证货币计量的适用性。当出现持续的通货膨胀情况下，这一假设也就失去了真实性和可比性。

上述四个会计核算的基本假设的作用各不相同，但它们相互联系，相互影响，结合起来共同对企业的会计核算起规范作用。会计主体确定了会计核算的范围，持续经营解决了资产的计价和费用的分配，会计分期把会计记录定期总结为会计报表，以人民币作为统一的计量尺度，确定了记账本位币，为会计核算的整体结构奠定了基础。

1.3 会计职能与会计基础

1.3.1 会计基础

会计核算是建立在一定的会计基础之上，在具体的会计实务中，有两个会计基础，一是权责发生制，二是收付实现制。前者是企业的会计基础，后者是非营利单位的会计基础。

1. 权责发生制

《企业会计准则——基本准则》第九条规定："企业应当以权责发生制为基础进行

会计确认、计量和报告。"这是我国对企业会计基础的制度规范。

权责发生制又称应收应付制,它是以收入和费用是否已经发生为标准来确认本期收入和费用的一种会计基础。权责发生制要求:凡是当期已经实现的收入和已经发生或应当负担的费用,不论款项是否收付,都应当作为当期的收入和费用计入利润表;凡是不属于当期的收入和费用,即使款项已在当期收付,也不应当作为当期的收入和费用。

权责发生制是与收付实现制相对的一种确认和记账基础,是从时间选择上确定的基础,其核心是根据权责关系的实际发生和影响期间来确认企业的收入和费用。建立在该基础上的会计模式可以正确地将收入与费用相配比,正确地计算企业的经营成果。

企业交易或者事项的发生时间与相关货币收支时间有时并不完全一致。例如,款项已经收到,但销售并未实现;或者款项已经支付,但并不为本期生产经营活动而发生的。为了更加真实、公允地反映特定会计期间的财务状况和经营成果,会计准则明确规定,企业在会计确认、计量、记录和报告中应当以权责发生制为基础。

2. 收付实现制

收付实现制是与权责发生制相对应的一种确认和记账基础,也称现金制或现收现付制,它是以收到或支付现金作为确认收入和费用的依据的一种方法。其主要内容是:凡是在本期收到的收入和支付的费用,不论是否属于本期,都应当作为本期的收入和费用处理,而对于应收、应付、预收、预付等款项均不予以确认。目前,我国的行政单位会计采用收付实现制;事业单位除经营业务采用权责发生制外,其他业务都采用收付实现制。

企业会计核算应当以权责发生制为基础,要求企业日常的会计账务处理必须以权责发生制为基础进行,因而主要会计报表如资产负债表、利润表、所有者权益变动表等都必须以权责发生制为基础来编制和披露;但是现金流量表的编制基础却是收付实现制,必须按照收付实现制来确认现金要素和现金流量。

1.3.2 会计的职能

会计的职能是会计在经济管理中所具有的内在功能,主要包括基本职能和拓展职能。

1. 会计的基本职能

《中华人民共和国会计法》(以下简称《会计法》)第五条明确规定"会计机构、会计人员依照本法规定进行会计核算,实行会计监督"。这是对会计基本职能的高度概括,也就从法律层次上规范了会计的基本职能。

(1)会计的核算职能。会计核算贯穿于企业经济活动的全过程,是会计最基本的职能,也称为会计的反映职能。会计核算的基本内涵是以货币为主要计量单位,运用一系列的专门方法和程序对企业经济活动进行确认、计量、记录,最后以财务会计报告的形式对企业的经济活动进行全面、连续、系统、综合的反映,以满足各有关利益方面对会计信息的需求。

(2)会计的监督职能。会计监督是指会计按照一定的目的和要求,利用会计核算所提供的信息，对企业经济活动的全过程进行分析、控制和指导，促进各企业改善经营管理，维护国家的财经制度，保护各单位的财产安全，不断提高经济效益。

上述两项会计的基本职能，是相辅相成、辩证统一的关系。会计核算是会计监督的基础，没有核算所提供的各种信息，监督就失去了依据；而监督又是会计核算质量的保证，只有会计核算而没有会计监督，就难以保证核算所提供信息的真实性和可靠性。所以，会计核算职能是基础，会计监督职能是指导，在核算的基础上进行监督，在监督的指导下进行核算。

2. 会计的拓展职能

随着社会生产力的日益提高、社会经济关系的日益复杂和管理理论的不断深化，特别是管理会计的出现，会计所发挥的作用日益重要，其职能也就不断拓展。所以，在上述两个基本职能的基础上，会计还拓展出了预测和决策的职能。

决策是决策者从各种备选方案中选出最优方案的过程。管理的重心在经营，经营的重心在决策。决策对每一个经济单位的生存和发展都至关重要。科学的决策是建立在大量的经济信息之上的，利用经济信息进行科学的预测，并根据预测结果进行科学决策。以企业为例，企业进行经济预测和决策所必需的经济信息有70%以上来自于会计信息。会计利用货币作为统一的计量单位的特点，把企业生产经营活动方方面面的问题都用价值的形式综合反映到会计信息上来。因此，利用会计信息进行经济预测并直接参与经营决策是会计预测和决策职能的一个方面。该职能的另外一个方面表现为拥有大量会计信息的高级会计管理人员，如财务总监、会计部门负责人和会计主管等人本身就是企业决策集团的组成人员或者是经济预测和经营决策的直接参与者，从另一个角度反映了会计的预测和决策职能。

1.4　会计信息的质量要求

会计信息质量要求是对企业财务会计报告所提供的会计信息质量的基本要求，也是这些会计信息对投资者等会计信息使用者决策有用而应当具备的基本质量特征。根据会计基本准则的规定，企业会计信息质量要求包括可靠性、相关性、可理解性、可比性、实质重于形式、重要性、谨慎性和及时性八个方面。

1.4.1　可靠性

可靠性是指企业应当以实际发生的交易或者事项为依据进行会计确认、计量和报告，如实反映符合确认和计量要求的各项会计要素及其他相关信息，保证会计信息真实可靠，内容完整。企业的会计核算应当以实际发生的交易或事项为依据，如实反映其财务状况、经营成果和现金流量。该原则包括真实性、中立性和可验证性三个方面，是对企业会计核算工作的会计信息的基本质量要求。

1. 真实性

真实性是指会计确认、计量、记录必须以企业实际发生的交易或事项即客观事实为依据，有真凭实据，并将符合会计要素定义及其确认条件的资产、负债、所有者权益、收入、费用、利润等如实地反映到财务报表之中，不得根据虚构的、没有发生的或者尚未发生的交易或事项进行确认、计量、记录和报告。

真实性的保证首先依赖于会计人员实事求是的工作态度，企业的所有会计记录和会计报表的编制都不能弄虚作假、歪曲事实；其次会计资料要有可靠的、反映实际情况的原始凭证；最后，选用正确的计量方法也是保证会计信息真实性的重要条件。

2. 中立性

中立性又称"超然性"，是指会计人员在处理会计事项时应持公正立场，客观、公正、不偏不倚。会计人员在会计方法和会计程序的选择上应当不偏不倚，不带主观倾向性，因而在会计计量和会计报告时不受主观意志左右而偏向于个别使用者的需要，特别是不能根据管理当局或者其他利益集团的意愿行事，避免使其他会计信息使用者产生误解。

3. 可验证性

可验证性是指会计数据和会计记录具有可验证的证据，从填制记账凭证、登记账簿到编制会计报表等过程都要有可靠的原始依据，从而保证会计核算中的账证、账账、账表与账实之间的一致性。

1.4.2 相关性

相关性是指企业提供的会计信息应当与会计信息使用者的经济决策需要相关，有助于会计信息使用者对企业过去、现在或者未来的情况作出评价或者预测。

相关性是会计信息的生命力所在。因为，会计信息的价值在于是否有用，是否有助于使用者进行决策。任何一个会计信息使用者，都希望通过对有关会计信息的使用和分析作出相应的正确决策。如果企业提供的会计信息不能帮助他们进行正确的决策，就不具有相关性，会计信息乃至整个会计工作就失去了意义。

所以，企业提供的会计信息应当能够满足各种会计信息使用者了解企业财务状况、经营成果和现金流量的需要，满足企业加强内部经营管理的需要；有助于会计信息使用者了解和评价企业过去的决策，证实或者修正过去的有关预测；有助于会计信息使用者根据这些有用的会计信息预测企业的财务情况、经营成果和现金流量情况。

在会计核算中坚持该相关性，就是要求企业在确认、计量、记录和报告会计信息过程中，充分考虑会计信息使用者的决策模式和信息需求。但是，相关性以可靠性为基础，即在会计信息可靠的基础上，尽可能做到相关性，以满足各类会计信息使用者的决策需要。

1.4.3 可理解性

可理解性又称明晰性，是指企业提供的会计信息应当清晰明了，便于会计信息使用者理解和使用。

会计的目的就是向有关各方提供有用的会计信息。要实现该目标，就要求企业的会计信息清晰、完整地反映企业经济活动的来龙去脉，并且要简明扼要、通俗易懂，便于使用者正确地理解和加以利用。

在会计核算中坚持清晰性原则，就要求企业的会计记录准确、清晰，填制会计凭证、登记会计账簿必须做到依据合法、账户对应关系清楚、文字摘要完整；在编制会计报表时做到项目钩稽关系清楚完整、数据准确。

1.4.4 可比性

可比性是指企业提供的会计信息应当具有可比性。这具体体现在以下两个方面：

1. 同一企业不同时期可比

为了便于会计信息使用者了解企业的财务状况、经营成果和现金流量的变化趋势，比较企业在不同时期的财务会计信息，全面客观地评价过去、预测未来，从而做出正确的决策，要求同一企业不同时期发生的相同或者相似的交易或者事项，应当采用一致的会计政策，不得随意变更。

需要说明的是，并非为了满足可比性要求就一定不得变更会计政策，如果按照规定或者在会计政策变更后能够提供更为可靠、更为相关的会计信息，那么可以变更会计政策，但应当在附注中说明。

2. 不同企业相同会计期间可比

为了便于会计信息使用者评价不同企业的财务状况、经营成果和现金流量的变动情况，要求不同企业发生的相同或者相似的交易或者事项，应当采用规定的会计政策，确保会计信息口径一致、相互可比，以使得不同企业按照一致的确认、计量、记录和报告要求提供有关的会计信息。

1.4.5 实质重于形式

实质重于形式是指企业应当按照交易或者事项的经济实质进行会计确认、计量和报告，不应仅以交易或者事项的法律形式为依据。

企业发生的交易或事项在多数情况下其经济实质和法律形式是一致的，但在有些情况下也会不一致。例如，为了准确反映企业集团的会计信息，使得投资者等报表使用者了解企业集团的财务状况、经营成果和现金流量情况，母公司将其子公司合起来编制的合并报表，该合并报表反映的是企业集团的经济实质内容，而没有反映被合并公司的法律形式。母公司和子公司在法律上是两个或多个独立的法人实体，但母公司在编制合并报表时，并非按其法律形式（两个或多个独立法人）而按其母、子公司的经济实质，将母、子公司的个别报表合二为一（当然不是简单相加，而是按照会计准则的规范进行）。

1.4.6 重要性

重要性是指企业提供的会计信息应当反映与企业财务状况、经营成果和现金流量等有关的所有重要交易或者事项。

会计信息质量重要性要求企业在会计核算过程中对交易或事项应当区别其重要程度，采用不同的核算方式，以及企业的财务会计报告在全面反映企业的财务状况、经营成果的同时，对于足以影响会计信息做出正确决策的重要经济业务，分别核算，单独反映，并在财务会计报告中进行重点说明。

企业在会计核算中，对资产、负债、损益等有较大影响，进而影响财务会计报告使用者据以作出合理判断的重要会计事项，必须按照规定的会计方法和程序进行处理，并在财务会计报告中予以充分的披露；对于次要的会计事项，在不影响会计信息真实性和不至于误导会计信息使用者作出正确判断的前提下，可适当简化处理。

重要性原则与会计信息成本效益直接联系。在会计核算中坚持重要性，就能够使提供会计信息的收益大于成本；反之，就会使提供会计信息的成本大于收益。评价某些项目的重要性，在很大程度上取决于会计人员的职业判断。

1.4.7　谨慎性

谨慎性又称稳健性，是指企业对交易或者事项进行会计确认、计量和报告应当保持应有的谨慎，不应高估资产或者收益，低估负债或者费用。

在市场经济条件下，采用谨慎性原则，有利于增强企业的竞争能力和应变能力，减少经营者的风险负担。因为在市场经济环境下，企业的生产经营活动面临着许多风险和不确定因素，如应收账款的可回收性、固定资产的使用年限、无形资产的使用年限、售出存货可能发生的退货或返修等。面对这些不确定性因素，企业在做出职业判断时，应当保持应有的谨慎，充分估计到各种风险和损失，既不高估资产或者收入，也不低估负债或者费用。

再比如，当某项经济业务存在多种不同处理方法时，应当选择不会导致企业虚增资产或盈利的方法，即对收入、费用和损失的确认持谨慎和稳健的态度。企业在会计核算中，应当遵循谨慎性的要求，对于可能发生的损失和费用，应当加以合理估计，不得压低负债或费用，也不得抬高资产或收益，更不得计提秘密准备。具体地讲，就是凡是可以预见的损失和费用均应予以确认，而对不确定的收入则不予以确认。

会计实务中计提资产减值准备，采用加速折旧法计提固定资产折旧，确认预计负债等都是谨慎性要求的具体体现。

但谨慎性的应用，绝不允许企业计提秘密准备，如果企业故意低估资产或者收入，或高估负债或者费用，将不符合会计信息的可靠性和相关性要求，将会损害会计信息质量，扭曲企业实际的财务状况和经营成果，从而对会计信息使用者的决策产生误导，这是会计准则不允许的。

1.4.8　及时性

及时性是指企业对于已经发生的交易或者事项，应当及时进行会计确认、计量和报告，不得提前或者延后。

会计信息的价值在于有助于会计信息使用者能够及时做出正确的决策，因此会计信息必须具有时效性。即使是可靠的、相关的、重要的会计信息，如果不能够及时提供和传递到使用者，就失去了时效性，以后再获得该信息，对使用者的效用将大大降低，甚至不再具有实际意义。

及时性要求企业在会计核算中应当在经济业务发生时及时进行，不得提前或延后，并按规定的时间提供会计信息，以便会计信息得到及时利用。及时性要求有三层含义：

一是要求及时收集会计信息，即在经济交易或事项发生后，会计及相关人员应当及时收集、整理各种原始单据和凭证。

二是要求及时处理会计信息，即按会计准则的规定，会计及相关人员及时对经济交易或事项进行确认、计量、记录，及时编制财务会计报告，不得拖延。

三是要求及时传递会计信息，即在国家规定的期限内，会计及相关人员及时对外披露财务会计报告及其他应该披露的会计信息，使得各方面的信息使用者能够及时了解企业的情况，以利于他们做出正确决策。

1.5　会计方法与账务处理程序

1.5.1　会计方法

会计方法是用来核算和监督会计对象、发挥会计职能、实现会计目标的手段。会计由会计核算、会计分析和会计检查三个部分组成，这三个部分既密切联系，又相对独立，所使用的方法也不尽相同。因此，会计方法也可以分为会计核算的方法、会计分析的方法和会计检查的方法。

1. 会计核算的方法

会计核算的方法就是对企业的经济交易或者事项进行确认、计量、记录和报告，以核算和监督企业经济活动的方法，包括设置账户、复式记账、填制和审核凭证、登记账簿、成本计算、财产清查和编制会计报表七种专门方法。

（1）设置账户。设置账户是对会计对象的具体内容进行确认、归类和监督的一种专门方法，其实质是对会计要素进一步地科学分类。会计要素是对会计对象具体内容的基本分类，是第一个层次的类别。由于企业的经济活动是复杂多样的，各项经济业务所涉及的会计对象基本要素的具体存在形式各有不同，这就需要对会计要素作进一步的合理分类，并赋予一定的结构形式，才能使复杂多样的经济业务得以分门别类地予以登记和归集，产生各种类别的财务会计指标。所以设置账户是会计记录和汇总的前提。

（2）复式记账。复式记账是记录经济业务的一种方法。这种方法的特点是对每一项经济业务都要以相等的金额，同时在两个或两个以上的相关账户中进行登记。采用复式记账，既可以通过账户的对应关系了解有关经济业务的全貌，又可以通过账户的平衡关系检查有关经济业务的记录是否正确。因此，复式记账是一种比较完善、科学的记账方法，为世界各国所普遍采用。目前我国企业会计核算采用的借贷记账法就是一种复式记账方法。

（3）填制和审核会计凭证。会计凭证是记录经济业务、明确经济责任的书面证明，是会计信息资料的最初载体，是登记账簿的依据。填制和审核会计凭证是为了保证会计资料完整、可靠，审查经济业务是否真实、合理、合法而采用的一种专门方法。对于任何一项经济业务都要按照实际情况填制会计凭证，而且必须有专门的部门和人员对这些凭证进行审核，只有经过审核无误的凭证，才能作为登记账簿的依据。通过对会计凭证的填制和审核，才能保证会计资料的真实、完整，保证会计信息的质量。

（4）登记账簿。会计账簿是用来记录各项经济业务的簿籍，是加工和保存会计资料的重要工具。登记账簿就是在账簿上全面、系统、连续地记录和反映企业经济活动的一种专门方法。登记账簿把复式记账和设置账户融为一体，它以会计凭证为依据，利用账户和复式记账的方法，把所有经济业务分门别类而又相互连续地加以全面反映，以便提供完整而系统的会计信息资料。在账簿上，相关会计人员既要将所有经济业务按照账户加以归类记录，进行分类核算，又要将全部或部分经济业务按其发生时间的先后，序时记录，进行序时核算；登记账簿既要提供总括的核算指标，又要提供明细核算指标，为编制会计报表提供必要的资料。登记账簿是会计核算工作的主体部分。

（5）成本计算。成本计算是对企业在生产经营活动中发生的全部费用，按照一定的对象和标准进行归集和分配，借以计算确定各个对象的总成本、单位成本以及企业的总成本费用的一种专门方法。通过成本计算，企业可以正确地对会计核算对象进行计价，核算和监督生产经营活动中所发生的各项费用是否符合节约原则，以便挖掘潜力、减少消耗、节约费用，不断降低成本、提高经济效益。

（6）财产清查。财产清查是通过盘点实物、核对账目来查明各项财产物资、债权债务、货币资金实有数额，并进行账实核对，检查账实是否相符的一种专门方法。为了加强会计记录的准确性，保证账实相符，必须定期或不定期地对各项财产物资、往来款项进行清查、盘点和核对。会计人员在清查中如果发现账实不符，应当分清原因，明确责任，并调整账簿记录，使其账实完全一致。通过财产清查，会计人员还可以查明物资储备是否能够保证生产经营活动的需要，有无超储、积压和呆滞的情况；物资保管和使用是否妥善合理，有无损失、浪费、霉烂、丢失的情况；各项应收、应付款项是否及时结算，有无长期拖欠不清的情况。所以，财产清查既对于保证会计信息的客观真实性有积极作用，又具有监督财产物资安全完整与合理使用的重要作用。

（7）编制财务报表。编制财务报表是定期总括反映企业的财务状况、经营成果和现金流量情况以及所有者权益变动情况，提供系统的会计信息的一种专门方法。会计报表是以一定格式的表格，对一定会计期间内账簿记录内容的总括反映，它是会计数据加工的最终成果，是企业输出会计信息的主要载体。平时，有关的会计数据是分散在各个会计账户中记录的，为了满足会计信息用户的需要，就要求会计人员定期将账户资料加工成为规范化的会计信息，通过会计报表输送出去。企业对外的会计报表主要包括资产负债表、利润表、现金流量表和所有者权益变动表。

2. 会计分析的方法

会计分析的方法主要是利用会计核算的资料以及其他信息资料对会计主体的经济活动及其效果进行分析，通过计算和分析一系列财务指标来评价企业的财务状况、经营成果、现金流量情况以及企业的盈利能力、偿债能力和发展能力，从而为会计信息使用者的预测、决策以及进行考核评价提供科学依据的专门方法。它包括事前预测分析方法、事中控制分析方法和事后总结分析方法。会计分析的方法有很多，比如，会计预测分析的方法有回归分析法、高低点法、量本利分析法等；会计决策分析的方法有差量分析法、无差别点法、边际分析法、净现值法、内含报酬率法、现值指数法等；财务报表分析的方法有会计报表结构分析法、比例分析法、平衡分析法、比率分析法、杜邦分析法等。

3. 会计检查的方法

会计检查的方法是运用会计资料检查会计主体的经济活动及其结果是否合理、合法，是否有效以及会计资料是否正确使用的专门方法，如核对法、复核法、查询法、盘点法等。

上述的会计方法本不是各自独立存在的，而是相互联系、相互依存，形成一个完整的、有机的会计方法体系。会计核算是会计分析和会计检查的基础，而会计分析是会计核算的继续和发展，会计检查则是会计核算和会计分析的保证和必不可少的补充。

1.5.2　会计账务处理程序

企业向内外部信息使用者传输会计信息的主要工具是财务报表。因此，会计人员必须运用前述的会计核算专门方法，通过科学的账务处理程序，对企业日常生产经营活动中发生的大量繁杂的经济业务所形成的会计资料进行记录、分类、整理，最后编制出财务报表并向各方提供反映企业财务状况、经营成果和现金流量情况的总括会计信息。这种对会计数据的记录、归类、汇总和形成会计报表的步骤和方法就称为会计账务处理程序，又称为记账程序。

就一个会计期间来看，会计账务处理程序包括日常账务处理和期末账务处理两个阶段，每个阶段又包含若干步骤。

1. 日常账务处理程序

日常账务处理中主要运用设置账户、复式记账、填制会计凭证、登记账簿、成本计算五种专门的会计核算方法。该阶段主要包括以下步骤：

（1）设置各种账户。按照《企业会计准则——应用指南》对会计科目的规范，在不违反会计准则中确认、计量和报告规定的前提下，企业可根据自身生产经营的实际情况，设置有关的账户，要体现规范性和灵活性相结合，既要符合会计准则的规定，又要适用于本企业的特殊经济业务的核算。

（2）分析经济业务，编制会计分录。日常发生的各项经济业务，都必须及时取得并审核原始凭证，再由会计人员编制会计分录，形成记账凭证，作为登记账簿的依据。

（3）登记账簿，俗称过账，就是把记账凭证中的会计分录的内容过入有关账簿的账户上，包括登记日记账、登记总账和明细账。

（4）成本计算。需要进行成本计算的企业，要根据账簿记录资料，进行成本计算；再将成本计算的结果，编制记账凭证后登记有关账簿。

2. 期末账务处理程序

期末账务处理主要运用财产清查、编制会计报表等会计核算专门方法，同时也涉及其他的五种方法。具体步骤是：

（1）试算平衡。试算平衡是为了检查和验证账户记录，保证一定时期内企业的经济业务在账户中记录的正确和完整的方法。它是通过编制试算平衡表进行的，具体内容将在第四章中介绍。

（2）期末账项调整。期末账项调整是按照权责发生制的原则，在会计期末对账簿日常记录中的有关预收收入和预付费用以及尚未登记入账的应收收入和应付费用进行必要的调整，编制调整会计分录，并据以登记入账。

（3）期末账项结转。期末账项结转是在会计期末按照配比原则，将本期收入与费用进行配比，结清本期的收入和费用账户，确定本期的经营成果即利润或者亏损。有关期末账项调整与结转的内容将在第七章中介绍。

（4）财产清查。企业在编制年度财务会计报告前，应当全面清查资产，核实债务，查明财产物资的实存数量与账面数量的一致性，以及各项结算款项的真实性和拖欠原因。财产清查的结果，都要编制会计凭证，并登记入账，做到账实相符。财产清查的具体内容将在第十章中介绍。

（5）对账和结账。对账就是核对账目，具体内容是进行账簿与凭证的核对，做到账证相符；账与账之间的核对，做到账账相符；账与实物的核对，做到账实相符。在对账之后，企业就要按照会计制度的规定，进行画线结账工作，结出各账户的本期发生额和期末余额，为编制会计报表准备好资料。有关对账和结账的方法将在第七章中介绍。

（6）编制和披露财务报表。编制和披露财务报表是企业会计核算工作的最后一个程序。企业根据账簿记录提供的资料，进行适当的加工整理，就可以编制出财务报表，该期间的会计核算工作暂时画上句号。但是，企业还必须按照规定的程序和时间，对外公开披露财务报表，只有财务报表对外披露后，本期的会计核算工作才能最终结束。有关财务报表编制的内容将在第十章中介绍。

1.5.3　会计循环

按照"持续经营"和"会计分期"这两个会计假设的要求，企业在持续经营期内，必须分期连续地提供每一个会计期间的财务状况、经营成果和现金流量情况等会计信息。这样，会计账务处理程序的几个步骤不仅在每一个会计期间内依序继起，而且在各个会计期间周而复始地进行，以便连续不断地提供各会计期间的会计信息。我们把这种周而复始、循环往复的会计账务处理程序，称为会计循环。所以，上述会计账务处理程序的基本步骤也就是会计循环的基本步骤。在会计核算实务中，企业不仅要正确运用上述各种专门的方法，而且还必须遵循会计循环的客观规律，将各种方法有机结合起来，形成合理的会计账务处理程序，并按科学的核算程序开展会计工作。会计循环的具体内容将在以后的章节中详细介绍。

1.6 会计记录方式

1.6.1 记账本位币

1. 记账本位币的基本规定

记账本位币，是指企业经营所处的主要经济环境中的货币。

企业通常应选择人民币作为记账本位币。业务收支以人民币以外的货币为主的企业，可以选定其中一种货币作为记账本位币，但是编报的财务报表应当折算为人民币。

企业对于发生的外币交易，应当将外币金额折算为记账本位币金额。

企业记账本位币一经确定，不得随意变更，除非企业经营所处的主要经济环境发生重大变化。

企业因经营所处的主要经济环境发生重大变化，确需变更记账本位币的，应当采用变更当日的即期汇率将所有项目折算为变更后的记账本位币。

2. 企业选择记账本位币考虑的因素

（1）一般企业选定记账本位币应当考虑的因素

① 该货币主要影响商品和劳务的销售价格，通常以该货币进行商品和劳务的计价和结算；

② 该货币主要影响商品和劳务所需人工、材料和其他费用，通常以该货币进行上述费用的计价和结算；

③ 融资活动获得的货币以及保存从经营活动中收取款项所使用的货币。

（2）企业选定境外经营的记账本位币考虑的因素

境外经营，是指企业在境外的子公司、合营企业、联营企业、分支机构。在境内的子公司、合营企业、联营企业、分支机构，采用不同于企业记账本位币的，也视同境外经营。

① 境外经营对其所从事的活动是否拥有很强的自主性；

② 境外经营活动中与企业的交易是否在境外经营活动中占有较大比重；

③ 境外经营活动产生的现金流量是否足以偿还其现有债务和可预期的债务。

1.6.2 会计记录的文字与记账方法

1. 会计记录的文字

一般情况下，企业应当以中文为会计记录的文字。在民族自治地区的企业，会计记录可以同时使用当地通用的一种民族文字。

2. 记账方法

《企业会计准则——基本准则》确认规定"企业应当采用借贷记账法记账"。

有关借贷记账法的内容将在第四章中详细介绍。

1.6.3 会计记录手段

企业主要通过填制会计凭证和登记会计账簿进行会计记录。有关会计凭证和会计账簿的内容将在第四章和第五章中作详细介绍。

复习思考题

1. 什么是会计? 你是怎样理解会计的?
2. 会计的特点表现在哪些方面?
3. 会计学基础课程在会计学科体系中的地位是什么? 其意义为何?
4. 何谓会计目标? 企业会计的目标是什么?
5. 会计的基本职能是什么? 在基本职能外,会计为什么派生出了其他的职能?
6. 会计的基本假设有哪些? 各种假设对会计工作有何意义?
7. 有哪两种会计基础? 它们的基本内容是什么? 企业会计应当采用什么会计基础?
8. 满足哪些质量要求的会计信息才是高质量的会计信息? 这些会计信息质量对企业会计核算提出了哪些要求?
9. 什么是会计方法? 各种会计方法之间的关系如何?
10. 会计核算方法主要有哪几种?
11. 会计账务处理程序与会计循环的关系是什么?
12. 什么是记账本位币? 企业选择记账本位币应当考虑哪些因素?

练习题

一、单项选择题

1. 会计的基本职能是(　　)。
   A. 记录和计算　　　　　　　　B. 考核收支
   C. 核算和监督　　　　　　　　D. 分析和考核
2. 会计所使用的主要计量单位是(　　)。
   A. 实物量度　　　　　　　　　B. 劳动量度
   C. 货币量度　　　　　　　　　D. 工作量度
3. 会计的一般对象按大类划分在企业中具体表现为(　　)。
   A. 会计科目　　　　　　　　　B. 会计要素
   C. 账户　　　　　　　　　　　D. 各种经济业务
4. 持续经营为(　　)提供了理论依据。
   A. 会计确认　　　　　　　　　B. 会计计量
   C. 会计记录　　　　　　　　　D. 会计报告
5. 现代会计形成的标志是(　　)。
   A. 账簿的产生　　　　　　　　B. 管理会计的产生

C. 单式记账法过渡到复式记账法　　　D. 成本会计的产生

6. （　　）信息质量必须符合国家的统一规定，保证不同空间主体之间核算方法、计算口径等基本一致。

A. 一致性特征
B. 实质重于形式
C. 真实性特征
D. 可比性特征

二、多项选择题

1. 下列属于会计核算前提条件的是（　　）。

A. 会计主体
B. 会计分期
C. 持续经营
D. 货币计量
E. 权责发生制

2. 会计的方法主要有（　　）。

A. 会计核算的方法
B. 会计分析的方法
C. 会计预测的方法
D. 会计决策的方法
E. 试算平衡的方法

3. 会计核算主要包括会计（　　）环节。

A. 确认
B. 记录
C. 计量
D. 报告
E. 监督

4. 在会计核算方法体系中，就实际会计工作程序和工作过程而言，你认为起核心作用的会计核算方法是指（　　）。

A. 设置账户
B. 填制和审核凭证
C. 复式记账
D. 登记账簿
E. 编制会计报表

5. 会计的基本职能是（　　）。

A. 核算
B. 决策
C. 分析
D. 监督

6. 下列内容中，（　　）是反映企业会计信息质量要求的。

A. 公允价值
B. 历史成本
C. 实质重于形式
D. 真实性

2 会计要素与会计等式

2.1 会计对象

2.1.1 会计的一般对象

1. 会计的一般对象的含义

会计对象是会计管理的客体，是会计核算和监督的内容，是社会经济中能以货币表现的数量方面。前面已述，会计以货币为主要计量单位，对一定会计主体的经济活动进行核算与监督。因此，凡是特定会计主体的能够以货币表现的经济活动都是会计的对象。所以，会计的一般对象就是社会再生产过程中能够用货币表现的经济活动即资金运动，这是会计对象的共性；会计对象的个性表现为因各会计主体的经济活动相异而形成的具体资金运动的差异。比如，工业企业的会计对象是工业企业在供产销过程中的资金运动；而商品流通企业的会计对象是商品流通企业在购、存、销过程中的资金运动；行政事业单位的会计对象则是这些单位的预算资金和其他资金的运动。

2. 企业的资金运动

企业的资金运动包括资金的投入、资金的循环与周转和资金的退出等过程。

（1）资金的投入。企业资金的投入包括所有者投入资金和债权人投入资金两部分。前者属于企业的所有者权益，形成权益资本，后者属于企业的债权人权益，形成负债资本。所有者和债权人投入企业的资金可以是实物财产，也可以是货币资金；可以是有形的财产物资，也可以是无形财产。

（2）资金的循环与周转。无论是所有者投入的资金，还是债权人投入的资金，一旦进入企业，就构成了企业的法人资金，这些法人资金总是处于不断的运动中。在企业再生产过程中，企业的资金从货币资金形态开始，顺次通过购买、生产、销售等环节，分别表现为固定资产、原材料、在产品、产成品等实物形态，然后又回到货币资金形态。这种从货币资金形态开始，经过若干阶段又回到货币资金形态的运动过程，就是企业的资金循环，周而复始的循环就是资金的周转。它们不仅是会计核算的对象，而且是形成企业利润的源泉。

企业资金运动是企业生产经营过程中的财产物资的不断运动，其价值形态不断发生变化。

① 购买过程中的资金运动。企业用货币资金购买劳动对象，发生材料买价、运输费用、装卸费等材料采购费用，货币资金转化为存货储存资金；企业也要购买机器设

备等劳动手段，由货币资金转化为固定资产；企业还可以购买股票、债券等有价证券，将货币资金转化为投资资产。

②生产过程中的资金运动。企业在生产过程中，投入原材料、劳动力和机器设备，生产出产品，在这个过程中，发生了材料耗费、固定资产折旧费、工人的工资以及各种生产和管理费用，使得企业的资金从储备资金形态转化为生产资金和产成品资金。

③销售过程中的资金运动。企业在销售环节中将其产品销售出去，发生有关销售费用并收回货款、缴纳税金等，完成了实物资金向货币资金的转化。企业取得的销售收入扣除各项成本费用后就形成利润，并进行利润的分配。

销售过程的完结标志着本次资金运动的结束，下次资金运动的开始。

（3）资金的退出。企业资金的退出是指一部分资金离开本企业，退出了企业的资金循环与周转。它包括偿还各种债务、上缴各项税金、向投资者分配利润等。

2.1.2 会计的具体对象——会计要素

会计要素是对会计对象进行的基本分类，是构成会计客体的必要因素，是会计对象的具体化。会计必须对资金运动过程中所确认的会计事项按不同的经济特征进行归类，并为每一个类别取一个相应的名称，这就是会计要素，它是会计核算的具体内容，也是会计报表的基本项目。我国的《企业会计准则——基本准则》列示了六类会计要素，即资产、负债、所有者权益、收入、费用和利润。按照它们各自反映的内容可分为两类：第一类是从静态方面反映企业财务状况的会计要素——资产、负债和所有者权益，它们构成资产负债表的基本框架，所以又称为资产负债表要素；第二类是从动态方面反映企业经营成果的会计要素——收入、成本费用和利润，它们是构成利润表的基本框架，因此又称为利润表要素。

2.2 会计要素的含义及内容

2.2.1 资产

1. 资产的含义及特征

资产是企业过去的交易或者事项形成的、由企业拥有或控制的、预期会给企业带来经济利益的资源。资产具有以下几个特征：

（1）资产的本质特征是能够预期给企业带来经济利益的资源。预期会给企业带来经济利益，是指直接或者间接导致现金和现金等价物流入企业的潜力，这种潜力在某些情况下可以单独产生净现金流入，而某些情况则需要与其他资产结合起来才能在将来直接或间接地产生净现金流入。按照这一基本特征判断，不具备可望给企业带来未来经济利益流入的资源，便不能确认为资产。

（2）作为企业资产的资源必须为企业现在所拥有或控制。这是指企业享有某项资源的所有权，或者虽然不享有某项资源的所有权，但该资源能被企业所控制。拥有，即所有权归企业；控制则是由企业支配使用，但不等于企业取得所有权。资产尽管有不同的来源渠道，但是一旦进入企业并成为企业拥有或控制的财产，便置于企业的控制之下而失去了原来归属于不同所有者的属性，成为企业可以自主经营、运用、处置的法人财产。

（3）作为企业资产的资源必须是由过去交易或事项形成。企业过去的交易或者事项包括购买、生产、企业的建造行为或其他交易或者事项。预期在未来发生的交易或者事项不形成资产。

（4）作为资产的资源必须能够用货币计量其价值，从而表现为一定的货币额。

（5）资产包括各项财产、债权和其他权利，并不限于有形资产。也就是说，一项企业的资产，可以是货币形态，也可以是非货币形态；可以是有形的，也可以是无形的。只要是企业现在拥有或控制，并通过有效使用，能够为企业带来未来经济利益的一切资源，均属于企业的资产。

2. 资产的分类

企业的资产按流动性可分为流动资产和非流动资产两大类。

（1）流动资产，是指满足下列条件之一的资产：

① 预计在一个正常营业周期中变现、出售或耗用。

② 主要为交易目的而持有。

③ 预计在资产负债表日起一年内（含一年，下同）变现。

④ 在资产负债表日起一年内，交换其他资产或清偿负债的能力不受限制的现金或现金等价物。

以上条件中的正常营业周期通常是指企业从购买用于加工的资产起至实现现金或现金等价物的期间。正常营业周期通常短于一年，在一年内有几个营业周期。但是，也存在正常营业周期长于一年的情况，比如房地产开发企业开发用于出售的房地产开发产品，造船企业制造用于出售的大型船只等，往往超过一年才能变现、出售或耗用，仍应划分为流动资产。

流动资产按其性质划分为库存现金、银行存款、交易性金融资产、应收及预付款项、存货等。

库存现金，是指存放于企业财会部门，由出纳人员经管的货币性资产，是企业流动性最强的资产。

银行存款，是指企业存放在银行或其他金融机构中的货币性资产，与库存现金一样是企业流动性最强的资产。

交易性金融资产主要是指企业为了近期内出售而持有的金融资产。比如，企业以赚取差价为目的从二级市场购入的股票、债券、基金等，它属于现金等价物。

应收及预付款项，是指企业日常生产经营过程中发生的各种债权性资产，也属于货币性资产的范畴，包括各项应收款项和预付款项。

存货，是指企业在日常活动中持有以备出售的产成品或商品、处在生产过程中的在产品、在生产过程或提供劳务过程中耗用的材料和物料等。

（2）非流动资产，是指流动资产以外的所有资产。非流动资产按其性质划分为持有至到期投资、可供出售金融资产、长期应收款、长期股权投资、投资性房地产、固定资产、无形资产、长期待摊费用等。

持有至到期投资，是指到期日固定、回收金额固定或可确定，且企业有明确意图和能力持有至到期的非衍生金融资产。比如企业从二级市场上购入的固定利率国债、浮动利率公司债券等，符合持有至到期投资条件的，可以划分为持有至到期投资。

可供出售金融资产，通常是指企业没有划分为以公允价值计量且其变动计入当期损益的金融资产、持有至到期投资、贷款和应收款项的金融资产。比如，企业购入的在活跃市场上有报价的股票、债券和基金等，没有划分为以公允价值计量且其变动计入当期损益的金融资产或持有至到期投资等金融资产的，可归为此类。

长期应收款，是指企业超过一年应当收回而尚未收回的款项，包括融资租赁产生的应收款项、采用递延方式具有融资性质的销售商品和提供劳务等产生的应收款项。

长期股权投资，是指企业持有的对子公司、合营企业及联营企业的权益性投资以及企业持有的对被投资单位不具有控制、共同控制或重大影响，且在活跃市场中没有报价、公允价值不能可靠计量的权益性投资。

投资性房地产，是指企业为赚取租金或资本增值，或二者兼有而持有的房地产。

固定资产，是指为生产商品、提供劳务、出租或经营管理而持有的使用寿命超过一个会计期间的有形资产。

无形资产，是指企业拥有或者控制的没有实物形态的可辨认的非货币性资产。无形资产包括专利权、非专利技术、商标权、著作权、土地使用权等。

长期待摊费用，是指企业已经发生但应由本期或以后各期负担的分摊期限在一年以上的各项费用，如以经营租赁方式租入固定资产发生的改良支出等。

2.2.2　负债

1. 负债的含义及特征

负债，是指企业过去的交易或者事项形成的、预期会导致经济利益流出企业的现时义务。负债具有三个基本特征：

（1）负债是企业承担的现时义务。现时义务是指企业在现行条件下已承担的义务。未来发生的交易或者事项形成的义务，不属于现时义务，不应当确认为负债。

（2）负债由过去的交易或者事项形成。只有过去的交易或者事项才能形成负债，企业在未来发生的承诺、签订的合同等交易或者事项不形成负债。

（3）负债预期会导致经济利益流出企业，这是负债的本质特征。企业在履行现时义务清偿负债时，导致经济利益流出企业的形式多种多样，比如用现金偿还或以实物偿还，以提供劳务形式偿还，以部分转移资产、部分提供劳务形式偿还等。

2. 负债的分类

负债按其流动性，分为流动负债和非流动负债两大类。

（1）流动负债。流动负债是指满足下列条件之一的负债：

① 预计在一个正常营业周期中清偿。

② 主要为交易目的而持有。

③ 在资产负债表日起一年内到期应予以清偿。

④ 企业无权自主地将清偿推迟至资产负债表日后一年以上。

以上条件中的正常营业周期同流动资产中的解释内容。

流动资产按其性质分为短期借款、应付票据、应付账款、预收账款、应付职工薪酬、应付股利、应交税费、应付利息、应付股利、其他应付款以及一年内到期的非流动负债等。

（2）非流动负债。流动负债以外的负债应当归类为非流动负债，按其性质分为长期借款、应付债券、长期应付款、专项应付款、预计负债等。

2.2.3 所有者权益

所有者权益是指企业资产扣除负债后由所有者享有的剩余权益。所有者权益又称为股东权益。

所有者权益的来源包括所有者投入的资本、直接计入所有者权益的利得和损失、留存收益等。

1. 所有者投入的资本

所有者投入的资本是指企业的股东按照企业章程或合同、协议，实际投入企业的资本。其中，小于或等于注册资本部分作为企业的实收资本（股份公司为股本），超过注册资本部分的投入额计入资本公积。

2. 直接计入所有者权益的利得和损失

直接计入所有者权益的利得和损失，是指不应计入当期损益、会导致所有者权益发生增减变动的、与所有者投入资本或者向所有者分配利润无关的利得或者损失。

利得，是指由企业非日常活动所形成的、会导致所有者权益增加的、与所有者投入资本无关的经济利益的流入。

损失，是指由企业非日常活动所发生的、会导致所有者权益减少的、与向所有者分配利润无关的经济利益的流出。

3. 留存收益

留存收益，是指由企业利润转化而形成、归所有者共有的所有者权益，主要包括盈余公积和未分配利润。

盈余公积，是企业按规定一定的比例从净利润中提取的各种积累资金。盈余公积一般又分为法定盈余公积金和任意盈余公积金。

未分配利润，是指企业进行各种分配以后，留在企业的未指定用途的那部分净利润。

上述三个反映企业财务状况的会计要素的数量关系构成了会计恒等式：

$$资产=负债+所有者权益$$

2.2.4 收入

1. 收入的定义及特征

收入是指企业在日常活动中形成的、会导致所有者权益增加的、与所有者投入资本无关的经济利益的总流入。根据收入的定义，收入具有以下三个特征：

（1）收入是企业在日常活动中形成的。日常活动是指企业为完成其经营目标所从事的经常性活动以及与之相关的活动。例如，工业企业制造并销售产品、商品流通企业销售商品、保险公司签发保单、安装公司提供安装业务、软件公司为客户开发软件、租赁公司出租资产、咨询公司提供咨询服务等都属于企业的日常活动。确定日常活动是为了将收入与利得区分开来。企业非日常活动形成的经济利益流入不能确认为收入，而应当确认为利得。

（2）收入会导致所有者权益增加。与收入相关的经济利益应当导致企业所有者权益的增加，但又不是所有者的投入。不会导致企业所有者权益增加的经济利益流入不符合收入的定义，不能确认为收入。例如，企业向银行借入款项，尽管也导致了经济利益流入企业，但该流入并不导致所有者权益的增加，不应当确认为收入，应当确认为一项负债。

（3）收入是与所有者投入资本无关的经济利益的总流入。收入应当导致经济利益流入企业，从而导致企业资产的增加。但是，并非所有的经济利益流入都是收入所致，比如，投资者投入资本也会导致经济利益流入企业，但它只会增加所有者权益，而不能确认为收入。

2. 收入的分类

（1）企业的收入按内容分为销售商品收入、提供劳务收入、让渡资产使用权收入和建造合同收入

① 销售商品收入，是指企业销售产品或商品导致的经济利益流入企业所形成的收入，如工业企业制造并销售产品的收入，商品流通企业销售商品的收入。工业企业出售多余原材料、包装物等日常活动带来的经济利益流入也属于该类收入。

② 提供劳务收入，是指企业提供各类劳务导致的经济利益流入企业所形成的收入，如安装公司提供安装服务等日常活动导致的经济利益流入企业而形成的收入。

③ 让渡资产使用权收入，是指企业通过让渡资产使用权导致的经济利益流入企业所形成的收入。它包括利息收入、转让无形资产使用权形成的使用费收入、出租固定资产的租金收入；进行债权投资收取的利息、进行股权投资取得的现金股利等都属于让渡资产使用权收入。

④ 建造合同收入，是指为建造一项或数项在设计、技术、功能、最终用途等方面密切相关的资产而订立的合同形成的收入。它包括两个部分：一是合同规定的初始收入，二是因合同变更、索赔、奖励等形成的收入。

（2）企业的收入按经营业务的主次不同分为主营业务收入和其他业务收入

① 主营业务收入，是指企业为完成其经营目标所从事的主营业务活动实现的收入，一般应当占企业收入的绝大部分，对企业的经济效益产生较大的影响。由于各类企业的主营业务不同，因此各自的主营业务收入的内容也不尽相同。比如，工业企业生产电梯并安装电梯，那么销售电梯的收入为主营业务收入，安装电梯业务不属于他们的主业，所以带来的收入为其他业务收入；而安装公司安装电梯则是公司的主营业务，其安装收入为这类公司的主营业务收入。

② 其他业务收入，是指企业确认的除主营业务活动以外的其他经营活动实现的收

入。其他业务收入占的比重较小。不同类型企业的其他业务收入的组成内容也不尽相同。比如，工业企业对外销售原材料、包装物，出租包装物、商品或者固定资产，对外转让无形资产等都属于其他业务收入。

2.2.5 费用

1. 费用的定义及特征

费用是指企业在日常活动中发生的、会导致所有者权益减少的、与向所有者分配利润无关的经济利益的总流出。根据费用的定义，费用具有以下三个特征：

（1）费用是在日常活动中形成的。费用必须是企业在其日常活动中所形成的，这些日常活动与收入定义中涉及的日常活动的界定是一致的。将费用定义为日常活动形成的，其目的是将其与损失相区别，企业非日常活动所形成的经济利益流出企业不能确认为费用，而应当计入损失。

（2）费用会导致所有者权益减少。与费用相关的经济利益流出应当会导致所有者权益的减少，不会导致所有者权益减少的经济利益流出不符合费用定义，不应当确认为费用。例如，银行用银行存款购买原材料200万元，该购买行为虽然使得企业的经济利益流出去了200万元，但是并不会导致企业的所有者权益减少，它使得企业的另外一项资产（存货）增加，所以在这种情况下经济利益流出企业就不能确认为费用。

（3）费用是与向所有者分配利润无关的经济利益的总流出。费用的发生应当会导致经济利益流出企业，从而导致资产的减少或者负债的增加（最终也会导致资产的减少）。其表现形式包括现金或者现金等价物的流出，存货、固定资产和无形资产等的流出或者消耗等。鉴于企业向所有者分配利润也会导致经济利益流出企业，该经济利益流出显然属于所有者权益的抵减项目，不应当确认为费用，应当排除在费用之外。

2. 费用的内容

企业的费用主要包括生产成本、主营业务成本、其他业务成本、税金及附加、管理费用、销售费用和财务费用，后三种费用合称为期间费用。

（1）生产成本，是指企业为生产商品和提供劳务等而发生的各项生产耗费，包括直接费用和间接费用。直接费用是企业为生产商品和提供劳务等发生的各项直接支出，包括直接材料、直接人工及其他直接支出；间接费用是企业为生产商品和提供劳务而发生的各项间接费用，又叫制造费用，通过分配计入生产成本。

（2）主营业务成本，是指企业确认销售商品、提供劳务等主营业务收入时应当结转的成本。

（3）其他业务成本，是指企业确认的除主营业务收入以外的其他经营活动所发生的支出，包括销售材料的成本、出租固定资产的折旧额、出租无形资产的摊销额、出租包装物的成本或者摊销额等。

（4）税金及附加，是指企业的经营活动应当负担的相关税费，包括应当缴纳的消费税、资源税、城市维护建设税和教育费附加等。

（5）管理费用，是指企业为组织和管理企业生产经营所发生的费用，包括企业在筹建期间内发生的开办费，董事会和行政管理部门在企业的经营管理中发生的或者应由企业统一负担的公司经费（行政管理部门职工工资及福利费、物料消耗、低值易耗品摊销、办公费和差旅费等）、工会经费、董事会费（董事会成员津贴、会议费和差旅费等）、聘请中介机构费、咨询费（含顾问费）、诉讼费、业务招待费、房产税、车船使用税、土地使用税、印花税、技术转让费、矿产资源补偿费、研究费用、排污费等。

（6）销售费用，是指企业销售商品和材料、提供劳务的过程中发生的各种费用，包括保险费、包装费、展览费和广告费、商品维修费、预计产品质量保证损失、运输费、装卸费等以及为销售本企业商品而专设的销售机构（含销售网点、售后服务网点等）的职工薪酬、业务费、折旧费等经营费用。企业发生的与专设销售机构相关的固定资产修理费用等后续支出也属于销售费用。

（7）财务费用是指企业为筹集生产经营所需资金等而发生的筹资费用，包括利息支出（减利息收入）、汇兑损益以及相关的手续费、企业发生的现金折扣或收到的现金折扣等。

2.2.6　利润

1. 利润的定义

利润是指企业在一定会计期间的经营成果。利润的大小代表了企业经济效益的高低。通常情况下，企业实现了利润，表明企业的所有者权益将增加，业绩得到了提升；反之，企业发生了亏损（利润为负），表明企业的所有者权益将减少，业绩滑坡。

2. 利润的来源构成

利润包括收入减去费用后的净额、直接计入当期利润的利得和损失等。

（1）收入减去费用后的净额，就是企业的营业利润，反映的是企业日常经营活动的经营业绩。

（2）直接计入当期利润的利得和损失，反映的是企业非经营活动的业绩。它是指应当计入当期损益、最终会导致所有者权益发生增减变动、与所有者投入资本或者向所有者分配利润无关的利得或者损失。

3. 利润的内容

企业利润包括营业利润、利润总额和净利润。

（1）营业利润，是企业日常活动创造的经营成果，它等于营业收入减去营业成本、税金及附加、销售费用、管理费用、财务费用资产减值损失，再加上公允价值变动收益、投资收益后的金额。

（2）利润总额，是企业包括日常活动和非日常活动在内的全部业务活动创造的经营成果，它是在营业利润的基础上加上营业外收入、减去营业外支出后的金额。

（3）净利润，是利润总额扣除所得税费用后的余额。

反映企业经营成果的上述三个会计要素的数量关系构成了会计的另外一个等式：

$$收入-费用=利润$$

2.2.7　利得和损失

利得是指由企业非日常活动所形成的、会导致所有者权益增加的、与所有者投入资本无关的经济利益的流入。

损失是指由企业非日常活动所发生的、会导致所有者权益减少的、与向所有者分配利润无关的经济利益的流出。

利得和损失在会计处理中有两种计入方式：

一是直接计入所有者权益的利得和损失。这是指不应计入当期损益、会导致所有者权益发生增减变动的、与所有者投入资本或者向所有者分配利润无关的利得或者损失。比如可供出售金融资产发生公允价值变动，计入资本公积账户，从而导致所有者权益的增加和减少。直接计入所有者权益的利得和损失一般都是通过"资本公积"账户进行核算的。

二是直接计入当期利润的利得和损失。这是指应当计入当期损益、会导致所有者权益发生增减变动的、与所有者投入资本或者向所有者分配利润无关的利得或者损失。比如企业接受的财产捐赠、债务重组收益等计入营业外收入，导致利润的上升，最终导致所有者权益增加；而税收罚款、滞纳金等支出计入营业外支出，导致利润降低，从而减少企业的所有者权益。直接计入当期利润的利得和损失，是通过"营业外收入"和"营业外支出"账户核算的。

2.3 会计要素的确认与计量属性

企业会计是由确认、计量、记录和报告构成的一个有机整体。所以确认与计量是财务会计的两个重要内容，企业在对会计要素进行确认和计量时必须遵循一定的规则与要求。

2.3.1 会计要素的确认

1. 确认的含义

确认是指确定将交易或事项中的某一项目作为一项会计要素加以记录和列入财务报表的过程，确认是财务会计的一项重要程序。确认主要解决某一个项目应否确认、如何确认和何时确认三个问题，它包括在会计记录中的初始确认和在会计报表中的最终确认。我国的《企业会计准则——基本准则》采用了国际会计准则的确认标准。

2. 初始确认条件

（1）符合会计要素的定义。有关项目要确认为一项会计要素，首先必须符合该会计要素的定义。

（2）与该项目有关的任何未来经济利益很可能会流入或流出企业，这里的"很可能"表示经济利益流入或流出的可能性在50%以上。

（3）该项目具有的成本和价值以及流入或流出的经济利益能够可靠地计量。如果不能可靠计量，确认就没有任何意义了。

满足了以上三个条件的项目就能够确认为某一会计要素。

3. 最终确认条件

经过确认和计量后，会计要素必须在财务报表中列示。而在报表中列示的条件是，符合会计要素定义和会计要素确认条件的项目，才能列示在报表中，仅仅符合会计要素定义，而不符合要素确认条件的项目，是不能在报表中列示的。

资产、负债、所有者权益要素列入资产负债表；收入、费用、利润要素列入利润表。

4. 各会计要素的确认条件及报表列示

（1）资产要素的确认条件及列示。符合前述资产定义的资源，在同时满足以下条件时，确认为资产：

① 与该资源有关的经济利益很可能流入企业；

② 该资源的成本或者价值能够可靠计量。

符合资产定义和资产确认条件的项目，应当列入资产负债表；符合资产定义，但不符合资产确认条件的项目，不应当列入资产负债表。

（2）负债要素的确认条件及列示。符合前述负债定义的义务，在同时满足以下条件时，确认为负债：

① 与该义务有关的经济利益很可能流出企业；

② 未来流出的经济利益的金额能够可靠计量。

符合负债定义和负债确认条件的项目，应当列入资产负债表；符合负债定义，但不符合负债确认条件的项目，不应当列入资产负债表。

（3）所有者权益要素的确认条件及列示。所有者权益体现的是所有者在企业中的剩余权益，因此，所有者权益的确认主要依赖于其他会计要素，尤其是资产和负债的确认；所有者权益金额的确定也取决于资产和负债的计量。例如，企业接受投资者投入的资产，在该资产符合资产定义且满足确认条件确认为资产后，就相应地符合了所有者权益的确认条件；当该资产的价值能够可靠地计量，所有者权益的金额也就可以确定了。

所有者权益项目应当列入资产负债表。

（4）收入的确认条件及列示。企业应当履行了合同中的履约义务，即在客户取得相关商品控制权时确认收入。

客户，是指与企业订立合同以向该企业购买其日常活动产出的商品或服务并支付对价的一方。合同，是指双方或多方之间订立有法律约束力的权利义务的协议。合同有书面形式、口头形式以及其他形式。取得相关商品控制权，是指能够主导该商品的使用并从中获得几乎全部的经济利益。

当企业与客户之间的合同同时满足下列条件时，企业应当在客户取得相关商品控制权时确认收入：

①合同各方已批准该合同并承诺将履行各自义务；

②该合同明确了合同各方与所转让商品或提供劳务相关的权利和义务；

③该合同有明确的与所转让商品相关的支付条款；

④该合同具有商业实质，即履行该合同将改变企业未来现金流量的风险、时间分

布或金额；

⑤企业因向客户转让商品而有权取得的对价很可能收回。

在合同开始日即满足前款条件的合同，企业在后续期间无须对其进行重新评估，除非有迹象表明相关事实和情况发生重大变化。合同开始日通常是指合同生效日。

符合收入定义和收入确认条件的项目，应当列入利润表。

（5）费用的确认及列示。费用的确认除了应当符合费用的定义外，只有在经济利益很可能流出从而导致企业资产减少或者负债增加，且经济利益的流出额能够可靠计量时才能予以确认。因此费用的确认条件是：

① 符合费用的定义；

② 与费用相关的经济利益很可能流出企业；

③ 经济利益流出企业的结果是导致资产的减少或者负债的增加；

④ 经济利益的流出额能够可靠计量。

企业为生产产品、提供劳务等发生的可归属于产品成本、劳务成本等的费用，应当在确认产品销售收入、劳务收入等时，将已销售产品、已提供劳务的成本等予以确认并计入当期损益。

企业发生的支出不产生经济利益的，或者即使能够产生经济利益但不符合或者不再符合资产确认条件的，应当在发生时确认为费用，计入当期损益。

企业发生的交易或者事项导致其承担了一项负债而又不确认为一项资产的，应当在发生时确认为费用，计入当期损益。

符合费用定义和费用确认条件的项目，应当列入利润表。

（6）利润的确认与列示

利润是收入减去费用、利得减去损失后的净额，因此利润的确认主要依赖于收入、费用、利得、损失的确认；利润金额取决于收入和费用、直接计入当期利润的利得和损失金额的计量。

利润项目应当列入利润表。

2.3.2　会计要素计量属性

1. 会计计量及计量属性的含义

（1）会计计量是指为了在会计账户记录和财务报表中确认、计量有关会计要素，而以货币或其他度量单位确定其货币金额或其他数量的过程。它主要解决记录多少的问题，主要由计量单位和计量属性两个要素构成，这两个要素的不同组合形成了不同的计量模式。企业必须按照会计准则规定的会计计量属性对会计要素进行计量，确定相关金额。

（2）计量属性是指所计量的某一要素的特性方面，如原材料的重量、厂房的面积、道路的长度等。从会计角度讲，计量属性反映的是会计要素的确定基础。基本会计准则中规定了5种计量属性，即历史成本、重置成本、可变现净值、现值和公允价值。

2. 会计计量属性的种类

（1）历史成本，又称为实际成本，就是企业取得或制造某项财产时所实际支付的现金或现金等价物。在历史成本计量下，资产按照购置时支付的现金或者现金等价物的金额，或者按照购置资产时所付出的对价的公允价值计量。负债按照因承担现时义务而实际收到的款项或者资产的金额，或者承担现时义务的合同金额，或者按照日常活动中为偿还负债预期需要支付的现金或者现金等价物的金额计量。

（2）重置成本，又称为现行成本，是指在当期市场条件下，重新取得同样一项资产所需支付的现金或现金等价物金额。在重置成本计量下，资产按照现在购买相同或者相似资产所需支付的现金或者现金等价物的金额计量，负债按照现在偿付该项债务所需支付的现金或者现金等价物的金额计量。在现实中，重置成本多用于固定资产盘盈的计量等。

（3）可变现净值，是指在正常生产经营过程中，以预计售价减去进一步加工成本和预计销售费用以及相关税费后的净值。在可变现净值计量下，资产按照其正常对外销售所能收到现金或者现金等价物的金额扣减该资产至完工时估计将要发生的成本、估计的销售费用以及相关税费后的金额计量。可变现净值通常应用于存货资产减值情况下的后续计量。

（4）现值，是指对未来的现金流量以恰当的折现率进行折现后的价值，是考虑了货币时间价值的一种计量属性。在现值计量下，资产按照预计从其持续使用和最终处置中所产生的未来净现金流入量的折现金额计量，负债按照预计期限内需要偿还的未来净现金流出量的折现金额计量。现值通常应用于非流动资产可回收金额和以摊余成本计量的金融资产价值的确定等。

（5）公允价值，是指市场参与者在计量日发生的有序交易中，出售一项资产所能收到或者转移一项负债所需支付的价格。有序交易，是指在计量日前一段时期内相关资产或负债具有惯常市场活动的交易。被迫交易不属于有序交易，如清算等。

企业应当根据交易性质和相关资产或负债的特征等，判断初始确认时的公允价值是否与其交易价格相等。通常情况下，初始确认时的公允价值与其交易价格相等。

按照可观察程度的由高到低的顺序，公允价值输入值可分为三个层次，企业应当优先使用较高层级的输入值。与输入值对应，公允价值计量的结果也可分为三个层次。公允价值计量结果所属的层次，由对公允价值计量整体而言具有重要意义的输入值所属的最低层次决定。第一层次输入值是在计量日能够取得的相同资产或负债在活跃市场上未经调整的报价，第二层次输入值是除第一层次输入值外相关资产或负债直接或间接可观察的输入值，第三层次输入值是相关资产或负债的不可观察输入值。

3. 计量属性的应用原则

《企业会计准则——基本准则》第四十三条明确规定：“企业在对会计要素进行计量时，一般应当采用历史成本，采用重置成本、可变现净值、现值、公允价值计量的，应当保证所确定的会计要素金额能够取得并可靠计量。”这就是会计准则对企业应用计量属性的原则性规范。

2.4　会计等式

2.4.1　会计恒等式的意义

会计等式也称为会计恒等式或会计方程式，它是一切会计核算的出发点和基础。它实际上是六大会计要素的数量关系表达式。如前所述，资产、负债、所有者权益、收入、费用、利润六大会计要素是会计的具体对象，然而，这六个会计要素并不是孤立地反映企业的经济活动，而是紧密联系在一起共同对企业的财务状况和经营成果加以反映的。但是，六大要素是如何联系在一起的？它们彼此之间存在什么样的数量关系呢？

从企业生产经营活动过程的价值运动去考察，这些关系表现在三个方面：

一是在相对静止状态下，资产、负债、所有者权益之间的数量关系，构成静态的会计基本等式。

二是在显著变动状态下，收入、费用、利润之间的数量关系，构成动态会计等式。

三是在静态和动态结合的价值运动中，六个会计要素之间的综合数量关系，构成会计等式的扩展式。

2.4.2　资产、负债、所有者权益之间的数量关系构成会计基本等式

1. 会计基本等式的含义

任何企业要进行生产经营活动，必须首先拥有或者控制一定数量的、预期能够给企业带来经济利益的资源即资产。尽管各企业的资产在数量和结构上各不相同，但是企业资产的来源只有两个：一是所有者投入的，二是债权人提供的。只有当企业把所有者投入的资本和债权人提供的资金运用到生产经营活动中，才形成了企业所持有的各种形态的法人资产。但是，无论是所有者投入资本还是债权人提供的资金都不是无偿的，前者要求企业按投资比例从所获净利润中支付其投资所得；后者要求企业在一定的时点上，支付利息并归还本金。这种对企业资产的要求权，在会计上称为"权益"。"权益"既反映了资产的两大来源，又表明企业的各种资产以及运用资产产生的收益的归属，即归属于资产的提供者。资产不能脱离权益存在，没有无资产的权益，也没有无权益的资产，从数量上看，有一定数额的资产，就必定有一定数额的权益；反之，有一定数额的权益，也必定有一定数额的资产。从任何一个时点看，企业所拥有的资产总额与权益总额必然是相等的，保持着数量上的平衡关系。资产与权益的这种关系，可以用下面公式表示：

$$资产 = 权益$$

在企业拥有和控制的资产总额中，一部分是归属于企业的债权人，另外一部分归属于企业所有者。债权人对企业资产的要求权，从权益持有者来讲，是债权人权益，而从企业角度讲，则是企业的债务，因此会计上将债权人权益称为负债。所有者对企业资产的要求权，从权益持有者角度，是所有者对企业的投资；而从企业的角度，则

表现为投资者对企业净资产的要求权,会计上把这种要求权称为所有者权益。所以,企业的权益就分为负债和所有者权益两项,上述公式演变为:

$$资产=负债+所有者权益$$

上式称为"会计恒等式",也称为"会计等式"或"会计方程式"。它反映了会计基本要素(资产、负债与所有者权益)之间的基本数量关系,是复式记账法的理论依据,也是设置账户和编制资产负债表的理论基础。

上式之所以称为恒等式,是因为无论企业的经济业务如何变化,都不会改变三者之间的平衡关系,亦即会计恒等式在任何情况下都不会被破坏。

2. 企业经济业务对会计基本等式的影响分析

企业在生产经营过程中,会发生各种各样的经济业务,进而引起各项资产、负债、所有者权益的变动。但是,这些经济业务的发生,只会影响它们各自数量的增减变动,不会改变三者之间的平衡关系。下面通过实例说明企业的经济业务变化对资产、负债、所有者权益的数量关系变化以及会计基本等式的恒等关系的影响情况。

【例2-1】大华有限责任公司(以下简称"大华公司")是由古阳和李子两个人共同组建,各占50%的股份。公司已经在工商行政管理局注册登记,注册资本为1 500 000元。2023年1月2日,古阳投入现金1 000 000元,李子投入现金400 000元,另投入设备一台,双方认定价值600 000元,大华公司将现金1 300 000元存入银行。

分析:该项经济业务的发生,使得大华公司这一会计主体拥有200万元的资产,其中银行存款130万元,库存现金10万元,固定资产60万元;古阳和李子作为企业的投资者,对这200万元的资产具有要求权,即形成企业的所有者权益200万元。该业务的发生引起了公司的资产和所有者权益同时增加。此时,大华公司的资产、负债、所有者权益以及它们的数量关系可如表2-1所示。

表2-1 大华公司相关情况
单位:元

资产		权益(负债+所有者权益)	
项目	金额	项目	金额
库存现金	100 000	负债	0
银行存款	1 300 000	所有者权益	2 000 000
固定资产	600 000	实收资本	1 500 000
		资本公积	500 000
资产总计	2 000 000	负债及所有者权益总计	2 000 000

会计基本等式:

资产(2 000 000)=负债(0)+所有者权益(2 000 000)

【例2-2】1月3日,大华公司向银行取得短期借款500 000元。

分析:该业务使得公司的资产——银行存款增加了500 000元;同时,公司的负债——银行借款也增加了500 000元。该业务引起资产和负债同时增加。1月3日,大华公司的资产、负债、所有者权益以及它们的数量关系可如表2-2所示。

表 2-2　大华公司相关情况　　　　　　　　　　　　单位：元

资产		权益（负债+所有者权益）	
项目	金额	项目	金额
库存现金	100 000	负债	500 000
银行存款	1 800 000	短期借款	500 000
固定资产	600 000	所有者权益	2 000 000
		实收资本	1 500 000
		资本公积	500 000
资产总计	2 500 000	负债及所有者权益总计	2 500 000

会计基本等式：

资产(2 500 000)＝负债(500 000)+所有者权益(2 000 000)

可以看出，会计等式的两端，总额发生了变化，同时增加了 50 万元，但等式的平衡关系并没有遭到破坏。

【例 2-3】1 月 4 日，大华公司购买原材料一批已经入库，价款为 1 500 000 元，款项尚未支付（暂不考虑增值税）。

分析：该业务与例 2-2 性质相同，引起资产和负债同时增加。该业务使得公司的资产——原材料存货增加了 1 500 000 元；同时，公司的负债——应付账款也增加了 1 500 000 元。1 月 4 日，大华公司的资产、负债、所有者权益以及它们的数量关系可如表 2-3 所示。

表 2-3　大华公司相关情况　　　　　　　　　　　　单位：元

资产		权益（负债+所有者权益）	
项目	金额	项目	金额
库存现金	100 000	负债	2 000 000
银行存款	1 800 000	短期借款	500 000
原材料	1 500 000	应付账款	1 500 000
固定资产	600 000	所有者权益	2 000 000
		实收资本	1 500 000
		资本公积	500 000
资产总计	4 000 000	负债及所有者权益总计	4 000 000

会计基本等式：

资产(4 000 000)＝负债(2 000 000)+所有者权益(2 000 000)

可以看出，会计等式的两端，总额发生了变化，同时增加了 150 万元，但等式的平衡关系并没有遭到破坏。

【例 2-4】1 月 10 日，大华公司用银行存款支付前欠部分材料款 1 000 000 元。

分析：该业务引起资产和负债同时减少。公司的资产——银行存款减少了 1 000 000 元；同时，公司的负债——应付账款也减少了 1 000 000 元。1 月 10 日，大华公司的资产、负债、所有者权益以及它们的数量关系可如表 2-4 所示。

表 2-4 大华公司相关情况　　　　　　　　　　　单位：元

资产		权益（负债+所有者权益）	
项目	金额	项目	金额
库存现金	100 000	负债	1 000 000
银行存款	800 000	短期借款	500 000
原材料	1 500 000	应付账款	500 000
固定资产	600 000	所有者权益	2 000 000
		实收资本	1 500 000
		资本公积	500 000
资产总计	3 000 000	负债及所有者权益总计	3 000 000

会计基本等式：

资产（3 000 000）= 负债（1 000 000）+所有者权益（2 000 000）

可以看出，会计等式的两端，总额发生了变化，同时减少了 100 万元，但等式的平衡关系并没有遭到破坏。

【例 2-5】1 月 15 日，大华公司开出金额为 500 000 元，期限为 3 个月的无息商业承兑汇票，用来抵偿前欠材料款。

分析：该业务只引起公司负债内部两个项目的一增一减，即将应付账款转化为应付票据。公司的应付账款负债减少了 50 万元；同时，公司另一负债——应付票据却增加了 50 万元。1 月 15 日，大华公司的资产、负债、所有者权益以及它们的数量关系可如表 2-5 所示。

表 2-5 大华公司相关情况　　　　　　　　　　　单位：元

资产		权益（负债+所有者权益）	
项目	金额	项目	金额
库存现金	100 000	负债	1 000 000
银行存款	800 000	短期借款	500 000
原材料	1 500 000	应付账款	0
固定资产	600 000	应付票据	500 000
		所有者权益	2 000 000
		实收资本	1 500 000
		资本公积	500 000
资产总计	3 000 000	负债及所有者权益总计	3 000 000

会计基本等式：

资产（3 000 000）= 负债（1 000 000）+所有者权益（2 000 000）

可以看出，会计等式的两端，总额没有发生变化，仍然是平衡的。

【例 2-6】1 月 25 日，古阳和李子用现金各追加投资 250 000 元，直接用于归还银行借款。（暂时不考虑利息支出）

分析：该业务引起公司权益内部两个项目的一增一减。即所有者权益项目——资本公积增加 50 万元；同时负债项目——短期借款减少 50 万元。1 月 25 日，大华公司的资产、负债、所有者权益以及它们的数量关系可如表 2-6 所示。

表 2-6　大华公司相关情况　　　　　　　　单位：元

资产		权益（负债+所有者权益）	
项目	金额	项目	金额
库存现金	100 000	负债	500 000
银行存款	800 000	短期借款	0
原材料	1 500 000	应付账款	0
固定资产	600 000	应付票据	500 000
		所有者权益	2 500 000
		实收资本	1 500 000
		资本公积	1 000 000
资产总计	3 000 000	负债及所有者权益总计	3 000 000

会计基本等式：

资产(3 000 000)=负债(500 000)+所有者权益(2 500 000)

可以看出，会计等式的两端，总额没有发生变化，仍然是平衡的。

【例2-7】1月26日，公司用资本公积500 000元转增资本，使得注册资本达到2 000 000元，已在工商行政管理局变更。

分析：该业务引起公司所有者权益内部两个项目的一增一减，实收资本增加50万元，资本公积减少50万元，不影响会计等式的平衡关系。1月26日，大华公司的资产、负债、所有者权益以及它们的数量关系可如表2-7所示。

表 2-7　大华公司相关情况　　　　　　　　单位：元

资产		权益（负债+所有者权益）	
项目	金额	项目	金额
库存现金	100 000	负债	500 000
银行存款	800 000	短期借款	0
原材料	1 500 000	应付账款	0
固定资产	600 000	应付票据	500 000
		所有者权益	2 500 000
		实收资本	2 000 000
		资本公积	500 000
资产总计	3 000 000	负债及所有者权益总计	3 000 000

会计基本等式：

资产(3 000 000)=负债(500 000)+所有者权益(2 500 000)

可以看出，会计等式的两端，总额没有发生变化，仍然是平衡的。

【例2-8】1月27日，公司用10 000元现金购买原材料。

分析：该业务引起公司资产内部两个项目的一增一减，原材料增加1万元，库存现金减少1万元，不影响会计等式的平衡关系。1月27日，大华公司的资产、负债、所有者权益以及它们的数量关系可如表2-8所示。

表 2-8　大华公司相关情况　　　　　　　　　　　　　　单位：元

资产		权益（负债+所有者权益）	
项目	金额	项目	金额
库存现金	90 000	负债	500 000
银行存款	800 000	短期借款	0
原材料	1 510 000	应付账款	0
固定资产	600 000	应付票据	500 000
		所有者权益	2 500 000
		实收资本	2 000 000
		资本公积	500 000
资产总计	3 000 000	负债及所有者权益总计	3 000 000

会计基本等式：

资产(3 000 000)＝负债(500 000)+所有者权益(2 500 000)

可以看出，会计等式的两端，总额没有发生变化，仍然是平衡的。

【例 2-9】1 月 28 日，公司用银行存款购买机器 1 台，价值 300 000 元（暂不考虑增值税）。

分析：该业务与例 2-8 一样引起公司资产内部两个项目的一增一减，固定资产增加 30 万元，银行存款减少 30 万元，不影响会计等式的平衡关系。1 月 28 日，大华公司的资产、负债、所有者权益以及它们的数量关系可如表 2-9 所示。

表 2-9　大华公司相关情况　　　　　　　　　　　　　　单位：元

资产		权益（负债+所有者权益）	
项目	金额	项目	金额
库存现金	90 000	负债	500 000
银行存款	500 000	短期借款	0
原材料	1 510 000	应付账款	0
固定资产	900 000	应付票据	500 000
		所有者权益	2 500 000
		实收资本	2 000 000
		资本公积	500 000
资产总计	3 000 000	负债及所有者权益总计	3 000 000

会计基本等式：

资产(3 000 000)＝负债(500 000)+所有者权益(2 500 000)

可以看出，会计等式的两端，总额没有发生变化，仍然是平衡的。

从以上几个例子可以看出，大华公司发生的任何经济业务，都没有破坏资产与权益的平衡关系。我们将企业所有经济业务的发生对资产、负债、所有者权益的数量变化即对会计恒等式的影响归纳为四种类型、若干种情况：

第一类经济业务引起资产和权益同时增加，且二者增加的金额相等，从而使得会计等式左右两边的总额等量增加，平衡关系不会被破坏。

（1）资产和所有者权益同时等量增加（例2-1）。

（2）资产和负债同时等量增加（例2-2和例2-3）。

第二类经济业务引起资产和权益同时减少，且二者减少的金额相等，从而使得会计等式左右两边的总额等量减少，平衡关系不会被破坏。

（1）资产减少的同时，负债也等量减少（例2-4）。

（2）一般情况下，资产和所有者权益不会同时减少。因为在现代企业制度下，企业投入资本在经营期内，投资者只能依法转让，不得以任何方式抽回。转让只是所有者的变更，公司的所有者权益总额没有发生变化。

第三类经济业务只会引起资产内部项目的此增彼减，而且增减的金额相等，资产和权益总额保持不变，当然会计等式的平衡关系不会被破坏。

（1）流动资产内部项目的此增彼减（例2-8）。

（2）流动资产与非流动资产项目的此增彼减（例2-9）。

（3）非流动资产内部项目的此增彼减（在建工程完工转为固定资产）。

第四类经济业务只会引起权益内部项目的此增彼减，而且增减的金额相等，资产和权益总额保持不变，当然会计等式的平衡关系不会被破坏。

（1）负债内部项目的此增彼减（例2-5）。

（2）负债与所有者权益项目的此增彼减（例2-6）。

（3）所有者权益内部项目的此增彼减（例2-7）。

我们将上述四种类型的变化用图2-1描述如下：

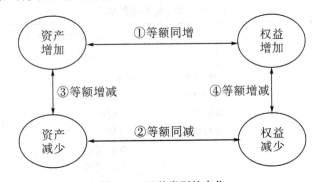

图2-1　四种类型的变化

2.4.3　收入、费用与利润之间的数量关系构成动态会计等式

企业拥有或控制了一定数量的资产后，就可以从事生产经营活动了。在生产经营活动过程中，企业一方面要生产出商品或者提供劳务，以满足其各种需要；当商品被销售出去或者提供了劳务后，就会发生现金（广义上的现金）流入企业或者现金要求权的增加，在会计上称为"收入"。另一方面，企业生产商品或提供劳务，又要发生各种资产的耗费，即发生了"费用"。当实现的收入大于发生的费用，其差额就是企业获得的利润；反之，收入小于费用，企业就发生亏损。收入、费用、利润这三个基本会计要素在一定时期，就形成了下列公式表示的关系：

$$收入-费用=利润$$

这个等式是计算企业经营成果的直接依据，也是编制利润表的理论基础。

2.4.4 六大会计要素之间的数量关系——构成会计等式的开展式

从前面的分析可知，"资产=负债+所有者权益"，是从企业资金运动的相对静止状态去研究这三个会计要素的数量关系而得出的数量表达式，它反映的是企业在某一时点上的财务状况；而"收入-费用=利润"则是资金运动的显著变化状态去研究这三个会计要素之间的数量关系得出的数量表达式，反映了企业在某一时期的经营状态。企业的资金运动是静止与动态的辩证统一。在某一时点，如1月1日去考察，资金运动处于相对静止状态，企业在从所有者和债权人两个来源获得了资产后，形成了最初的会计等式——"资产=负债+所有者权益"，反映了该时点上三个会计要素的平衡关系；但从某一时期，比如从1月1日至1月31日此期间去观察，企业资金发生了显著变化，企业利用其资产进行生产经营活动产生了收入，发生了费用，创造了利润，必然引起了资产、负债和所有者权益的变动，但是不会改变它们之间的平衡关系，只是在新的时点上，形成了在数量上与期初不同的、新的会计等式。所以当我们在1月31日这个时点再去观察时，资金运动又处于相对静止状态，但资产、负债和所有者权益的内容已经不同于1月1日的资产、负债和所有者权益了，即旧的平衡关系被打破，新的平衡关系随之建立。因此，资产、负债、所有者权益、收入、费用、利润的数量关系存在着一种内在的有机联系，这种联系的综合反映，表现为会计等式的扩展式：

$$资产=负债+所有者权益+利润（分配前）$$
$$资产=负债+所有者权益+（收入-费用）$$

企业所获得的利润即为企业的纯收入，按一定比例在国家、企业和企业所有者之间进行分配，一部分以所得税形式上缴国家，一部分分配给投资者，一部分留给企业，作为企业扩大生产、改善职工福利的资金来源。这时所有者权益就不仅是指所有者投入的资本，还包括企业规定从利润中提留的盈余公积，未分配利润和利得和损失形成的资本公积；相应的资产中也包括一部分企业新创造的价值。这样，资产、负债、所有者权益数量发生了变化，但平衡关系不受影响：

$$资产^* = 负债^* +所有权益^*$$

（*表示经过一个会计期间后，资产、负债和所有者权益的数量与期初的不同）

从上式中可以看出各会计要素之间的增减对应关系：

（1）某项资产增加，将可能引起其他资产的减少、负债的增加、所有者权益的增加、收入的增加或费用的减少；

（2）某项负债减少，将引起其他负债的增加、资产的减少、所有者权益的增加、收入的增加或费用的减少；

（3）某项所有者权益减少，将引起其他所有者权益的增加、资产的减少、负债的增加、收入的增加或费用的减少；

（4）某项收入减少，将引起其他收入的增加、资产的减少、负债的增加、所有者权益的增加或费用的减少；

（5）某项费用增加，将引起其他费用的减少、资产的减少、负债的增加、所有者权益的增加、收入的增加。

复习思考题

1. 会计的一般对象是什么？企业资金运动的内容包括哪些？

2. 什么是会计要素？为什么说它们是会计核算的具体对象？

3. 我国的《企业会计准则——基本准则》规范了哪六类会计要素？各种会计要素的内涵及特征是什么？

4. 会计要素确认的含义及条件是什么？各项会计要素如何进行确认？

5. 什么是利得和损失？它们与收入和费用有何不同？

6. 什么是会计计量、计量属性？我国的《企业会计准则——基本准则》规范了哪五种计量属性？各种计量属性的含义是什么？

7. 会计等式的含义是什么？如何深刻理解会计等式对会计核算的意义？

8. 企业经济业务的发生对资产、负债、所有者权益的数量变化，即对会计恒等式的影响可归纳为哪四种类型？其影响规律为何？

练习题

一、单项选择题

1. 确认的基本标准是（　　）。

    A. 会计科目   B. 会计要素

    C. 账户   D. 会计前提

2. 以下说法不正确的是（　　）。

    A. 会计科目是对会计要素的进一步分类

    B. 会计科目可以根据企业的具体情况自行设置

    C. 会计科目按其所提供信息的详细程度及统驭关系的不同，可分为总分类科目和明细科目

    D. 会计科目是复式记账和编制记账凭证的基础

3. 下列经济业务中，会导致会计等式两边总额发生减少变化的是（　　）。

    A. 以银行存款 10 000 元偿还短期借款

    B. 购买原材料价款 5 000 元，货款未付

    C. 从银行提取现金 60 000 元

    D. 收回客户所欠货款 40 000 元

4. 会计的一般对象是（　　）。

    A. 资金运动   B. 会计要素

    C. 资产与负债   D. 收入与费用

二、多项选择题

1. 会计计量标准即计量属性，主要包括（　　　）等计量标准。

    A. 历史成本
    B. 重置成本

    C. 可变现净值
    D. 现值

    E. 公允价值

2. 负债的特征包括（　　　）。

    A. 负债清偿会导致经济利益流出企业

    B. 负债是过去交易或事项形成的现时义务

    C. 负债是过去交易或事项形成的经济资源

    D. 负债只能通过偿付货币或实物方式来清偿

3. 收入具有的特征是（　　　）。

    A. 收入是企业日常活动产生的

    B. 收入可能表现为企业资产增加或者企业负债减少，或者两者兼而有之

    C. 收入可能导致企业负债增加

    D. 收入可能会导致所有者权益增加

4. 下列属于资产范围的是（　　　）。

    A. 融资租入设备
    B. 经营租出设备

    C. 土地使用权
    D. 经营租入设备

5. 下列项目中，能够同时引起资产和利润减少的项目是（　　　）。

    A. 计提发行债券的利息
    B. 计提固定资产折旧

    C. 财产清查中发现的存货盘盈
    D. 无形资产价值摊销

6. 下列项目作为资产确认的是（　　　）。

    A. 融资租入设备
    B. 经营方式租入设备

    C. 委托加工物资
    D. 土地使用权

3 账户与记账方法

3.1 会计科目与会计账户

3.1.1 会计科目

1. 会计科目的含义

会计科目是对会计对象的具体内容进行分类核算所规定的项目。

会计核算的对象是各单位能以货币表现的经济活动，具体表现为若干会计要素，即第二章介绍的六个会计要素。企业经济业务的发生，必然引起资产、负债、所有者权益、收入和费用等会计要素的增减变化。会计工作如果只是记录每一笔经济业务而不加以分类归纳，就无从反映由于生产经营过程的进行而引起的每项资产、负债和所有者权益以及收益、费用的增减变化情况及其结果。为了系统地、分门别类地、连续地核算和监督各项经济业务的发生情况以及由此引起的各项会计要素的增减变化情况，为企业内部经营管理和企业外部有关方面提供一系列具体的分类的数量指标，把价值形式的综合核算和财产物资的实物核算有机地结合起来，有效地控制财产物资的实物形态，就必须将会计要素按其经济内容或用途作进一步的分类，并赋予每一类别一个含义明确、概念清楚、简明扼要、通俗易懂的名称。这种对会计对象的具体内容，即会计要素进一步分类的项目就叫会计科目。每一个会计科目都代表着特定的经济内容，如将资产中的房屋、建筑物、机具设备等劳动资料归为一个类别，称它们为"固定资产"。在这里，固定资产就是一个会计科目，代表房屋、建筑物、机具设备等劳动资料。

2. 设置会计科目的意义

设置会计科目，是根据经济管理的客观要求和会计对象的具体内容，事先规定分类核算的项目或标志的一种专门的方法，其意义在于：

（1）设置会计科目是填制会计凭证、设置账户、进行账务处理的依据，也是正确组织会计核算的一个重要的条件，同时还是编制会计报表的基础。企业未来全面、系统、分类地核算和监督各项经济业务的发生情况，以及由此引起的各类会计要素增减变动的过程和结果，就必须按照会计要素的不同特点，根据经济管理的客观要求，设置不同的会计科目对经济业务进行分类别、分项目的核算。

（2）设置会计科目，可以对纷繁复杂、性质不同的经济业务进行科学的分类，进而将复杂的经济信息处理成为有规律的、易识别的经济信息，并为将其转化为会计信息准备条件。

（3）设置会计科目，可以为会计信息使用者提供各种科学的、详细的分类核算指标。在会计核算的各种方法中，设置会计科目占有重要的位置。各单位在会计核算中必须根据会计科目来决定账户的开设、报表结构的设计。可见，设置会计科目是一种基本的会计核算方法。

（4）设置会计科目，可以加强对会计工作的有效监督。一般来说，会计科目的名称、会计科目的分类、会计科目的内容等决定着各单位会计核算的详略程度，决定着各单位对内、对外会计报表的要求和内容。各单位只有按照有关会计科目的规定处理会计业务，才能防止会计核算内容上的混乱，防止不合理、不合法的经济业务被随意计入会计核算系统中。

3. 设置会计科目的原则

设置会计科目是正确组织会计核算的一个重要前提条件。一个企业单位应如何设置会计科目，以及设置多少会计科目，要和这个企业单位的经营特点、经营规模和业务繁简以及管理要求相适应：既不要过分复杂繁琐，增加不必要的工作量，又不能简单粗糙，使各项经济内容混淆不清。因此，具体设置时应遵循以下原则：

（1）会计科目的设置必须符合会计准则的规定。《企业会计准则——应用指南》专门对会计科目做了具体的规定，企业在设置会计科目时必须遵循这些具体规定。

（2）会计科目必须结合本单位会计对象的特点设置。设置会计科目，是对会计对象的具体内容进行分类。因此，必须根据单位会计对象的特点来确定应设置的会计科目。虽然《企业会计准则——应用指南》原则上统一了会计科目的名称和设置方法，但各类企业的经济活动不同，设置的会计科目也有所不同。例如，工业企业是从事商品生产经营的经济组织，它除了设置和使用监督资产与权益情况的会计科目外，还必须按照生产经营过程的各种劳动耗费设置"生产成本"和"制造费用"科目和生产成果，而商品流通企业没有制造产品的任务，就没有必要设置这些会计科目。在不影响会计核算要求和会计报表指标汇总，以及对外提供统一的财务会计报告的前提下，可以根据实际情况自行增设、减少或合并某些会计科目。

（3）会计科目的设置应符合经济管理的要求。会计科目的设置，既要考虑会计对象的特点，又要符合经济管理的要求。因为会计是经济管理的重要组成部分，不仅为管理提供资料，而且本身也要参与管理。由此，设置的会计科目所提供的会计资料不仅要满足管理的需要，而且要有利于对经济活动进行分析、预测、控制和考核。例如，为了掌握企业生产规模和生产能力，为计算折旧和固定资产利用提供依据，会计上就要设置"固定资产"科目，以反映固定资产的原始价值；为了综合说明企业拥有固定资产的新旧程度，便于有计划地安排固定资产的更新改造，会计上就需要设置"累计折旧"科目，用来备抵原始价值，以反映固定资产净值。

（4）会计科目的设置既要保证统一性，又要保持灵活性。由于社会主义市场经济是一个统一的整体，企业单位是整个国民经济的基层环节，为了保证同类企业会计核算指标、口径一致，便于会计资料的综合汇总和分析利用，满足宏观经济管理的需要，企业的主要会计科目应由财政部通过会计准则予以统一规范。在使用会计科目时，除会计准则允许变动的以外，会计人员不得任意增减或合并会计科目，也不得任意改变会计科目的名称、编号、核算内容和对应关系。但在保证统一性和符合有关会计制度规定的前提下，会计科目的设置也应保持一定的灵活性，以便于各地区、部门和企业单位能根据自己的具体情况对统一规定的会计科目进行必要的补充或兼并，从而使会计科目的运用能够更加切合实际。但相关部门对会计科目的兼并或增补，必须持慎重态度。既要防止会计科目设置过多的倾向，又要防止不顾实际需要和宏观管理的要求，随意兼并科目的简单做法。

（5）会计科目的设置要含义明确、通俗易懂并保持相对稳定。为了正确无误地使用会计科目，所设置的会计科目要符合会计本身的规律性，既有利于记账算账，又有利于根据其数据指标，编制会计报表和科学地组织会计核算。

会计科目不是一成不变的，随着经济环境和管理要求的变化，会计科目体系也会相应地作出修改；在一定时期，保持会计科目的相对稳定，既便于会计核算的综合汇总和不同时期资料的对比分析，也符合事物发展的规律，有利于提高会计工作的质量和效率。

3.1.2　会计科目的分类

为了了解每类会计科目所反映的具体内容，便于明确区分不同科目的性质，以便正确运用会计科目，为管理提供必要的数据资料，我们需要按一定标志对会计科目进行分类。

1. 会计科目按其经济内容分类

会计科目按其经济内容可分为资产类、负债类、共同类、所有者权益类、成本类和损益类六大类。

（1）资产类科目，主要根据资产的流动性划分为流动资产科目和非流动资产科目。属于流动资产的会计科目主要包括"库存现金""银行存款""应收账款""其他应收款""预付账款""原材料""库存商品"等。属于非流动资产会计科目的包括"固定资产""累计折旧""长期股权投资""无形资产""长期待摊费用"等。

（2）负债类科目，根据债务期限的长短和负债的构成，划分为流动负债科目和非流动负债科目。属于流动负债会计科目的主要包括"应付账款""其他应付款""短期借款""应付职工薪酬""应交税费""应付利息""预收账款"等。属于长期负债会计科目的主要有"长期借款""应付债券""长期应付款"等。

（3）共同类科目，是指既有资产性质，又有负债性质，有共性的科目。共同类科目的特点，是需要从其期末余额所在的方向，来界定其性质。共同类多为金融公司、保险公司、投资公司、基金公司等使用。目前新会计准则规定的"共同类"有五个科目："清算资金往来""外汇买卖""衍生工具""套期工具""被套期项目"。

（4）所有者权益类科目，是按所有者权益会计要素的具体构成来划分的会计科目，包括"实收资本""本年利润""利润分配""资本公积""盈余公积"等。

（5）成本类科目，是生产性企业根据成本类别划分的会计科目，包括"生产成本""制造费用"等科目。

（6）损益类科目，是按照企业经营损益的形成内容及不同性质，划分为反映营业损益和反映营业外损益两类会计科目。前者包括"主营业务收入""主营业务成本""税金及附加""销售费用""管理费用""财务费用""其他业务收入""其他业务支出"；后者包括"营业外收入""营业外支出""投资收益""所得税费用"。

2. 按会计科目反映信息的详细程度不同分类

按照会计科目所提供的核算资料的详细程度的不同，会计科目可分为总分类科目与明细分类科目两大类。

（1）总分类科目，又称为总账科目或一级科目，是对经济业务的具体内容进行总括的分类。它所提供的总括性指标，必须以货币作为统一的计量单位，如"库存现金""固定资产""利润分配"等。

（2）明细分类科目，又称明细科目，是在某个总分类科目下按核算内容分类的更详细的分类，是总分类科目的具体化。它所涉及的明细分类指标，除了以货币为计量单位外，有时还需要使用实物数量或其他计量单位。有些总分类科目所统驭的明细科目数量很多，可以分成二级科目、三级科目甚至四级科目。比如在"原材料"一级科目下可设"原材料及主要材料""辅助材料""燃料"等二级科目，在"燃料"这个二级科目下，再分设"汽油""柴油""原煤"等三级明细科目。

总分类科目与明细分类科目核算的内容相同，都反映同一会计对象的增减变化；核算的依据相同，都要根据相同的证明经济业务发生和完成情况的原始依据进行核算；二者的资料相互补充。总分类科目提供总括的货币指标，对所属明细科目起着统驭作用；明细分类科目提供详细的货币和非货币指标，对总分类科目起着补充作用。

3.1.3　《企业会计准则——应用指南》对会计科目的规范

1. 对会计科目的总说明

（1）会计科目编号的规定

统一规定会计科目的编号，便于编制会计凭证、登记账簿、查阅账目以及实行会计电算化。企业不应当随意打乱重编。某些会计科目之间留有空号，供增设会计科目之用。

（2）设置和使用会计科目的规定

企业应当按会计准则的具体规定设置和使用会计科目；但是，企业在不违反会计准则中确认、计量和报告规定的前提下，可以根据本单位的实际情况自行增设、分拆、合并会计科目。并且，企业可以根据本企业的具体情况，在不违背会计科目使用原则的基础上，确定适合于本企业的会计科目名称。

（3）会计科目填列的规定

企业在填制会计凭证、登记账簿时，应当填列会计科目的名称，或者同时填列会计科目的名称和编号，不应当只填科目编号，不填科目名称。

2. 制定了会计科目名称和编号表

《企业会计准则——应用指南》通过制定会计科目名称和编号表，不仅统一规范了企业主要会计科目的编号和名称，而且将企业应该设置的基本会计科目按其经济内容进行了分类，将其分为资产类、负债类、共同类、所有者权益类、成本类、损益类六大类。

在会计科目名称和编号表中采用了科学的"四位数+后位数"的编号法来为会计科目编号。前面四位数表示一级会计科目：第一位表示一级会计科目的类别号，1 表示资产类，2 表示负债类，3 表示共同类，4 表示所有者权益类，5 表示成本类，6 表示损益类。用 2~4 位三个数字来表示一级会计科目的代号。在一级会计科目编号后的位数表示明细科目：5~6 位代表二级科目；7~8 位代表三级科目；以此类推。

例如：2221：2——表示该会计科目属于负债类

221——是一级科目"应交税费"的代号

222101：01——是"应交税费"会计科目的第一个二级科目，即"应交增值税"

22210102：02——是"应交税费"会计科目的第一个二级科目"应交增值税"下的三级科目"已交税金"

会计科目名称和编号表对规范企业的会计行为具有重要的指导意义，该表有三个显著的特点：

一是科学性，即会计科目名称和编号表建立在采用科学的方法对会计科目进行科学分类的基础上；

二是完整性，即会计科目名称和编号表全面地反映了会计对象的具体内容，为全面核算企业的经济活动奠定了基础；

三是统一性，这是该表的最大特点，它保证了企业会计核算和会计科目与账户体系的统一性，使其会计信息资料在全国范围内口径一致，满足各方面对会计信息的需要。

由于会计准则是对我国所有企业的规范，其六大类的会计科目涉及所有企业，比如共同类主要是金融企业使用。本教材主要以工商企业为例，所以，我们根据工商企业的特点，将《企业会计准则——应用指南》的会计科目名称和编号表，整理出适合工商企业的会计科目表，如表 3-1 所示。

表 3-1　会计科目名称和编号

顺序号	编号	会 计 科 目 名 称	顺序号	编号	会 计 科 目 名 称
		一、资产类			二、负债类
1	1001	库存现金	51	2001	短期借款
2	1002	银行存款	52	2101	交易性金融负债
3	1012	其他货币资金	53	2201	应付票据
4	1101	交易性金融资产	54	2202	应付账款
5	1121	应收票据	55	2203	预收账款
6	1122	应收账款	56	2204	合同负债
7	1123	预付账款	57	2211	应付职工薪酬
8	1131	应收股利	58	2221	应交税费
9	1132	应收利息	59	2231	应付利息
10	1164	合同资产	60	2232	应付股利
11	1165	合同资产减值准备	61	2241	其他应付款

表3-1(续)

顺序号	编号	会计科目名称	顺序号	编号	会计科目名称
12	1221	其他应收款	62	2301	持有待售负债
13	1231	坏账准备	63	2401	递延收益
14	1401	材料采购	64	2501	长期借款
15	1402	在途物资	65	2502	应付债券
16	1403	原材料	66	2701	长期应付款
17	1404	材料成本差异	67	2702	未确认融资费用
18	1405	库存商品	68	2801	预计负债
19	1406	发出商品	69	2901	递延所得税负债
20	1408	委托加工物资			**四、所有者权益类**
21	1410	商品进销差价	70	4001	实收资本
22	1411	周转材料	71	4002	资本公积
23	1471	存货跌价准备	72	4003	其他综合收益
24	1501	持有待售资产	73	4101	盈余公积
25	1502	持有待售资产减值准备	74	4103	本年利润
26	1503	债权投资	75	4104	利润分配
27	1504	债权投资减值准备	76	4201	库存股
28	1505	其他债权投资			**五、成本类**
29	1506	其他权益工具投资	77	5001	生产成本
30	1511	长期股权投资	78	5101	制造费用
31	1512	长期股权投资减值准备	79	5201	劳务成本
32	1521	投资性房地产	80	5301	研发支出
33	1522	投资性房地产累计折旧(摊销)	81	5401	合同取得成本
34	1523	投资性房地产减值准备	82	5402	合同履约成本
35	1531	长期应收款			**六、损益类**
36	1601	固定资产	83	6001	主营业务收入
37	1602	累计折旧	84	6051	其他业务收入
38	1603	固定资产减值准备	85	6061	其他收益
39	1604	在建工程	86	6101	公允价值变动损益
40	1605	在建工程减值准备	87	6102	投资收益
41	1606	工程物资	88	6103	资产处置损益
42	1607	工程物资减值准备	89	6301	营业外收入
43	1608	固定资产清理	90	6401	主营业务成本
44	1701	无形资产	91	6402	其他业务成本
45	1702	累计摊销	921	6403	税金及附加
46	1703	无形资产减值准备	93	6601	销售费用
47	1711	商誉	94	6602	管理费用
48	1801	长期待摊费用	95	6603	财务费用
49	1811	递延所得税资产	96	6701	资产减值损失
50	1901	待处理财产损溢	97	6711	营业外支出
			98	6801	所得税费用

3. 制定了会计科目使用说明

会计科目使用说明对各个会计科目的核算内容、范围、账务处理及明细科目的设置和使用等都作了明确、细致的说明和规定,不仅规范了企业各个会计科目的具体内容,而且对企业的实际会计工作能起到实实在在的指导作用,便于会计人员进行实务操作。

3.1.4 会计账户

1. 会计账户的意义

设置会计科目只是对会计对象的具体内容进行分类，规定每一类的名称。但是，如果只有分类的名称，而没有一定的结构，还不能把会计科目本身所代表的经济内容的增减变动情况完整地表现出来。因此，在设置会计科目的基础上，还要开设具有一定结构的账户，以便对经济业务进行连续、系统、全面的记录，为管理提供各种有用的会计信息。

账户是按照规定的会计科目对各项经济业务进行分类并系统、连续记录的形式。实际上它是根据会计科目在账簿中开设户名，用来记录资产、负债、所有者权益、收入、费用、利润等会计要素增减变动情况，提供各类别静态和动态指标的工具。

账户的名称是根据会计科目来定的，所登记的内容与有关会计科目所规定的经济内容也是一致的。在实际工作中也常把会计科目称为账户。

但是，会计科目与账户是两个不同的概念。会计科目只是一个名称，表示一定经济业务内容，而账户不仅说明经济内容，还有一定结构格式，可以连续、系统地记录和监督经济业务的增减变化和一定时期内容增减变化的结果。因此，为了正确地在账户中登记各项经济业务，会计人员不仅要明确各个账户的经济内容，而且还要掌握各种账户的结构。

2. 账户的基本结构

账户结构，是指账户要设置哪些部分，每一部分反映什么内容，即反映监督会计要素增减变化及其结果的具体格式。

企业经济业务引起资产、负债、所有者权益等会计要素的增减变动虽然错综复杂，但从数量看，不外乎是增加和减少两种情况，所以账户都分为左右两部分，分别记录会计对象具体内容的增加和减少的数额。

至于哪一方记增加，哪一方记减少，结余额在哪一方，都要由账户的性质和企业采用的记账方法来决定。

但无论何种性质账户，都必须包括以下四项内容：

一是账户的名称，即会计科目；

二是日期和摘要，概括说明经济业务的内容；

三是凭证号数，即据以记账的凭证编号；

四是增加和减少的金额及结余额。

按照会计分期的基本前提的要求，会计上必须分期结账。所以账户记录的金额表现为四个指标，即期初余额、本期增加发生额、本期减少发生额和期末余额四项。

账户的本期增加额合计和本期减少额合计称为本期发生额，它反映一定时期的资产、负债和所有者权益增减变化的情况，为管理提供动态指标；账户的期初余额加本期发生额，再扣减本期减少发生额，即为期末余额，反映一定日期会计要素增减变动的结果，为管理提供静态指标。期初余额与期末余额是相对而言的，本期的期初余额即为上期的期末余额。会计计算期末余额主要是为了保证经济业务的连续性，同时也是为编制会计报表和为经济管理提供综合性指标奠定基础。

上述四项指标之间的相互关系是：

$$期末余额=期初余额+本期增加发生额-本期减少发生额$$

账户的一般格式如表3-2所示。

表3-2　账户名称（会计科目）

年		凭证		摘　　要	借方金额	贷方金额	借或贷	余　额
月	日	种类	号数					
				期初余额				
				本期发生额及余额				

为了便于教学和做练习，我们常常使用一种最简单的账户格式，称为"丁"字式账户，又称"T"字账户，如图3-1所示。

账户名称（会计科目）

借方	贷方
期初余额	
本期发生额	本期发生额
期末余额	

图3-1　"T"字账户

"T"字账户分为左右两方，左边称为借方，右方称为贷方，发生经济业务时将日期、简单摘要和金额分别记在各账户的左右两方。这种账户格式虽然简单、不合实务上的使用要求，但它显示了账户的基本记账方向和平衡图像，所以在会计教学中经常作为示意图使用。

3.2　记账方法

3.2.1　记账方法及种类

1. 记账方法的意义

记账方法是指根据一定记账原理，运用记账符号和记账规则，在账户中记录经济业务的一种会计核算方法。

记账是会计核算方法体系中的中心环节。会计核算和监督的目的，在于为经济管理和经营决策提供连续、系统、完整和综合的各种指标。因此，当经济业务发生后，选择和采用科学合理的记账方法把它们记录在账簿上，取得各种会计信息资料，就成为会计工作中首先需要解决的一项重要问题。

2. 记账方法的种类

（1）单式记账法，是一种比较简单的记账方法，采用这种方法对发生的每一笔经济业务都只在一个账户中进行登记。例如，以库存现金 500 元购买了办公用品，则只在"库存现金"账户中作减少 500 元的记录，至于钱用到什么地方，在账上是无法查找到的，通常只登记库存现金收付和人欠、欠人等往来结算的事项。由于账户设置不完整，账户之间的记录没有直接联系，既不能全面地反映经济业务的来龙去脉，也不便于检查账户记录的正确性、完整性，因而不适用经济业务比较复杂的企事业单位，在现代市场经济条件下，企事业单位都不采用单式记账法。

（2）复式记账法，复式记账法是在单式记账法的基础上发展起来的。其特点是对每一笔经济业务都要求在两个或两个以上相互联系的账户中以相等的金额进行相互联系的记录，以全面反映经济业务的来龙去脉。这是由"资产 = 负债+所有者权益"会计方程式平衡关系决定的，因为企业在经济活动中发生的各项经济业务（交易和其他事项），将引起资产、负债和所有者权益项目之间的增减变动。所有者权益不仅因投资者向企业投资和企业向投资者分派利润而变动，更主要的是将随企业的经营成果（利润或亏损）而变动。也就是说，企业取得收入标志着所有者权益的增加，发生的费用和损失则标志着所有者权益的减少，如果收入小于费用，则最终所有者权益将随所确定的净亏损额而减少。因此，任何一项经济业务发生，都必然引起资产、负债、所有者权益、收入和费用等会计要素之间两个项目的等量变动。

不论何种变动，一个单位经济业务发生对会计恒等式影响，无非是以下两种类型：

一类是经济业务发生能改变资产总额和权益总额，即同时涉及公式等号两边的项目。这样，不同项目的增减变动必然相同，账户记录是同增同减。

另一类是经济业务发生不改变资产总额和权益总额，仅仅涉及公式等号一边的项目。这样，不同项目的增减变动必然不同，账户记录是有增有减。

为了不破坏会计方程式的平衡关系，为了全面地、如实地反映经济业务发生所引起的资产、负债、所有者权益等会计要素增减变化情况，掌握经济活动的过程和结果，以便于对记录的结果进行试算平衡，检查账户记录是否正确，于是对每项经济业务，都必须将有关项目的增减变动，用相等的金额同时记入相互对应的账户。复式记账法正好体现了这些要求。

3.2.2 复式记账法的基本内容

1. 会计科目

不同的复式记账法对会计科目的设置往往有不同的要求。为了把发生的经济业务登记到账户中去，采用任何记账方法都必须要科学合理地设置会计科目并据此开设账户。

2. 记账符号

记账符号是区分各种复式记账法的重要标志，表示记账方向的记号即是记账符号。不同的账户，因采用的记账方法不同，记账符号及记账方向也就不同。

3. 记账规则

记账规则，是指根据复式记账原理，按照记账符号所指示的方向，将经济业务记录入账时所应遵守的准则。不同的复式记账法有不同的记账规则，记账规则是通过会计分录表现出来的。会计人员按照记账规则记账才能保证记账内容的一致性。

4. 会计分录

会计分录是标明某项经济业务应当记入的账户名称、记账方向及金额的记录。在实际工作中，会计分录是根据各项经济业务的原始凭证，通过编制记账凭证确定的。

5. 试算平衡

会计人员运用平衡公式可以对所编制的会计分录和账户记录进行试算平衡，以检查会计记录是否正确。

由于记账符号、账户设置和结构以及记账规则与试算平衡方法的不同，复式记账法有借贷复式记账法，增减复式记账法和收付复式记账法等多种。目前国际上通行的是借贷复式记账法。我国的会计准则规定，所有企事业单位的记账方法统一为借贷复式记账法，即借贷记账法。

3.3 借贷记账法

3.3.1 借贷记账法的含义

借贷记账法是以"资产 = 负债+所有者权益"会计等式为理论根据，以"借"和"贷"作为记账符号，按照"有借必有贷，借贷必相等"的记账规则来记录经济业务的一种复式记账方法。

借贷记账法起源于13世纪资本主义开始萌芽的意大利，最初为单式记账法，到15世纪才逐步形成比较完备的复式记账法，最后由意大利数学家巴其阿勒，通过其著作《算术、几何与比例概要》在理论上对借贷记账法进行确认和论述后，借贷记账法的优点和使用方法才为世人所认识，并且在全世界推广。

借贷记账法特有的记账符号、记账规则以及在记账符号和记账规则下账户基本结构及设置、试算平衡等内容，是区别于其他记账方法的关键所在。

我国《企业会计准则——基本准则》规定，企业采用借贷记账法记账。

3.3.2 借贷记账法的内容

借贷记账法的主要包括记账符号、账户结构、记账规则和试算平衡。

1. 借贷记账法的记账符号

记账符号在会计核算中采用的是一种抽象标记，表示经济业务的增减变化应当记入账户中的方向。借贷记账法的记账符号是"借"和"贷"。

在借贷记账法下，借（英文简写为 Dr），贷（英文简写为 Cr）两个记账符号对六大会计要素的增减变动计入账户的方向作了具体的规定。

"借"和"贷"两字最早的原意是：人欠我记"借"，我欠人记"贷"。表现为债权（应收款）和债务（应付款）的增减变动，亦即从借贷资本的角度来解释的。凡是我欠（借）别人的，对方就是借主（债务人），付出的款项记在借主账户的左边，借方归还时就记在右边，表示抵消；凡是别人借我的，对方就是贷主（债权人），从对方借来的钱记在贷主账户的右边，偿还债务时则记在账户的左边，予以冲销。

后来将借主略称为"借"，贷主略称为"贷"。随着社会经济的发展，借主和贷主的含义，逐渐由人扩大到物，再由人与物扩大到一切资金的来路和去路。记账的对象逐渐扩大到记录全部会计要素的增减变化和计算经营损益，所以这时的"借"和"贷"二字已失去了原来的含义，而转化为一种纯粹的记账符号。其用词演变就是：

Debtor（债务人）—Debt（债务）—Debit（借方）

Creditor（债权人）—Credit（债权）—Credit（贷方）

西方会计传入东方时，首先传入日本，日本人将账户左方翻译为借方，将账户的右方翻译为贷方。我国在引进借贷记账法时，也就沿用了下来。

由于"借"和"贷"已成为一个纯粹的记账符号，究竟是表示增加还是表示减少，要根据所在账户的性质来确定。

2. 借贷记账法的账户结构

在借贷记账法下，所有账户都分为借方和贷方两个部分，通常左方为借方，右方为贷方。记账时，账户的借贷两方必须作相反的记录，即对于每一个来讲，如果借方登记增加额，那么贷方必然登记减少额；反之，如借方登记减少额，贷方就登记增加额。下面我们将六大类账户分为两类，一类是增加额登记在借方的账户，包括资产类和费用类账户；另一类是增加额登记在贷方的账户，包括负债类、所有者权益类、收入类和利润类账户。

（1）资产类账户的结构如表3-3所示。

表3-3　资产类账户结构

借方	资产类账户	贷方
期初余额 本期发生额	本期发生额	
本期借方发生额（增加额）合计	本期贷方发生额（减少额）合计	
期末余额		

资产类账户的借方登记资产的增加额，贷方登记资产的减少额，余额在借方，表示目前企业所拥有或控制的该项资产额。该类账户内四个指标之间的关系为：

借方期末余额=借方期初余额+借方本期发生额-贷方本期发生额

（2）费用类账户的结构如表3-4所示。企业在生产经营过程中发生的各种耗费，大多是由资产转化而来，所以费用在抵消收入之前，可视为一种特殊资产。所以，费用类账户的结构与资产类账户结构基本相同，借方登记费用的增加额，贷方登记费用的减少额或转销额；不同之处在于费用类账户一般没有余额。

表 3-4　费用类账户结构

借方	费用类账户	贷方
本期增加额	本期减少额或转销额	
本期借方发生额（增加额合计）	本期贷方发生额（减少额合计）	

费用的增加额记入该类账户的借方，减少额（转销额）记入该类账户的贷方，费用类账户期末一般无余额，如有余额，必定为借方余额，表示期末尚未转销的费用额。

资产类和费用类账户的共同点在于：借方登记增加额，贷方登记减少额。

（3）权益类账户的结构如表 3-5 所示。

表 3-5　权益类账户结构

借方	权益类账户	贷方
		期初余额
本期减少额		本期增加额
本期借方发生额（减少额合计）		本期贷方发生额（增加额合计）
		期末余额

该类账户包括负债账户和所有者权益账户。负债和所有者权益都是企业的权益，所以这两类账户的结构完全相同。

权益类账户的借方登记负债或所有者权益的减少额，贷方登记负债或所有者权益的增加额，余额在贷方，表示目前企业所承担的负债额或所有者权益。该类账户内四个指标之间的关系为：

贷方期末余额 ＝贷方期初余额+贷方本期发生额-借方本期发生额

（4）收入类账户的结构如表 3-6 所示。

表 3-6　收入类账户结构

借方	收入类账户	贷方
本期减少额或转销额	本期增加额	
本期借方发生额（减少额合计）	本期贷方发生额（增加额合计）	

由于企业收入的增加可以视同所有者权益的增加，所以，收入账户的结构应与所有者权益账户基本相同；不同之处在于收入类账户一般没有余额。

收入的增加额记入账户的贷方，减少额（转销额）记入账户的借方。期末结束时，本期收入增加额减去本期收入减少额后的差额，转入所有者权益账户，期末没有余额。

（5）利润类账户的结构如表3-7所示。

表 3-7　利润类账户结构

借方	利润类账户	贷方
期初余额（亏损） 本期减少额		期初余额（盈利） 本期增加额
本期借方发生额（减少额合计）		本期贷方发生额（增加额合计）
期末余额（亏损）		期末余额（盈利）

由于利润最终也归属于所有者权益，所以其账户结构与所有者权益账户结构基本相同。

利润类账户的借方登记利润的减少额或转销额，贷方登记利润的增加额；期末如为贷方余额，表示企业实现的利润；期末如为借方余额，则表示企业发生的亏损。

根据以上对各类账户结构的说明，我们可以把一切账户借方和贷方所记录的经济内容加以归纳如表3-8所示。

表 3-8　借贷记账法下各类账户结构汇总

借方	借贷记账法下各类账户结构汇总		贷方
期初余额	资产 利润（亏损）	期初余额	负债 所有者权益 利润（盈利）
本期发生额	资产增加 负债减少 所有者权益减少 收入减少 费用增加	本期发生额	资产减少 负债增加 所有者权益增加 收入增加 费用减少
期末余额	资产 利润（亏损）	期末余额	负债 所有者权益 利润（盈利）

3. 借贷记账法的记账规则与会计分录

（1）借贷记账法的记账规则，是"有借必有贷，借贷必相等"，即对发生的每一笔经济业务都以相等的金额，借贷相反的方向，在两个或两个以上相互联系的账户中进行登记。这种记账规则要求在一个账户中记借方，同时在另一个或几个账户中记贷方；或者在一个账户中记贷方，同时在另一个或几个账户中记借方；记入借方的金额同记入贷方的金额相等。

记账规则是通过会计分录表现出来的。

（2）会计分录，就是指明经济业务应记入的账户名称、登记方向和金额的记录。在会计实际工作中，为了保证记账正确，并不是经济业务一发生，会计人员就将该笔业务直接记入有关账户，而是先审查经济业务的内容，根据原始凭证编制记账凭证，再记入有关账户。而记账凭证的核心是根据经济业务所引起的会计要素变化来确定应记入账户的名称、方向（借或贷）和金额，即编制会计分录。

在实际工作中，会计分录是在记账凭证上编制的，并要增加经济业务摘要、发生的日期及其登记依据等内容。编制会计分录，要以反映经济业务发生的原始凭证为依据，以保证会计记录的客观性和便于事后分析检查。

按照对应关系的复杂程度，会计分录分为简单分录和复合分录两种。

简单分录，是指某项经济业务，只涉及两个对应关系账户的分录，即一个借方账户与另一个贷方账户的对应组成的分录。

【例 3-1】大华公司用库存现金 500 元和转账支票 1 500 元购买办公用品。

用库存现金购买办公用品的会计分录为：

借：管理费用   500
  贷：库存现金   500

用转账支票购买办公用品的会计分录为：

借：管理费用   1 500
  贷：银行存款   1 500

复合分录，是指某项经济业务同时涉及两个以上的账户，形成一贷多借、一借多贷或多借多贷对应关系的会计分录。它实际上是由相同经济业务的几个简单会计分录合并而成。所以，复合分录也可以分解为几个简单分录。

【例 3-2】以【例 3-1】的资料为例，就可以将两个简单分录合并为一个一借二贷的复合分录：

借：管理费用   2 000
  贷：库存现金   500
      银行存款   1 500

【例 3-3】企业生产产品领用 A 原材料 5 000 元，车间一般耗用领用 A 原材料 1 000 元，管理部门领用 A 原材料 500 元。

根据这项经济业务可编制一贷三借的复合分录：

借：生产成本   5 000
    制造费用   1 000
    管理费用   500
  贷：原材料   6 500

【例 3-4】企业购买材料一批，价值 20 000 元，增值税为 2 600 元，公司用银行存款支付了 10 000 元，余款暂欠。

该笔经济业务就可以编制二借二贷的复合分录：

借：原材料   20 000
    应交税费——应交增值税（进项税额）   2 600
  贷：银行存款   10 000
      应付账款   12 600

编制复合会计分录，可集中反映一项业务的对应关系，便于了解经济业务的全貌，简化记账工作和节省记账时间。

（3）账户的对应关系。在借贷记账法下，运用其记账规则记录的每一项经济业务，都是以相同的金额记入两个（或两个以上）彼此相关联的账户，而这些彼此相关联的账户之间就形成了应借、应贷的相互关系。账户间的这种相互关系，就叫"账户的对应关系"，会计人员把具有这种对应关系的账户，相互称为"对应账户"。通过账户的对应关系，不仅可以了解经济业务的内容，还可以发现对经济业务的处理是否合理、合法。

例如，借记"应付账款"1 000元，贷记"短期借款"1 000元。这两个账户的对应关系表明是以银行借款来偿还购货时的未付款，对这项经济业务所作的账务处理并无错误，但不符合银行信贷规定，因为根据贷款物资保证性原则，银行贷款不得用于无物资保证的欠款偿付业务。

4. 借贷记账法的试算平衡

借贷记账法的试算平衡，是指根据会计等式的平衡原理，按照记账规则的要求，通过汇总计算和比较，编制试算平衡表，来检查账户记录的正确性和完整性的方法。

借贷记账法的试算平衡有账户发生额试算平衡法和账户余额试算平衡法两种。前者是根据借贷记账法的记账规则来确定的，后者是根据"资产＝负债+所有者权益"的平衡关系原理来确定的。

任何经济业务发生后都要根据原始凭证编制会计分录，然后按照会计分录指出的账户、方向、金额分别记入有关账户，并在此基础上根据账户的期初余额和本期发生额计算账户的期末余额。由于借贷记账法是以"资产 ＝ 负债+所有者权益"会计等式为依据，按照"有借必有贷，借贷必相等"的记账规则记账，就保证了每一项会计分录的借贷双方发生额必然相等，因而过账以后，全部账户的借方发生额合计必然要等于全部账户的贷方发生额合计。因此全部账户的借方余额合计与贷方余额合计就必然相等，其平衡公式如下：

余额平衡法：

全部账户期末（初）余额借方合计 ＝ 全部账户期末（初）余额贷方合计

发生额平衡法：

全部账户本期发生额借方合计 ＝ 全部账户本期发生额贷方合计

根据这种平衡关系，会计人员对账户记录进行检查和验证，就可以发现记账过程中存在的借贷方向和余额的某些错误。

试算平衡是以总分类账户所记录的期初、期末余额和本期发生额为依据，编制"总分类账户本期发生额试算平衡表"和"总分类账户余额试算平衡表"进行的。企业大都是将两表合二为一，成为"总分类账户本期发生额及余额试算平衡表"。

3.3.3 借贷记账法的运用

下面以大华公司2023年1月份发生的经济业务为例进行会计处理。

1. 编制会计分录并登记账簿

根据借贷记账法的记账规则和账户结构特点，对以下发生的经济业务编制会计分录并登记账户（以"T"型账户代替）。

【例3-5】永化公司用设备一批向大华公司投资，价值30 000元。

这是一项资产和所有者权益同时增加的业务，它涉及"固定资产"账户和"实收资本"所有者权益账户，使二者都增加了30 000元。由于资产类账户的借方表示增加，所有者权益类账户的贷方表示增加，因此，双方增加的数额应分别记入"固定资产"账户的借方和"实收资本"账户的贷方。编制会计分录如下：

借：固定资产   30 000

  贷：实收资本   30 000

将这项经济业务在这两个账户中登记，账户对应关系如图3-2所示。

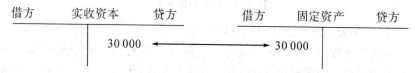

图3-2 账户对应关系

【例3-6】大华公司从银行借入短期借款100 000元，存入银行。

这是一项负债和资产同时增加的业务，它涉及"短期借款"和"银行存款"这两个账户，流动负债增加了100 000元，流动资产也增加100 000元。由于负债账户贷方登记增加，资产账户借方登记增加，因此，负债增加的数额应记入"短期借款"账户贷方，资产增加的数额应记入"银行存款"账户的借方。编制会计分录如下：

借：银行存款   100 000

  贷：短期借款   100 000

将这项经济业务在这两个账户中登记，如图3-3所示。

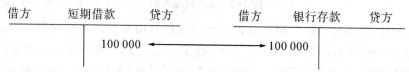

图3-3 账户对应关系

【例3-7】大华公司用银行存款11 300元购入生产用材料，其中增值税为1 300元。

该业务涉及"银行存款"和"原材料"这两个资产账户和"应交税费——应交增值税"这个负债账户。银行存款减少11 300元，使得原材料增加了10 000元，应交税费减少1 300元。资产账户借方表示增加，贷方表示减少，因此，增加的数额应记入"原材料"账户的借方，减少的数额应记入"银行存款"账户的贷方。负债的减少数额记入"应交税费——应交增值税"的借方。编制会计分录如下：

借：原材料   10 000

    应交税费——应交增值税（进项税额）   1 300

  贷：银行存款   11 300

将这项经济业务在这两个账户中登记，如图3-4所示。

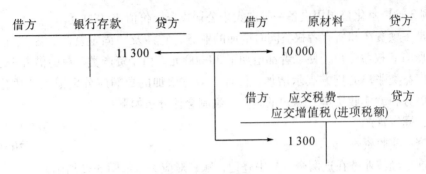

图 3-4　账户对应关系

【例 3-8】大华公司生产领用材料 5 000 元。

这是一项资产和费用—增—减的业务，它涉及"原材料"这个资产账户和"生产成本"这个费用账户，前者减少 5 000 元，后者增加 5 000 元。由于资产账户和费用账户都是借方表示增加，贷方表示减少，因此，增加的金额应记入"生产成本"账户的借方，减少的金额应记入"原材料"账户的贷方。编制会计分录如下：

借：生产成本 　　　　　　　　　　　　　　　　　　　　　　5 000

　　贷：原材料 　　　　　　　　　　　　　　　　　　　　　　　　5 000

这项经济业务在这两个账户中登记，如图 3-5 所示。

图 3-5　账户对应关系

【例 3-9】大华公司销售甲产品，开出增值税专用发票。发票注明，价款金额为 100 000 元，增值税税额为 13 000 元，对方用银行汇票支付 100 000 元，其余尚欠。

这项经济业务涉及资产类的"银行存款"账户增加 100 000 元，记入借方；涉及资产类账户"应收账款"账户增加 13 000 元，记入借方；涉及负债类账户"应交税费——应交增值税"账户增加 13 000 元，记入贷方；涉及收入类账户"主营业务收入"增加 100 000 元，记入贷方。编制会计分录如下：

借：银行存款 　　　　　　　　　　　　　　　　　　　　　100 000

　　应收账款 　　　　　　　　　　　　　　　　　　　　　　13 000

　　贷：主营业务收入 　　　　　　　　　　　　　　　　　　　　100 000

　　　　应交税费——应交增值税（销项税额） 　　　　　　　　　 13 000

根据这四类账户的结构，该项业务在账户中登记如图 3-6 所示。

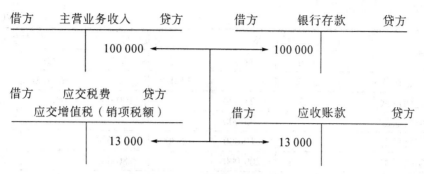

图 3-6 账户对应关系

【例 3-10】经协商，大华公司将资本公积 50 000 元转增资本。

这项经济业务发生，导致所有者权益类内部两个项目—增一减，其中资本公积减少，实收资本增加。根据所有者权益账户结构的特点，增加记入账户的贷方，减少记入账户的借方，因此，编制会计分录如下：

借：资本公积   50 000
 贷：实收资本   50 000

这项经济业务在两个账户中登记，如图 3-7 所示。

借方	实收资本	贷方		借方	资本公积	贷方
		50 000 ←	→	50 000		

图 3-7 账户对应关系

从以上举例可以看出，经济业务发生后，一方面要记入一个账户的借方，同时又要记入另一个账户的贷方——有借必有贷；又由于每项经济业务所引起的数额变化都是等量的，所以记入一个账户的借方金额与记入另一个账户贷方的金额必然相等——借贷必相等。在某些复杂经济业务的处理中，虽然出现了一个账户的借方和几个账户的贷方，或者几个账户的借方和一个账户的贷方相对应，但"有借必有贷，借贷必相等"的记账规则仍然成立。

2. 试算平衡

根据大华公司的期初余额和上述例 3-5 至例 3-10 的业务账务处理编制试算平衡表如表 3-9 所示。

表 3-9 总分类账户本期发生额及余额（试算平衡表）
2023 年 1 月

账户名称	期初余额		本期发生额		期末余额	
	借方	贷方	借方	贷方	借方	贷方
固定资产	100 000		30 000		130 000	
原材料	75 000		10 000	5 000	80 000	
库存现金	10 000				10 000	
银行存款	140 000		200 000	11 300	328 700	

表3-9（续）

账户名称	期初余额		本期发生额		期末余额	
	借方	贷方	借方	贷方	借方	贷方
应收账款	55 000		13 000		68 000	
短期借款		25 000		100 000		125 000
应付账款		45 000				45 000
应交税费		10 000	1 300	13 000		21 700
实收资本		200 000		80 000		280 000
资本公积		100 000	50 000			50 000
生产成本			5 000		5 000	
主营业务收入				100 000		100 000
合计	380 000	380 000	309 300	309 300	621 700	621 700

从表3-9中合计数可以看出，所有账户的期初、期末余额，借贷双方是相等的，所有账户的本期发生额借贷双方也是相等的，这就表明各账户中的记录基本上是正确的。如果借贷不平衡，可以肯定账户记录发生了错误，就需要及时查明原因并按规定的方法加以更正。

应当指出的是，借助试算表借贷双方合计数字的平衡，只能大体判断总分类账户记录是正确的，但不能绝对肯定记账没有错误。因为借贷双方平衡只能证明记入某些账户的金额等于记入某些账户的金额，并不能发现以下错误：

（1）漏记或重复记录了某项经济业务；

（2）一笔经济业务在编制会计分录时，应借应贷账户方向颠倒，或者误用了账户名称；

（3）一笔经济业务的借贷双方，在编制会计分录时，金额上发生同样的错误；

（4）一项错误的记录恰好抵消了另一项错误的记录。

当试算表借贷双方的合计数失去平衡时，可能只有一种错误存在，也可能有几种错误同时存在。如果错误不止一项，就需要进行全面检查：首先按经济业务发生的顺序核对每一项经济业务的记录是否错误，然后检查账户记录的登记和计算是否有误，最后核算在将账户记录抄录到试算表上时是否出现了差错。

3.4 账户分类

3.4.1 账户分类的意义和标准

1. 账户分类的意义

我们在对账户的基本结构和主要内容有所认识后，需要进一步了解各类账户能够提供什么性质的经济指标，理解各类账户之间的区别和联系，掌握各类账户的内容、结构和用途，为正确运用账户登记经济业务奠定基础。

设置和运用账户是会计核算方法体系中的一种专门方法，账户分类是对账户设置和运用规律的进一步认识。本章已经涉及了一些重要账户，我们对账户的设置、内容、性质、结构有了初步的认识。但是，应当看到，企业的经济业务错综复杂，形态万千，内容繁多，同时各种经济业务之间存在密切的内在联系，相互制约，相互联系，相互影响，因此记录和反映各种经济业务的账户也就数量众多、类别各异了。每个账户都有各自的经济性质、用途和结构，都可以从不同的方面核算和监督会计具体对象的变化情况和变化结果，尽管这些账户在其核算中是分别使用的，但却能相互联系地构成一个完整的账户体系。

为了能在会计实务中正确地运用这些账户，我们需要对其进行进一步的分类，掌握其共性，辨别其特性，了解它们的区别和联系，加深对账户体系的认识，从而能够熟练地进行账户的设置和运用，提高会计核算和监督的质量和效益。

2. 账户分类的标准

根据核算和监督企业经济活动的需要，账户可以按照不同的标准进行分类。

（1）账户按经济内容分类。账户的经济内容是指账户所核算和监督的会计对象的具体内容，它是账户分类的基础。会计对象的具体内容按其经济特征可以分为资产、负债、所有者权益、收入、费用和利润六个会计要素。因此，账户按经济内容的分类，也就分为资产类账户、负债类账户、所有者权益类账户、收入类账户、费用类账户和利润类账户等。

（2）账户按用途结构分类。虽然按经济内容分类是账户分类的基础，但是为了进一步对各个账户的具体用途、能够提供何种核算指标等问题有更为详细的了解，还需要在经济内容分类的基础上对账户进行进一步的分类，即按账户的用途和结构进行分类。

（3）其他分类。除上述两种账户分类标准外，账户还可根据核算的需要进行其他的分类。

① 按账户提供核算信息的详细程度分为总分类账户和明细分类账户。

② 按账户期末有无余额分为实账户和虚账户。

3.4.2 账户按经济内容分类

账户按经济内容分类，即根据账户记录的经济业务及余额所反映的经济内容进行分类，分为资产类账户、负债类账户、所有者权益类账户、收入类账户、费用类账户和利润类账户等。但在实践中，为了提供某些指标，我们在分类时作出适当调整，以便能够更加充分体现其账户的特征。如将收入类账户和费用类账户归为损益类账户；另外，《企业会计准则——应用指南》中新增了"共同类"账户。因此账户分为资产类账户、负债类账户、所有者权益类账户、成本类账户、损益类账户和共同类账户。

1. 资产类账户

资产类账户是核算企业的资产要素增减变动及其结存数额的账户。根据会计核算的需要，资产类账户按照流动性又分为流动资产账户和非流动资产账户两个类别。

（1）流动资产账户。按各项流动资产的经济内容，企业流动资产的账户又分为：反映货币资金的账户，如"库存现金""银行存款"等；反映结算债权的账户，如"应收账款""应收票据""其他应收款"等；反映存货的账户，如"原材料""库存商品"等账户。

（2）非流动资产账户。企业非流动资产账户包括"长期股权投资""持有至到期投资""固定资产""无形资产"等账户。

2. 负债类账户

负债类账户是核算企业负债增减变动及其结存数额的账户。按照偿还期，负债分为流动负债和非流动负债，其账户也进一步分为流动负债账户和非流动负债账户。

（1）流动负债账户，核算流动负债的账户包括"短期借款""应付账款""应付票据""应付职工薪酬""应交税费"等账户。

（2）非流动负债账户，核算非流动负债的账户主要有"长期借款""应付债券""长期应付款""专项应付款"等账户。

3. 所有者权益类账户

所有者权益类账户是核算企业的所有者权益增减变动及其结存数额的账户。按所有者权益的来源情况和构成特点，又分为两种：

（1）所有者原始投资账户。核算所有者原始投资的账户主要是"实收资本（股本）"和"资本公积"账户。

（2）经营积累账户。核算经营积累的账户主要是"盈余公积""本年利润""利润分配——未分配利润"账户。

4. 成本类账户

成本类账户是核算企业生产过程中发生的各项生产费用、计算产品成本的账户。在工业企业中，按照生产经营过程的阶段，该账户用来归集费用，计算成本。该类账户又可分为两类：

（1）材料采购成本账户。它是核算材料采购成本的账户，是对企业在供应过程中发生的材料价款和采购费用进行核算，以此计算材料的采购成本，如"材料采购""在途物资"账户。

（2）产品生产成本账户。它是核算产品生产成本的账户，是对企业在产品生产过程中发生的各种材料、工资及费用支出进行核算，以此计算产品的生产成本，包括"生产成本""制造费用"账户。

5. 损益类账户

损益类账户是核算与损益（利润或亏损）计算直接相关的账户。按照损益的构成，账户分为收入类的损益账户和费用类的损益账户。

（1）收入类的损益账户，是核算企业在生产经营过程中不同渠道取得和分配各种收入的账户。按收入的不同经济内容，收入账户又可以分为三类：

一是核算营业收入的账户，如"主营业务收入""其他业务收入"账户；

二是核算投资收入的账户，如"投资收益"账户；

三是核算营业外收入情况的账户，如"营业外收入"账户。

（2）费用类的损益账户，是核算企业在生产经营过程中发生与收入直接相关的各种成本、费用、支出和损失的账户。按照费用的不同经济内容，费用账户又可分为三种：

一是核算与营业收入相关的账户，如"主营业务成本""其他业务成本"账户；

二是核算与企业生产经营期间相关的账户，如"销售费用""管理费用""财务费用"账户；

三是核算与营业外支出情况相关的账户，如"营业外支出"账户。

账户按经济内容分类形成的账户体系如图 3-8 所示。

6. 共同类账户

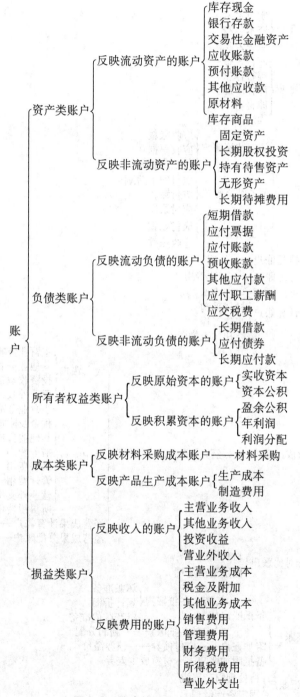

图 3-8　账户按经济内容分类

3.4.3 账户按用途结构分类

在借贷记账法下，账户按其用途和结构可以分为资本、盘存、结算、跨期摊提、集合分配、成本计算、经营成果、计价对比、调整、暂记账户十类，其账户体系如图3-9所示。

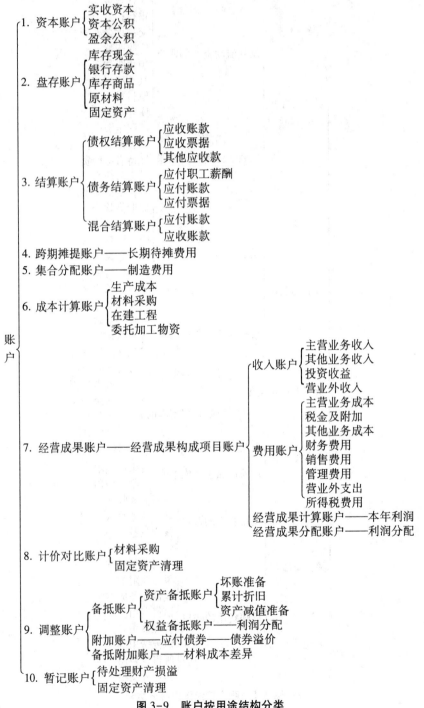

图3-9 账户按用途结构分类

1. 资本账户

资本账户又称所有者投资账户，是用来核算与监督企业所有者的原始投入资本和经营积累资本的增减变化及其结存数的账户。该类账户主要包括"实收资本""资本公积""盈余公积"等账户。

资本账户的共同用途是以资本为核算对象，记录各种资本的取得、形成和变动情况，提供所有者权益的总量和构成指标。

资本账户在结构上的共同点是借方登记所有者投入资本及增值资本的减少额；贷方登记投入资本增加额及资本增值额，账户的余额在贷方，反映所有者投资和盈余积累的实有数额。账户的基本结构如表3-10所示。

表3-10 账户的基本结构

借方	资本账户	贷方
发生额：本期所有者投资或经营积累减少数	期初余额：期初所有者投资和 盈余积累的实有数 发生额：本期所有者投资或经营积累增加数	
	期末余额：期末所有者投资和盈余积累的实有数	

2. 盘存账户

盘存账户是用来核算和监督货币资金和各种实物财产物资的增减变动及结存情况的账户，主要包括"库存现金""银行存款""交易性金融资产""库存商品""原材料""固定资产"等账户。

盘存账户的共同用途是提供账面结存额以便与货币资金、财产物资的实际结存数核对，检查、监督账户记录的正确性，据以检查实物的管理责任，为经营管理提供可靠的会计核算资料。

盘存账户在结构上的共同点是：借方登记各项财产物资或货币资金的增加额；贷方登记其减少额；一般都有借方余额，表示各项财产物资和货币资金的结存数。该类账户的基本结构如表3-11所示。

在盘存账户中，除"库存现金"和"银行存款"账户外，其他盘存账户，如"原材料""库存商品""固定资产"等，可以通过设置明细账提供实物数量和金额指标。

表3-11 账户的基本结构

借方	盘存账户	贷方
期初余额：期初实物、货币资金结存数 发生额：本期实物、货币资金增加数	发生额：本期实物、货币资金减少数	
期末余额：期末实物、货币资金实有数		

3. 结算账户

结算账户是用来核算和监督企业与其他单位或个人之间发生的债权债务结算情况的账户。

结算账户的共同用途是核算企业的债权债务的增减变动、结算收付情况以及期末尚未了结的债权债务数额，以便企业及时采取措施催收或偿还。

结算账户因结算资金的性质不同，与之相适应账户的结构也就有所不同。所以，结算账户还可以细分为债权、债务和混合结算账户。

（1）债权结算账户，又称资产结算账户，是用来核算和监督各种债权的增减变动及结存额情况的账户，包括"应收账款""应收票据""其他应收款""预付账款"等账户。

这类账户在结构上的共同点是：借方登记各种债权的增加额；贷方登记各种债权的减少额；余额一般在借方，表示企业尚未收回的应收款项或尚未核销的预付款项。该类账户的基本结构如表3-12所示。

表 3-12　账户的基本结构

借方	债权结算账户	贷方
期初余额：期初尚未结算的 　　　　　应收或预付款项结存额 发生额：本期债权增加额	发生额：本期债权减少额	
期末余额：期末尚未结算的应收或预付款项结存数		

（2）债务结算账户，是用来核算各种债务在结算中的增减变动及其结存情况的账户，包括"应付账款""预收账款""短期借款""长期借款""应交税费""应付职工薪酬""应付股利"等账户。

该类账户在结构上的共同点是：借方登记各种负债的减少数；贷方登记各种负债的增加数；余额一般在贷方，表示企业尚未归还的债务实有金额。

该类账户的基本结构如表3-13所示。

表 3-13　账户的基本结构

借方	债务结算账户	贷方
	期初余额：期初借款、应付或尚未 　　　　　结算的预收款项结存数	
发生额：本期债务减少数	发生额：本期债务增加数	
	期末余额：期末借款、应付或尚未 　　　　　结算的预收款项结存数	

（3）混合结算账户，又称往来结算账户或资产负债结算账户，是用来核算债权债务的往来业务款项的增减变动及其结存额的账户，是具有双重性质的结算账户。

在实际工作中，某些企业为集中反映企业与一个单位或者一个用户经常发生的往来账款，减少账户的数量，把两个或者两个以上的债权债务账户合并为一个账户使用，这个账户就成了混合结算账户。如企业将"应收账款"账户既用于核算应收的款项，又核算企业预收的货款，这样，此时的"应收账款"账户就成了混合结算账户。

这类账户在结构上的共同点是：借方登记债权的增加和债务的减少额；贷方登记债权的减少和债务的增加额；余额不固定在哪一方，若是借方余额，表示企业尚未收回的债权净额，若是贷方余额，表示企业尚未支付的债务净额。该账户所属明细账的借方余额之和与贷方余额之和的差额，应当与其总账的余额相等。

该类账户的基本结构如表 3-14 所示。

表 3-14　账户的基本结构

借方	混合结算账户	贷方
期初余额：期初债权大于债务的差额 发生额：本期债权的增加额 　　　　本期债务的减少额		期初余额：期初债务大于债权的差额 发生额：本期债权的减少额 　　　　本期债务的增加额
期末余额：期末债权大于债务的差额		期末余额：期末债务大于债权的差额

注意：混合结算账户的借方余额或贷方余额只是表示债权和债务增减变动后的差额，并不一定表示企业债权债务的实际余额，因为在某一时点该企业可能同时存在债权和债务。

【例 3-11】大华公司 3 月与甲、乙两企业发生业务登账如图 3-10 所示。

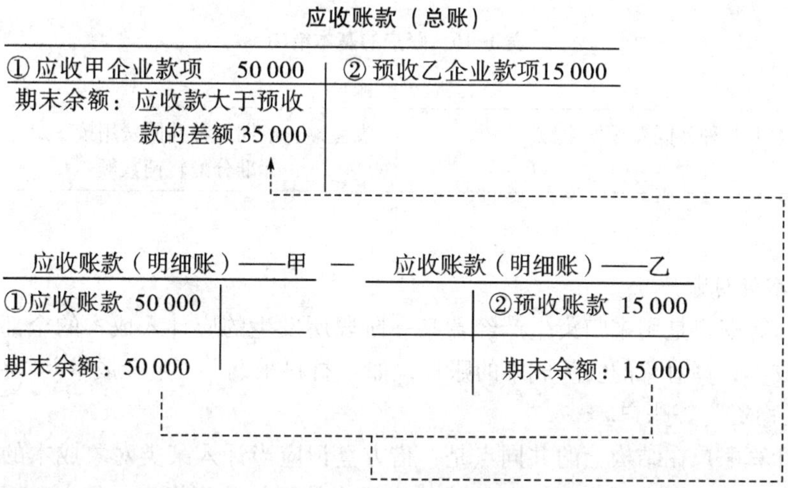

图 3-10　甲、乙两企业发生业务登账关系

4. 跨期摊提账户

跨期摊提账户是用来核算和监督应由多个会计期间共同负担的费用，并将这些费用按一定的标准在各个会计期间进行摊销，以便正确计算各期的成本费用的账户，主要是"长期待摊费用"等账户。

长期待摊费用账户属于资产类账户，在结构上的特点是：借方是用来登记实际支付款项的数额；贷方登记分配计入各期成本、费用的摊销额和预提数额；期末借方余额表示尚未摊销完毕、已经发生了的待摊费用。该类账户的基本结构如表 3-15 所示。

表 3-15　账户的基本结构

借方	跨期摊提账户	贷方
期初余额：期初已经支付款项而尚未 　　　　摊销的待摊费用数额 发生额：本期费用实际支付款项数额	发生额：本期费用的摊销额	
期末余额：期末已支付款项但尚未 　　　　摊销的待摊费用数额		

5. 集合分配账户

集合分配账户是用来归集和分配企业生产经营过程中某一阶段的某种共同费用的账户，是反映和监督有关费用计划执行情况和费用分配情况的账户，比如"制造费用"账户。

集合分配账户在结构上的共同点是：借方登记共同费用的发生数，归集这些费用，形成该类费用的总额指标；贷方登记该费用按受益对象一定的标准进行分配结转的具体数额；期末分配结转后账户无余额。但季节性生产企业由于其生产的特殊性，该账户有时会出现余额。这类账户是过渡性的账户，是虚账户，其基本结构如表 3-16 所示。

表 3-16　账户的基本结构

借方	集合分配账户	贷方
发生额：本期某种共同费用发生数	发生额：本期某种共同费用按一定 　　　　标准分配转销数额	

6. 成本计算账户

成本计算账户是用来归集生产经营某一阶段所发生的应计入成本的全部费用，并确定各个成本计算对象的实际成本的账户，如"材料采购""生产成本""在建工程""委托加工物资"等账户。

成本计算账户在结构上的共同点是：借方登记应当计入某类对象成本的全部费用（成本项目），期末归集借方发生额形成该类成本费用的总额指标；贷方登记在该阶段完成的成本计算对象的转出额；期末可能无余额，也可能有借方余额，借方余额表示该阶段尚未完成的成本计算对象的成本，如"生产成本"期末借方余额表示尚未完工的在产品成本。该类账户的基本结构如表 3-17 所示。

表 3-17　账户的基本结构

借方	成本计算账户	贷方
期初余额：期初未完成对象的成本 发生额：本期发生的该对象的全部费用额	发生额：结转的本期已完成对象的成本	
期末余额：期末尚未完成的成本额		

7. 经营成果账户

经营成果账户是核算和监督企业一定会计期间（月度、季度、半年度、年度）的全部生产经营活动的最终经营成果的账户。企业的最终经营成果就是企业的利润指标，要核算利润指标，就必须进行收入与费用的配比，因而经营成果类账户的用途就是记录各种收入、各种费用支出、提供利润的计算和分配情况。所以经营成果账户又可以分为经营成果构成项目账户、经营成果计算账户和经营成果分配账户。

（1）经营成果构成项目账户

经营成果构成项目账户是用来反映企业在一定会计期间取得的各项收入和发生的各项费用、支出的损益账户，也叫收支账户，包括收入类账户和费用类账户。

① 收入类账户，是用来核算和监督企业在一定会计期间内所取得的各种收入的账户。此时的收入是广义收入的概念，既包括营业收入，也包括投资收益和营业外收入。该类型的账户有"主营业务收入""其他业务收入""投资收益""营业外收入"等账户。

收入账户在结构上的共同特点是：贷方登记本期取得的收入，借方登记本期收入的减少和期末转入"本年利润"账户的收入净额。结转后该类型账户无余额。该类账户的基本结构如表 3-18 所示。

表 3-18　账户的基本结构

借方	收入账户	贷方
发生额：①本期收入的减少额 ②期末转入"本年利润"账户的 收入净额		发生额：本期收入的增加额

② 费用类账户，是用来核算和监督企业在一定会计期间内所发生的应计入当期损益的各种成本、费用和支出的账户。此处的费用是广义费用的概念，既包括营业成本，也包括营业外支出和所得税费用。该类型的账户有"主营业务成本""其他业务成本""销售费用""营业税金及其附加""管理费用""财务费用""营业外支出""所得税费用"等账户。

费用账户在结构上的共同特点是：借方登记本期成本、费用、支出的发生额；贷方登记本期成本、费用、支出的减少额和期末转入"本年利润"账户的成本净额。结转后该类型账户无余额。该类账户的基本结构如表 3-19 所示。

表 3-19　账户的基本结构

借方	费用账户	贷方
发生额：本期各项费用的发生额		发生额：①本期费用的减少额 ②期末转入"本年利润"账户的 费用净额

（2）经营成果计算账户

经营成果计算账户是用来计算并确定企业在一定会计期间内全部生产经营活动的最终经营成果的账户，常用的是"本年利润"账户。该账户的借方登记汇集由各费用账户结转来的应当由本期损益负担的成本、费用和支出数额；贷方登记汇集由各收入类账户结转来的本期实现的全部收入、收益额。期末余额如在贷方，表示本期实现的净利润，如是借方余额，表示本期发生的亏损额。年终结账时，余额全部转入"利润分配"账户。

经营成果计算账户的特点是：在年度中间，该账户余额不予结转，一直保留在该账户，为企业提供截至本期累计实现的利润或发生的亏损。年末结转后，该账户无余额。

该账户的基本结构如表3-20所示。

表3-20　账户的基本结构

借方	经营成果计算账户	贷方
发生额：汇集转入本期的各项费用、支出额或经营积累减少数	发生额：汇集转入本期的各项收入、收益额或经营积累增加数	
期末余额：本期发生的亏损额	期末余额：本期实现的净利润额	

（3）经营成果分配账户

经营成果分配账户是用以核算和监督企业在一定会计期间实现的经营成果的分配情况的账户，常用的是"利润分配"账户。该账户的借方登记利润分配的去向数额；贷方登记本期实现的可供分配的净利润额；余额若在借方，表示企业尚未弥补的累计亏损额；贷方余额表示企业累计的未分配利润。该账户的基本结构如表3-21所示。

表3-21　账户的基本结构

借方	经营成果分配账户	贷方
期初余额：期初未弥补亏损 发生额：①利润分配的去向数额 ②由"本年利润"账户转入的本期发生的亏损额	期初余额：期初未分配利润 发生额：由"本年利润"账户转入的本期实现的可供分配的净利润	
期末余额：期末未弥补亏损	期末余额：本期期末累计未分配利润	

8. 计价对比账户

计价对比账户是指企业生产经营过程中，某项经济业务按照两种不同的计价标准进行对比，借以确定其业务成果的账户。常用的计价对比账户有"固定资产清理""材料采购"等。

计价对比账户在结构上的共同点是：借贷两方各按一种计价标准进行登记，借方一般按实际成本价格、实际费用支出数额记录（第一种计价），而贷方往往按对应的计划价格、收入、收益数额记录（第二种计价）；期末将借贷双方的发生额进行比较，其差额就是该经济业务的成果，借差（借余）表示净损失、亏损、超支额等经济内容，贷差（贷余）表示净收益、利润、节约额等；期末应当将确定的业务成果全部转出结平该账户。该类账户的基本结构如表 3-22 所示。

表 3-22　账户的基本结构

借方	计价对比账户	贷方
发生额：同一对象按第一种标准计价数额		发生额：同一对象按第二种标准计价数额
期　末：将贷差转入有关账户		期　末：将借差转入有关账户

9. 调整账户

调整账户是专门用以调整某个相关账户（被调整账户）余额的账户。在会计核算中，由于管理和其他方面的需要，要求用两种数字从不同的方向进行反映。因此，就需要设置两个账户，一个用来反映其原始数字，一个用来反映对原始数字的调整数字。核算原始数字的账户，称为被调整账户；对原始数字进行调整的账户，称为调整账户。按其调整的方式不同，调整账户可以分为备抵账户、附加账户和备抵附加账户三种。

（1）备抵账户

备抵账户（抵减账户）是用来抵减被调整账户的余额，以反映被调整账户实际价值的账户。其调整方式是：

被调整账户实际余额＝被调整账户账面余额-备抵账户余额

按被调整账户的性质，备抵账户又分为资产备抵账户和权益备抵账户两类。

① 资产备抵账户

资产备抵账户是用来抵减某一资产账户余额的调整账户。例如"累计折旧"账户就是"固定资产"这个资产账户的备抵账户，"固定资产"账户的余额减去"累计折旧"账户的余额就是固定资产的净值；同理，"坏账准备"是"应收账款"账户的备抵账户。资产备抵账户和被调整账户的关系和基本结构如图 3-11 所示。

借方	被调整账户	贷方	借方	资产调整账户	贷方
期初余额：期初资产原 　　　　始价值					期初余额：期初累计抵 　　　　减数额
本期增加发生额	本期减少发生额		本期减少发生额		本期增加发生额
期末余额：期末资产原 　　　　始数额					期末余额：期末累计抵 　　　　减数额

图 3-11　账户的关系和基本结构

【例 3-12】某企业"应收账款"账户和"坏账准备"账户的关系，如图 3-12 所示。

借方	应收账款	贷方	借方	累计折旧	贷方
期初余额：　1 000 000					期初余额：　250 000

图 3-12　账户的关系

$$该企业期初固定资产账面净值=固定资产原始价值-累计折旧$$
$$=1\,000\,000-250\,000$$
$$=750\,000（元）$$

② 权益备抵账户

权益备抵账户是用来抵减某一权益账户余额，以核算出该权益账户的实际余额的账户。例如，"利润分配"账户就是被调整账户"本年利润"的备抵账户。权益备抵账户与被调整账户的关系和基本结构如图 3-13 所示。

借方	被调整账户	贷方	借方	资产调整账户	贷方
	期初余额：期初资产原始价值			期初余额：期初累计抵减数额	
本期减少发生额	本期增加发生额		本期增加发生额		本期减少发生额
	期末余额：期末资产原始数额			期末余额：期末累计抵减数额	

图 3-13　账户的关系和基本结构

（2）附加账户

附加账户是用来提供调整指标附加在被调整账户余额上，以求得被调整账户实际价值的调整账户。其调整方式是：

$$被调整账户实际余额=被调整账户账面余额+附加账户余额$$

例如，"应付债券——债券溢价"账户就是"应付债券——债券面值"的附加账户。其基本结构如图 3-14 所示。

	被调整账户			附加账户	
借方	应付债券——债券面值	贷方	借方	应付债券——债券溢价	贷方
	期末余额：已发行但尚未偿还的债券票面价值			期末余额：已发行但尚未摊销的债券溢价	

图 3-14　账户的基本结构

（3）备抵附加账户

备抵附加账户是既具有备抵账户的性质，又具有附加账户性质的双重功能的账户，也就是说它既可以用来抵减，又可以用来增加被调整账户的余额，以求得被调整账户的实际价值。这种账户是备抵还是附加，取决于每期结账后调整账户余额的性质与被调整账户余额性质是否一致：当二者余额方向相同即性质相同，就起附加作用；反之，二者余额方向不同，性质也就相异，调整账户就起抵减作用。

$$被调整账户实际余额=被调整账户账面余额\pm附加账户余额$$

属于该类型账户的主要是"材料成本差异"账户，它是"原材料"账户的备抵附加调整账户。基本结构如表 3-23 所示。

表 3-23 被调整账户

借方	原材料	贷方
期初余额： 期初库存原材料计划成本额		
本期发生额： 本期入库的材料计划成本额	本期发生额： 本期出库的材料计划成本额	
期末余额： 期末库存材料计划成本额		

备抵附加账户

借方	材料成本差异	贷方
期初余额： 期初库存原材料实际成本大于计划成本的差额	期初余额： 期初库存原材料实际成本小于计划成本的差额	
本期发生额： 本期入库的材料实际成本大于计划成本的差额	本期发生额： 本期入库的材料实际成本小于计划成本的差额	
期末余额： 期末库存原材料实际成本大于计划成本的差额	期末余额： 期末库存原材料实际成本小于计划成本的差额	

10. 暂记账户

暂记账户是用来核算和监督那些暂时不能确定应当记入哪类经济内容账户或者要经过批准程序才能转销的经济业务的账户。这类账户是典型的过渡性账户，包括"固定资产清理""待处理财产损溢"等账户。比如，发生了财产盘盈或盘亏，要查明原因才能确定其责任，所以，先将这些盘盈、盘亏的财产过渡到暂记账户上，待查明原因了或者有关部门批准后再从暂记账户转入有关账户中。

暂记账户在结构上的共同点是：借方登记本期发生的各种过渡性损失、费用、支出、盘亏额以及批准转销的贷方金额；贷方登记本期发生的过渡性收入、收益、盘盈金额和批准转销的借方金额；暂记账户一般都具有双重性质，余额方向不确定。当暂记业务一旦批准处理后，应当及时结转，转销后账户无余额。该类账户的基本结构如表 3-24 所示。

表 3-24 暂记账户

借方	暂记账户	贷方
期初余额：期初尚未处理的过渡性损失 发生额：本期发生的各种过渡性损失、费用、盘亏额	期初余额：期初尚未处理的过渡性盈余 发生额：本期发生的过渡性收益、盘盈额	
期末余额：期末尚未处理的损失额	期末余额：期末尚未处理的盈余	

3.4.4 账户其他分类

1. 账户按其提供核算资料的详细程度分类

账户是根据会计科目设置的，会计科目按其提供核算资料的详细程度分为了总分类账科目和明细分类科目。因此，账户就可以相应地分为总分类账户和明细分类账户。

（1）总分类账户简称总账或者一级账户，它是根据总分类科目来设置的，是以货币为计量单位，对企业经济业务的具体内容进行总括核算的账户。它能够提供会计对象某一类具体内容的总括核算指标，只能用货币量度量；同时总账无法提供说明企业各方面详细的会计信息，因此还必须设置明细分类账。

（2）明细分类账简称明细账，是既可以用货币进行度量，也可以采用其他计量单位（实物单位）对企业的某一经济业务进行详细核算的账户。它能够提供某一具体经济业务的明细情况，除了提供货币价值量的会计信息外，还可以提供实物量或者劳动量表示的各种信息资料。

总分类账是所属明细分类账的统驭账户，对所属明细账起着控制作用；而明细账是有关总账的从属账户，对总账起辅助作用。某一总分类账户及其所属明细分类账户核算的内容是相同的，但前者提供的资料是总括的，后者提供的资料是具体详细的。如果某一总分类账户所属明细分类账户的层次较多，还可以按会计科目的细分方法，将明细账进一步分设为二级账户、三级账户……有关账户划分的问题将在第五章中介绍。

2. 账户按期末有无余额分类

（1）实账户是指期末有余额的账户，一般的资产类、负债类和所有者权益类为实账户。

（2）虚账户是指期末无余额的账户，它也被称为过渡性账户，这是因为该类账户中所记录的所有经济业务的数额在期末为核算的需要都必须结转到其他有关的账户中去，而结转后这些账户就没有余额了。

复习思考题

1. 什么是会计科目？为什么要设置会计科目？设置会计科目一般应遵循哪些原则？
2. 企业会计准则对会计科目做了哪些统一规定？
3. 什么是账户？账户和会计科目有何区别与联系？
4. 什么是借贷记账法？借贷记账法的主要内容有哪些？
5. 借贷记账法的记账规则是什么？如何在会计核算中正确使用记账规则？
6. 什么是会计分录？为什么要编制会计分录？
7. 借贷记账法下的试算平衡原理是什么？如何进行试算平衡？
8. 为什么要对会计账户进行多种分类？其意义何在？
9. 账户按经济内容分为哪些类别？各种类别的账户的特点是什么？
10. 账户按其结构和用途分为哪些类别？各类账户的结构特点是什么？
11. 试述结算账户的概念、用途、结构和核算方法。
12. 试述经营成果类账户的概念、结构和用途以及核算方法。
13. 调整账户分为几类？各类之间有什么共同点？有哪些不同点？
14. 总分类账户与明细分类账户是什么样的关系？

练习题

一、单项选择题

1. 一般来讲，复合分录可以分解为（　　　）。

　　A. 多个一借多贷的分录　　　　　　B. 多个一贷多借的分录

　　C. 多个一借一贷的分录　　　　　　D. 以上都对

2. 甲单位将产品卖给乙企业，乙企业现在没有钱支付给甲企业。那么甲单位是乙企业的（　　　）。

　　A. 债务人　　　　　　　　　　　　B. 所有者

　　C. 债权人　　　　　　　　　　　　D. 贷款人

3. 以下不符合借贷记账法的记账规则的是（　　　）。

　　A. 资产与权益同时减少　　　　　　B. 资产与权益同时增加

　　C. 所有者权益与负债一增一减　　　D. 负债与资产一增一减

4. 下列账户属于负债类的是（　　　）。

　　A. 实收资本　　　　　　　　　　　B. 预付账款

　　C. 预收账款　　　　　　　　　　　D. 应收账款

5. 企业以银行存款 100 000 元偿还短期借款，这一会计事项对会计平衡式的影响是（　　　）。

　　A. 资产和负债同时减少 100 000 元，不破坏会计平衡式

　　B. 资产和负债同时增加 100 000 元，不破坏会计平衡式

　　C. 资产的不同项目此增彼减，资产总额不变

　　D. 负债与所有者权益此增彼减，权益总额不变

二、多项选择题

1. 下列项目中，属于资产类账户的有（　　　）。

　　A. 累计折旧　　　　　　　　　　　B. 资本公积

　　C. 生产成本　　　　　　　　　　　D. 坏账准备

2. 下列经济业务应该计入有关账户贷方的是（　　　）。

　　A. 盘盈原材料　　　　　　　　　　B. 计提坏账准备

　　C. 计提累计折旧　　　　　　　　　D. 支付预付货款

3. 以下符合借贷记账法的记账规则的是（　　　）。

　　A. 资产与权益同时减少　　　　　　B. 资产与权益同时增加

　　C. 所有者权益与负债一增一减　　　D. 负债与资产一增一减

4. 账户记录是金额表现为（　　　）的指标。

　　A. 期初余额　　　　　　　　　　　B. 本期增加额

　　C. 期末余额　　　　　　　　　　　D. 本期减少额

4 会计凭证

4.1 会计凭证的意义和种类

4.1.1 会计凭证及其意义

1. 会计凭证的含义

会计凭证简称凭证,是在会计工作中记录经济业务、明确经济责任,并据以登记账簿的依据,是具有一定法律效力的书面证明。

企业等会计主体进行任何一项经济业务,都必须办理凭证手续,由执行或完成该项经济业务的有关人员取得或填制会计凭证,在会计凭证中列明经济业务的发生日期、具体内容、数量和金额,并在会计凭证上签名或盖章,对经济业务的合法性、真实性和正确性负责。所有的会计凭证都要由会计部门进行审核,经审核无误并由审核人员签章后,会计凭证才能作为记账的依据。填制和审核会计凭证是会计核算的专门方法之一,也是会计核算工作的起点和基础。

2. 会计凭证的意义

(1) 记录经济业务。通过会计凭证的填制和审核,可以及时、真实地记录和反映每一项经济业务的发生或完成情况,传递经济信息。不同类型的经济业务,将取得、填制不同的会计凭证,从而使经济业务得到初步的分类记录。这样为记录业务、账务处理、分析检查企业的经济活动提供了完善的基础资料。

(2) 作为记账依据。会计凭证是登记账簿的直接依据,真实、可靠、准确的会计凭证是会计信息质量的重要保证。

(3) 明确经济责任。会计凭证的取得和填制必须有有关部门和人员的签字或盖章才有效,这样就明确了各方的经济责任,促使有关部门和人员对经济业务的真实性、合法性与合理性承担责任,减少差错和防止舞弊行为。

(4) 监督经济活动,强化内部控制。通过会计凭证的审核,可以查明每一项经济业务是否符合国家的相关法律、法规和制度规定,可以及时发现会计工作中存在的问题,从而可以对经济业务的合法性、合理性进行事前控制。对于查出的问题,企业可以采取积极措施,加以纠正,实现对经济活动的事中控制。

4.1.2 会计凭证的种类

会计凭证的种类很多,可以按照不同的标准予以分类,但最基本的是按其填制程序和用途分类。会计凭证按其填制程序和用途可分为原始凭证和记账凭证两大类，它们各自又分为若干种，具体如图 4-1 所示。

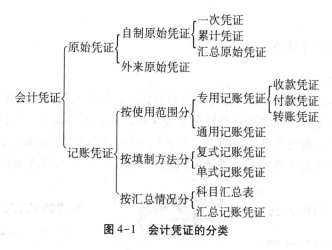

图 4-1 会计凭证的分类

4.2 原始凭证

4.2.1 原始凭证的含义及内容

1. 原始凭证的含义

原始凭证又称原始单据，是在经济业务发生时取得或填制，记录经济业务具体内容和完成情况的书面证明，它是进行会计核算的原始资料。

2. 原始凭证的基本内容

在会计实务中，由于经济业务内容是多种多样的，原始凭证的名称、格式和内容也各不相同，但每一种原始凭证都必须客观地、真实地记录和反映经济业务的发生或完成情况，并明确有关经办人员的责任，所以各种原始凭证都必须具备以下几方面的基本内容：

（1）原始凭证的名称。原始凭证的名称反映了原始凭证的用途，如"增值税专用发票""限额领料单"等。

（2）填制凭证的日期及凭证编号。填制凭证的日期一般是经济业务发生或完成的日期。原始凭证都有连续编号。

（3）接受凭证单位的名称。

（4）填制凭证单位的名称。

（5）经济业务内容、数量、单价及金额。这是原始凭证的核心内容。

（6）经办人员的签名或盖章。经办人员签名或盖章可以明确经济责任。

我国企业中使用的一些重要的外来原始凭证都是由有关部门统一设计印制的，比如，由中国人民银行统一设计的银行汇票、银行本票、支票，由税务部门统一设计监制的增值税专用发票、普通发票，财政部门统一监制的收据等。企业可以根据会计核算和管理的需要，自行设计和印制企业需要的其他自制原始凭证，比如领料单、提货单、入库单等。不论是统一设计的，还是自行设计的原始凭证，都必须具备上述六方面的基本内容。

4.2.2 原始凭证的种类

1. 按其来源不同分类

按其来源不同，原始凭证可以分为自制原始凭证和外来原始凭证两种。

（1）外来原始凭证，是指在经济业务发生时，从企业外部其他单位或个人取得的原始凭证。比如增值税发票（如图4-2所示）、托运货物取得的运费收据、银行结算的凭证（转账支票如图4-3所示，进账单如表4-1所示）等，都是外来原始凭证。

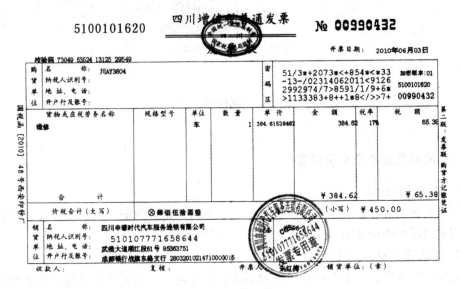

图 4-2　增值税发票

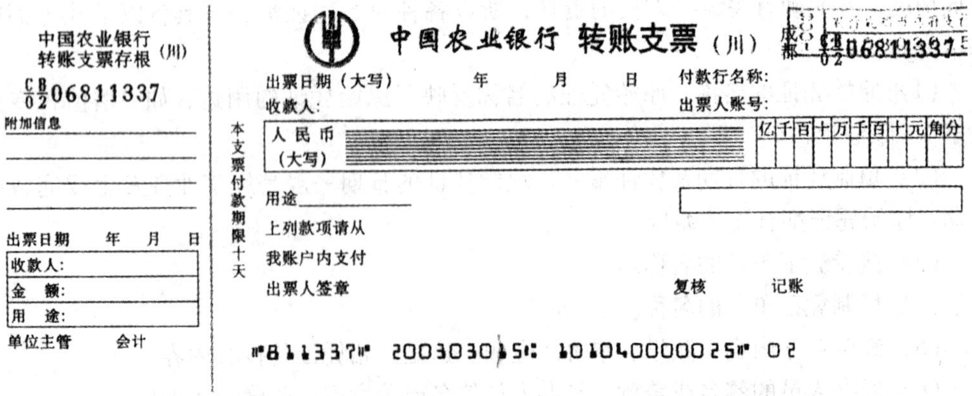

图 4-3　转账支票

表 4-1　进账单

××银行　进账单（收账通知）　1

年　月　日　　　　　　　　　　　第　号

出票人	全　称		持票人	全　称		此联是持票人开户银行交给持票人的收账通知
	账　号			账　号		
	开户银行			开户银行		

人民币（大写）	千	百	十	万	千	百	十	元	角	分

票据种类	
票据张数	

单位主管　　会计　　复核　　记账　　　　　　　　　　持票人开户行盖章

（2）自制原始凭证

自制原始凭证是指由本单位内部经办业务的部门和人员，在执行或完成某项经济业务时填制的凭证。如商品、材料入库时，由仓库管理人员填制的入库单（如表 4-2 所示）和生产部门领用材料的领料单（如表 4-3 所示）；商品销售时，由业务部门开出的提货单（如表 4-4 所示）等。

表 4-2　入库单

入 库 单

供货单位：　　　　　　　　　　　　　　　　　　　　编　　号：
库别：　　　　　　　　　年　月　日　　　　　　　　收货单位：

类别	品种	型号	规格	等级	品名	单位	数量	单价	金额	包装数量	件数
				合计							

验收单位（签章）：　　　复核（签章）：　　　记账员（签章）：　　　制单（签章）：

表 4-3　领料单

领 料 单

领料单位：　　　　　　　　　　　　　　　　　　　凭证编号：
材料用途：　　　　　　　　　年　月　日　　　　　发料仓库：

材料类别	材料编号	材料名称	规格	计量单位	数量		单价	金额
					请领	实发		

领料单位负责人（签章）：　　　发料（签章）：　　　领料（签章）：　　　制票（签章）：

表 4-4　提货单

提 货 单

购货单位：　　　　　　　　　　　　　　　　　　　　　　　　　　凭证编号：

仓库编号：　　　　　　　　　　　　年　月　日　　　　　　　　　运输方式：

产品编号	产品名称	规格	单位	数量	单价	金额	备注
合　　计							

销售部门负责人（签章）：　　　　发货人（签章）：　　　　提货人（签章）：　　　　制票（签章）：

2. 按其填制手续和内容不同分类

原始凭证按其填制手续和内容不同，分为一次凭证、累计凭证和汇总原始凭证三种。

（1）一次凭证，是指只记载一项经济业务或同时记载若干项同类经济业务，填制手续一次完成的凭证，又称一次有效凭证。外来原始凭证都是一次凭证，前面讲自制原始凭证中的入库单、领料单、提货单等，都是一次凭证；一次凭证不能重复使用。

（2）累计凭证，是指连续记载一定时期内不断重复发生的同类经济业务，填制手续是在一张凭证中多次进行才能完成的凭证，又称多次有效凭证，如限额领料单（如表 4-5 所示）等。这种领料单既可以做到对领用材料的事前控制，又可以减少凭证填制的手续。

表 4-5　限额领料单

限 额 领 料 单

领料部门：　　　　　　　　　　　　　　　　　　　　　　　　　　编　　号：

材料用途：　　　　　　　　　　　　年　月　日　　　　　　　　　发料仓库：

材料编号	材料名称	计量单位	计划投产量	单位消耗定额	领用限额	全月实发		
						数量	单价	金额

日期	领用			退料			限额结余数量
	数量	领料人	发料人	数量	退料人	收料人	

生产计划部门负责人：　　　　　　　　　　　　　仓库负责人：

（3）汇总原始凭证。汇总原始凭证也称原始凭证汇总表，是指对一定时期内反映同类经济业务的若干张原始凭证，按照一定的标准汇总填制成一张原始凭证，这种凭证称为汇总原始凭证。汇总原始凭证可以简化编制记账凭证的手续，如收货汇总表、发出材料汇总表（如表4-6所示）等。

表4-6　发出材料汇总表

会计科目	领料部门	材料品种			
		甲材料	乙材料	丙材料	合计
生产成本	A产品				
	B产品				
制造费用	一车间				
	二车间				
管理费用	行政管理部门				
销售费用	销售部门				
合计					

4.2.3　原始凭证的填制要求

各种不同的原始凭证，其具体填制方法和填制要求可能不尽一致，但就原始凭证应反映经济业务、明确经济责任而言，原始凭证填制的一般要求是相同的。原始凭证应按下列要求填制：

1. 记录真实

原始凭证所填写的经济业务内容和数字必须根据实际情况如实填列，不允许弄虚作假，歪曲事实。从外单位取得的原始凭证如有遗失，应取得原签发单位盖有财务专用章的证明，并注明原始凭证的号码、金额、内容等，经单位负责人批准后，可代作原始凭证。对于确实无法取得证明的，如火车票、轮船票、飞机票等，可由当事人写出详细情况，由经办单位负责人批准后，可代作原始凭证。

2. 手续完备

无论自制原始凭证，还是外来原始凭证，都必须有经办人员和部门签章。从外单位取得的原始凭证必须盖有填制单位的公章或财务章；从个人手中取得的原始凭证，必须有填制人员的签名或盖章；自制原始凭证必须有经办人员和单位负责人的签名或盖章，对外开出的原始凭证还必须加盖本单位公章或财务章。

3. 内容齐全

原始凭证上的各项内容必须逐一填写齐全，不得遗漏和省略。凡是填有大写与小写金额的原始凭证，大写与小写金额必须相符；购买实物的原始凭证，必须有实物的验收证明；支付款项的原始凭证，必须有收款单位和收款人的收款证明。一式几联的原始凭证，必须套写，并连续编号。

4. 书写规范

（1）原始凭证要用蓝黑墨水或碳素墨水笔书写，文字简洁，字迹清楚，不得乱造简化字。

（2）大小写金额必须相符且填写规范。

大写金额一律用汉字"壹、贰、叁、肆、伍、陆、柒、捌、玖、拾、佰、仟、万、亿、元、角、分、零、整"等，用正楷或行书体书写，大写金额前应标明货币单位，如"人民币""美元""英镑"等，货币单位和金额数字之间不得留有空隙。大写金额有"分"的，后面不加"整"字，其余一律在末尾加"整"字。

小写金额用阿拉伯数字逐个书写，不得写连笔字，阿拉伯数字前应该填写货币币种符号，如人民币符号"￥"，美元符号"＄"，币种符号和金额之间不得留有空白，金额一律填写到角分，无角分的，写"00"。

阿拉伯金额数字中间有"0"时，汉字大写金额要写"零"字，如￥204.30，汉字大写金额应写成"人民币贰佰零肆元叁角整"。阿拉伯金额数字中间连续有几个"0"时，汉字大写金额中只写一个"零"字，如"￥1 008.50"，汉字大写金额应写成"人民币壹仟零捌元伍角整"。阿拉伯金额数字元位是0或数字中间连续有几个"0"，元位也是"0"，但角位不是"0"时，汉字大写金额可只写一个"零"字，也可不写"零"字，如"￥3 240.30"，汉字大写金额应写成"人民币叁仟贰佰肆拾元零叁角整"，也可以写成"人民币叁仟贰佰肆拾元叁角整"。

（3）原始凭证填写出现错误时，不得随意涂改、刮擦、挖补，应采用规定的方法予以更正。外来的原始凭证出错，应当由出具单位重开或更正，更正处应加盖出具单位印章。对于支票等重要的原始凭证，一律不得涂改，如果填写出错，应加盖"作废"戳记，单独保管，然后重新填写新的支票。

5. 填制及时

在经济业务发生、执行或完成时，经办单位和人员要及时填制原始凭证，不得拖延、积压或事后追记，同时按规定的程序将填制好的原始凭证送交会计部门。

4.2.4　原始凭证的审核

为确保原始凭证的合法性、合理性和真实性，会计机构和会计人员必须对一切外来原始凭证和自制原始凭证进行严格审核。审核的内容主要包括两方面：

1. 形式上的审核

第一，审核原始凭证的所有项目是否填写齐全，内容是否完整，手续是否完备等。

第二，审核原始凭证中所列数字的计算是否正确，大、小写金额是否相符，书写是否规范等。

2. 实质上的审核

第一，审核原始凭证是否合法。这主要是审核原始凭证所记录的经济业务是否有违反国家法律法规的情况，是否履行了规定的凭证传递和审核程序，是否有贪污腐化等行为。

第二，审核原始凭证是否合理。这主要是审核原始凭证所记录的经济业务是否符合企业生产经营活动的需要，是否符合有关的计划和预算，是否符合开支标准，有无背离经济效益原则和内部控制制度的要求等。

原始凭证的审核是一项十分重要、严肃的工作，经审核的原始凭证应根据不同情况进行处理：

（1）对于审核无误的原始凭证，应及时据以编制记账凭证，作为有关附件粘贴于记账凭证之后，以备查核。

（2）对于合理、合法但内容不够完整、填写有误的原始凭证，应退回有关经办人员，由其负责将有关凭证补充完整、更正或重开后，再办理正式的会计手续。

（3）对于不真实、不合法的原始凭证，会计机构和人员有权不予接受，并向单位负责人报告。

4.3 记账凭证

4.3.1 记账凭证的含义及基本内容

1. 记账凭证的含义

记账凭证又称记账凭单，是会计人员根据审核无误的原始凭证（原始凭证汇总表）编制的，以会计分录为核心内容的会计凭证，作为登记账簿的直接依据。

2. 记账凭证的基本内容

记账凭证有多种形式，不同种类的记账凭证，它的填制方法、使用范围不尽相同，但作为登记账簿的依据，所有记账凭证都必须具备以下基本内容：

（1）记账凭证的名称；

（2）填制凭证的日期和凭证编号；

（3）经济业务内容摘要；

（4）会计分录；

（5）所附原始凭证张数；

（6）有关人员签章。

4.3.2 记账凭证的种类

1. 专用记账凭证和通用记账凭证

记账凭证按其使用范围分类，可以分为专用记账凭证和通用记账凭证两类。

（1）专用记账凭证，是指分类反映经济业务的记账凭证。专用记账凭证按其所反映经济业务的内容不同，分为收款凭证、付款凭证和转账凭证三种。

① 收款凭证，是指用于记录反映现金和银行存款收款业务的记账凭证。它是根据货币资金收入业务的原始凭证填制完成的。收款凭证可分为现金收款凭证、银行存款收款凭证。收款凭证是登记现金日记账和银行存款日记账以及有关明细账和总账的依据，也是出纳人员收入款项的依据。其格式如表4-7所示。

表4-7　收款凭证

收　款　凭　证

应借科目＿＿＿＿＿＿＿＿　　　　　年　　月　　日　　　　　　　　＿＿＿＿收字第＿＿＿＿号

摘　　要	应　贷　科　目		√√	金　　额									附件
	一　级	二级或明细		千	百	十	万	千	百	十	元	角	分	
														张
合　　　　计														

会计主管：　　　　记账：　　　　稽核：　　　　出纳：　　　　填制：

　　② 付款凭证是指用于记录反映货币资金支出业务的记账凭证，它是根据货币资金支出业务的原始凭证填制完成的。付款凭证可分为现金付款凭证、银行存款付款凭证等。付款凭证是登记现金日记账和银行存款日记账以及有关明细账和总账的依据，也是出纳人员付出款项的依据。其格式如表4-8所示。

表4-8　付款凭证

付　款　凭　证

应贷科目＿＿＿＿＿＿＿＿　　　　　年　　月　　日　　　　　　　　＿＿＿＿付字第＿＿＿＿号

摘　　要	应　借　科　目		√√	金　　额									附件
	一　级	二级或明细		千	百	十	万	千	百	十	元	角	分	
														张
合　　　　计														

会计主管：　　　　记账：　　　　稽核：　　　　出纳：　　　　填制：

　　③ 转账凭证是指用于记录反映与货币资金收付无关的转账业务的记账凭证，它是根据有关转账业务的原始凭证填制完成的。转账凭证是登记有关明细账和总账的依据。其格式如表4-9所示。

表 4-9　转账凭证

转 账 凭 证

年　　月　　日　　　　　　　　　　　　　转字第＿＿＿号

摘　　要	会 计 科 目		√	借　　方										贷　　方										
	一　级	二级或明细		千	百	十	万	千	百	十	元	角	分	千	百	十	万	千	百	十	元	角	分
合　　计																							

附件　　　　张

会计主管：　　　　　记账：　　　　　稽核：　　　　　填制：

在实际工作中，为了便于区别这三种不同的凭证，收款凭证、付款凭证和转账凭证一般印制成不同的颜色。需要注意的是，在会计实务中，某些经济业务既是货币资金收入业务，又是货币资金支出业务。比如从银行提取现金等业务，为了避免重复记账，这类经济业务一般只编制付款凭证，不编制收款凭证。

（2）通用记账凭证，是指对经济业务不分类区别，所有经济业务全部采用统一格式的记账凭证。通用记账凭证的格式与转账凭证基本相同。其格式如表 4-10 所示。

表 4-10　记账凭证

记 账 凭 证

年　　月　　日　　　　　　　　　　　　　字第　　　号

摘　　要	科　　目		√	借方金额											贷方金额										
	总账科目	明细科目		亿	千	百	十	万	千	百	十	元	角	分	亿	千	百	十	万	千	百	十	元	角	分
合　　计																									

附件　　　　张

会计主管：　　　　记账：　　　　出纳：　　　　复核：　　　　制单：

2. 复式记账凭证和单式记账凭证

记账凭证按其填制方式不同，分为单式记账凭证和复式记账凭证两类。

（1）单式记账凭证，是指按照一项经济业务所涉及的每个会计科目单独编制的记账凭证。即每张记账凭证中只填写一个会计科目，一项经济业务涉及多少个会计科目，就要填写多少张记账凭证。填列借方科目的单式记账凭证称为借项记账凭证，填列贷方科目的单式记账凭证称为贷项记账凭证。

采用单式记账凭证，其优点是便于汇总计算每一会计科目的发生额，也便于分工记账。其缺点主要是不便于反映经济业务的全貌和会计科目的对应关系，而且由于凭证张数多，填制凭证的工作量较大，也不易于保管。单式记账凭证的格式如表4-11和表4-12所示。

表4-11 借项记账凭证

借 项 记 账 凭 证

对应科目：　　　　　　　　　　　　年　月　日　　　　　　　　　编号第　号

摘要	一级科目	明细科目	金额	记账	
					附件
					张
合计					

会计主管：　　　记账：　　　出纳：　　　审核：　　　制单：

表4-12 贷项记账凭证

贷 项 记 账 凭 证

对应科目：　　　　　　　　　　　　年　月　日　　　　　　　　　编号第　号

摘要	一级科目	明细科目	金额	记账	
					附件
					张
合计					

会计主管：　　　记账：　　　出纳：　　　审核：　　　制单：

（2）复式记账凭证，是指将一项经济业务所涉及的所有会计科目完整地填列在一张记账凭证上，使这张记账凭证可以反映经济业务的全貌。前面讲述的专用记账凭证和通用记账凭证均为复式记账凭证。

采用复式记账凭证，优点是便于反映经济业务的全貌和会计科目的对应关系，减少了记账凭证的数量；缺点是不便于汇总计算每一会计科目的发生额，也不利于会计人员的分工记账。实际工作中一般都采用复式记账凭证。

3. 单一记账凭证、汇总记账凭证和科目汇总表

记账凭证按汇总情况的不同，分为单一记账凭证、汇总记账凭证和科目汇总表三类。

（1）单一记账凭证，是指根据一项经济业务的原始凭证填制，只包括一笔会计分录的记账凭证。前述的专用记账凭证和通用记账凭证，均为单一记账凭证。

（2）汇总记账凭证，是指根据一定时期内同类单一记账凭证，分别按照科目定期加以汇总而重新编制的记账凭证。汇总记账凭证包括汇总收款凭证、汇总付款凭证、汇总转账凭证三种。

① 汇总收款凭证是根据收款凭证分别按库存现金和银行存款科目设置为借方科目，并按对应的贷方科目归类汇总。其格式如表 4-13 所示。

表 4-13　汇总收款凭证

汇 总 收 款 凭 证

借方科目：　　　　　　　　　　　　　年　　月　　　　　　　　　　　　　第　　号

贷方科目	金　　　　额				总账账页	
	1~10 日凭证 第　至　号	11~20 日凭证 第　至　号	21~31 日凭证 第　至　号	合计	借方	贷方

会计主管：　　　　记账：　　　　　　审核：　　　　　　填制：

② 汇总付款凭证是根据付款凭证分别按库存现金和银行存款科目设置为贷方科目，并按对应的借方科目归类汇总。其格式如表 4-14 所示。

表 4-14　汇总付款凭证

汇 总 付 款 凭 证

贷方科目：　　　　　　　　　　　　　年　　月　　　　　　　　　　　　　第　　号

借方科目	金　　　　额				总账账页	
	1~10 日凭证 第　至　号	11~20 日凭证 第　至　号	21~31 日凭证 第　至　号	合计	借方	贷方

会计主管：　　　　记账：　　　　　　审核：　　　　　　填制：

③ 汇总转账凭证是根据转账凭证分别按贷方科目设置，并按对应的借方科目归类汇总。其格式如表 4-15 所示。

表 4-15　汇总转账凭证

汇 总 转 账 凭 证

贷方科目：　　　　　　　　　　　　年　月　　　　　　　　　　第　号

贷方科目	金　额				总账账页	
	1~10 日凭证 第　至　号	11~20 日凭证 第　至　号	21~31 日凭证 第　至　号	合计	借方	贷方

会计主管：　　　　记账：　　　　审核：　　　　填制：

汇总记账凭证可以简化登记总账的手续，可以反映账户的对应关系，便于了解经济业务的来龙去脉，利于分析和检查，但是汇总的工作量比较繁重。

（3）科目汇总表，是指根据一定时期内所有的单一记账凭证定期加以汇总而重新编制的记账凭证。其格式如表 4-16 所示。

表 4-16　科目汇总表

科 目 汇 总 表

年　月　日至　日

会计科目	总账页数	本期发生额		记账凭证起讫号数
		借方	贷方	
合　计				

科目汇总表可以简化登记总账的手续，还可以起到试算平衡的作用，但它无法反映账户的对应关系。

4.3.3　记账凭证的填制

填制记账凭证是会计核算工作的重要环节之一。会计人员填制记账凭证时，应当根据经过审核无误的原始凭证及其有关资料编制，必须符合下列基本要求：

1. 根据审核无误的原始凭证填制

记账凭证必须根据审核无误的原始凭证进行填制，可以根据每一张原始凭证填制，或者根据若干张同类原始凭证汇总填制，也可以根据原始凭证汇总表填制。但不得将不同内容和类别的原始凭证汇总填制在一张记账凭证上。

2. 填写的内容必须完整、正确

记账凭证必须按照上述的内容如实填制，不得缺省。

（1）摘要栏的填写，一要真实，二要简明。

（2）正确地编制会计分录，必须按照会计制度统一规定的会计科目填写，不得任意篡改会计科目名称或以会计科目编号代替科目名称；根据经济业务的内容确定会计科目的对应关系和金额。

（3）记账凭证上应有有关人员的签名或盖章。

（4）注明原始凭证的张数。

3. 记账凭证应连续编号

会计人员填制记账凭证时应当对记账凭证进行连续编号。如果采用通用记账凭证，其编号可采取顺序编号法，即按月编顺序号，业务较少的单位也可按年编顺序号；如果是采用收、付、转专用记账凭证，则其编号可采取字号编号法，即把不同类型的记账凭证分别编顺序号。如"收字第×号""付字第×号""转字第×号"；如果一项经济业务需要填制一张以上的记账凭证时，要采用分数编号法，如一笔转账业务为第 18 笔，涉及三张记账凭证，则这三张记账凭证的编号为"转字第 18 1/3 号"（第一张）"转字第 18 2/3 号"（第二张）"转字第 18 3/3 号"（第三张）。不论采用哪种编号，都应在每月月末最后一张记账凭证的编号旁加注"全"字，以便于复核与日后查阅。

4. 记账凭证应附有原始凭证

除结账和更正错误的记账凭证可以不附原始凭证外，其他记账凭证必须附有原始凭证。如果一张原始凭证涉及几张记账凭证，会计人员可以把原始凭证附在一张主要的记账凭证后面，并在其他记账凭证上注明附有该原始凭证的记账凭证的编号或者附原始凭证复印件。如果原始凭证需另行保管，则应在附件栏中加以说明，以便查阅。

5. 填制记账凭证时发生错误，应当重新填制

如果在记账凭证的填制中发生错误应当及时重新填制；如果是已入账的记账凭证，发现了填写错误，应当采用正确的错账更正方法予以纠正，其方法见本章第四节的有关内容。

6. 记账凭证中的空行应当注销

记账凭证填制完经济业务事项后，如有空行，会计人员应当自金额栏最后一笔金额数下的空行处至合计数上的空行处划线注销。

7. 实行电算化要求

实行电算化的单位，采用机制的记账凭证应符合手工记账凭证的一切要求，并且打印出的记账凭证要加盖有关单位的公章或经办人员的签名。

4.3.4　记账凭证的审核

1. 记账凭证审核的内容

为确保账簿记录的真实可靠，会计人员在登记账簿前必须由有关稽核人员对记账凭证进行严格的审核。记账凭证审核的主要内容：

（1）复核记账凭证及所属原始凭证。该项内容主要是审核记账凭证是否附有原始凭证；原始凭证是否真实、正确、合法；记账凭证与原始凭证所反映的经济业务内容是否相同，数量、金额是否一致。

（2）审核会计分录的正确性。审核记账凭证所列的会计分录是否与经济内容相符，会计科目运用是否正确、规范，记录方向是否正确，科目的对应关系是否清楚，一级科目与明细科目的金额是否相符。

（3）审核记账凭证内容的完整性。审核记账凭证各项目是否按规定填制，有无遗漏，摘要是否清楚，日期、记账凭证编号、附件张数及相关人员签字盖章是否齐全。

2. 审核的方法

（1）自审即自我审核，是记账凭证填制人员对自己编制的记账凭证进行的审核。当记账凭证一旦填制完毕就随即进行审核，这是保证记账凭证质量的第一道关口。

（2）序审是按照记账凭证的传递程序，由下一道岗位的会计人员对上道岗位传递来的记账凭证进行的审核。序审使得记账凭证得到了重复审核，每位记账人员都负有对记账凭证审核的责任。

（3）专审是指由单位专设的稽核人员对记账凭证的审核。

只有经过审核符合要求的记账凭证，才能作为登记账簿的依据。

4.4　会计凭证的传递与保管

4.4.1　会计凭证的传递

会计凭证的传递是指会计凭证从取得或填制时起至归档保管时止，在单位内部各有关部门及人员之间按规定的程序、规定的时间办理业务手续和会计处理的过程。

正确组织会计凭证的传递，对于及时处理和登记经济业务，完善经济责任制度，实行会计监督具有重要意义。

会计凭证的传递主要包括凭证的传递路线和凭证的传递时间两方面的内容，所以企业应当从这两方面做好会计凭证传递工作。

1. 合理规定会计凭证在企业内部各部门及经办人员之间的传递路线

企业要根据经济业务的特点、本单位内部机构设置、人员分工情况以及经营管理的需要，恰当地规定各种会计凭证的联次与所必须流经的环节，既保证了会计凭证经过必要的环节进行审核和处理，又避免了会计凭证在不必要环节的停留，使经办业务的部门及其人员及时办理各种凭证手续，从而保证会计凭证沿着最简洁合理的路线传递。

2. 合理规定会计凭证在各个环节的传递时间

企业要根据有关部门和经办人员在正常情况下办理业务所需要的时间，合理确定会计凭证在各个环节停留的时间，这既保证了经济业务手续的完整，又防止了凭证的拖延和积压，从而提高工作效率。

在会计凭证的传递过程中，要建立严格的会计凭证交接和签收制度，既要做到责任明确，手续完备，又要简便易行，以保证会计凭证的安全和完整。

4.4.2 会计凭证的保管

会计凭证是重要的经济档案和历史资料，为了便于查阅和利用，各种会计凭证按照传递路线办理好各项业务手续和会计处理后，应由会计部门加以整理、归类，并送交档案部门妥善保管。

1. 整理归类

会计部门应当定期（一般是按月）对已经登记入账的记账凭证按编号顺序进行整理，在确保记账凭证和其所附原始凭证完整无缺后，加上封面和封底，装订成册，并在装订线上加贴封签，由装订人员在装订线封签处签名或盖章。如果月份内会计凭证数量过多，可以分册装订。

如果原始凭证数量过多或随时需要查阅，可以单独装订保管，但应在封面上加注说明。如果是重要的原始凭证，比如经济合同、押金收条等，应另编目录，单独登记保管。

2. 造册归档

会计部门按照归档的要求，负责会计凭证的整理和装订。每年装订成册的会计凭证，在年度终了时可暂由单位会计机构保管一年，期满后应当移交本单位档案机构统一保管，未设立档案机构的，应当在会计机构内指定专人负责保管。出纳人员不得兼管会计档案工作。会计凭证必须妥善保管，存放有序，防止丢失和毁损。

3. 控制借阅

会计凭证在归档保管期内需要查阅时，必须按会计档案规定，办理借阅手续，方可查阅。会计凭证原则上不得借出，如有特殊需要，须报请批准，并限期归还。外单位因特殊原因需要使用原始凭证时，经本单位负责人批准，可以复制。

4. 期满销毁

作为会计档案的会计凭证其保管期限和销毁手续，都应遵循财政部和国家档案局联合发布的《会计档案管理办法》的有关规定。会计凭证的保管期限一般是 15 年，期满前任何人不得随意销毁会计凭证。按规定销毁会计凭证时，有关人员要填制销毁目录，报经批准后，由档案部门和会计部门共同派员监销。档案部门要编制会计档案销毁清册，档案销毁后，有关人员要在销毁清册上签名或盖章。

复习思考题

1. 什么是会计凭证？其作用有哪些？
2. 会计凭证有哪些具体分类？这些分类对会计实际工作有何意义？
3. 原始凭证和记账凭证各包括哪些基本要素？二者有何区别？
4. 如何填制原始凭证？其要求有哪些？
5. 如何编制记账凭证？记账凭证的填制要求有哪些？

6. 应从哪些方面审核原始凭证？

7. 记账凭证审核的内容是什么？其审核方法有哪些？

8. 如何正确地组织会计凭证的传递工作？

9. 会计凭证保管的内容和要求有哪些？

练习题

一、单项选择题

1. （　　）采用按照发生经济业务的先后顺序编号的方法。

　　A. 转账凭证　　　　　　　　B. 收款凭证

　　C. 通用记账凭证　　　　　　D. 付款凭证

2. 科目汇总表是一种（　　）。

　　A. 原始凭证　　　　　　　　B. 记账凭证

　　C. 会计账簿　　　　　　　　D. 会计报表

3. 下列凭证不属于外来原始凭证的是（　　）。

　　A. 差旅费报销单　　　　　　B. 现金支票

　　C. 增值税发票　　　　　　　D. 进账单

4. 原始凭证的审核主要是（　　）。

　　A. 形式上和内容上的审核　　B. 形式上和实质上的审核

　　C. 项目上和经济上的审核　　D. 合法性和合理性的审核

二、多项选择题

1. 会计凭证的作用表现为（　　）。

　　A. 记录经济业务　　　　　　B. 明确经济责任

　　C. 登记账簿的依据　　　　　D. 书面证明

2. 记账凭证按照填制方法分为（　　）。

　　A. 专用记账凭证　　　　　　B. 通用记账凭证

　　C. 复式记账凭证　　　　　　D. 单式记账凭证

3. 记账凭证按照适用范围分为（　　）。

　　A. 专用记账凭证　　　　　　B. 通用记账凭证

　　C. 复式记账凭证　　　　　　D. 单式记账凭证

4. 下列凭证属于外来原始凭证的是（　　）。

　　A. 入库单　　　　　　　　　B. 出纳签发的现金支票

　　C. 增值税发票　　　　　　　D. 进账单

5 会计账簿

5.1 会计账簿的意义和种类

5.1.1 会计账簿的含义及意义

1. 会计账簿的含义

会计账簿简称账簿，是指由具有一定格式并相互联系的账页组成的，以会计凭证为依据，用来序时和分类登记有关经济业务的簿籍。登记账簿是会计核算的一种专门技术方法，是编制会计报表的基础，在会计核算中处于核心地位。

通过填制和审核会计凭证，虽然能反映每一笔经济业务的发生、执行和完成情况，但会计凭证数量很多，内容分散且容易散失，不易于会计信息的整理与报告。为集中、全面、系统和连续地反映单位的经济活动及其财务收支情况，企业应设置会计账簿。

会计账簿与账户既有区别，又有联系。账户是根据会计科目开设的，账户存在于账簿之中，会计账簿中的每一账页就是账户的存在形式和载体。账簿序时、分类地记载经济业务，是在个别账户中完成的。所以，会计账簿与账户的关系，是形式和内容的关系。

2. 会计账簿的意义

科学地设置和登记会计账簿，主要有以下几方面的作用：

（1）会计账簿能够全面、连续、系统地反映一个单位的经济业务，提供管理上所需的总括指标和明细指标。

（2）会计账簿提供的核算资料是企业编制会计报表的依据。会计报表是否及时、会计报表质量是否可靠，都同会计账簿的设置和登记密切相关。

（3）会计账簿是各单位会计档案的主要资料，也是经济档案的重要组成部分。设置账簿有利于保存会计资料，以备日后查找。

（4）会计账簿可以为单位的经济监督提供依据。各单位各项经济业务的发生和完成情况都被记录在会计账簿中，这样就可以考核单位经营成果，加强经济核算，从而对单位的经济活动及会计管理水平和质量作出分析和评价。

5.1.2 会计账簿体系

1. 会计账簿的基本结构

企业设置不同的会计账簿，功能虽然不同，但账簿都是由封面、扉页和账页构成。

（1）账簿封面主要用来注明会计账簿的名称等。

（2）扉页主要反映会计账簿的应用与交接的使用情况，如使用单位名称、账簿名称及编号、账簿起用和截止日期、起止页数、册次、经管人员一览表和签名、交接记录、会计主管人员签名、账户目录等。其基本格式如表5-1所示。

（3）账页是账簿的主体，是会计账簿中用来记录经济业务的载体。一本账簿一般由几十甚至几百张账页构成，每个账页格式统一。不同的账簿其格式因记录经济业务内容的不同而有所不同，但基本内容都应包括账户的编号和名称、日期栏、凭证种类与号数栏、摘要栏、金额栏、总页次与分户页次等。

表5-1　基本格式

<table>
<tr><td colspan="7" align="center">账 簿 启 用 表</td><td>贴印花处</td></tr>
<tr><td>单位名称</td><td colspan="3" align="center">（加盖公章）</td><td>负责人</td><td>职　务</td><td>姓名</td><td rowspan="4"></td></tr>
<tr><td>账簿名称</td><td colspan="2" align="center">账簿第</td><td>册</td><td>单位领导</td><td colspan="2"></td></tr>
<tr><td>年　月　日</td><td colspan="3">会计主管</td><td colspan="3"></td></tr>
<tr><td>账簿页数</td><td colspan="2">本账簿共计</td><td>页</td><td>主办会计</td><td colspan="2"></td></tr>
</table>

<table>
<tr><td colspan="11" align="center">经营本账簿人员一览表</td></tr>
<tr><td colspan="3" align="center">记账人员</td><td colspan="3" align="center">接管日期</td><td colspan="3" align="center">移交日期</td><td colspan="2" align="center">监交人员</td><td rowspan="2">备注</td></tr>
<tr><td>职务</td><td>姓名</td><td>盖章</td><td>年</td><td>月</td><td>日</td><td>年</td><td>月</td><td>日</td><td>职务</td><td>姓名</td></tr>
<tr><td></td><td></td><td></td><td></td><td></td><td></td><td></td><td></td><td></td><td></td><td></td><td></td></tr>
<tr><td></td><td></td><td></td><td></td><td></td><td></td><td></td><td></td><td></td><td></td><td></td><td></td></tr>
</table>

2. 序时账簿、分类账簿和备查账簿

会计账簿按其用途的不同，可以分为序时账簿、分类账簿和备查账簿。

（1）序时账簿，又称为日记账，是指按照经济业务发生或完成时间的先后顺序，逐日逐笔登记经济业务的账簿。序时账簿按其记录的内容又可分为普通日记账与特种日记账。

① 普通日记账，是指用来序时记录全部经济业务发生情况的日记账。普通日记账具有会计凭证的作用，是过入分类账的依据，也称为分录簿。

② 特种日记账，是指用来序时记录某一类经济业务发生情况的日记账，如现金日记账与银行存款日记账，以及专门记录转账业务的转账日记账。

在我国，大多数单位一般只设现金日记账与银行存款日记账，而转账日记账和普通日记账则很少采用。

我国企业的日记账必须采用订本式账簿。现金日记账格式如表5-2所示，银行存款日记账格式如表5-3所示。

表 5-2 现金日记账

现 金 日 记 账

第　　页　　　　　　　　　　　　　　　　年度

年		记账凭证		摘　要	对方科目	总页	借方									√	贷方									√	余　额									√
月	日	收款	付款				千	百	十	万	千	百	十	元	角	分		千	百	十	万	千	百	十	元	角	分		千	百	十	万	千	百	十	元	角	分	

表 5-3 银行存款日记账

银 行 存 款 日 记 账

账　　号 ....
存款种类 ....

　　　　　　　　　　　　　　　　　年度　　　　　　　　　　　　　　　第　　页

年		记账凭证		摘　要	支票		对方科目	借方									√	贷方									√	余　额									√
月	日	收款	付款		种类	号数		千	百	十	万	千	百	十	元	角	分	千	百	十	万	千	百	十	元	角	分	千	百	十	万	千	百	十	元	角	分

　　（2）分类账簿，又称分类账，是指对各项经济业务按照账户分类分别对经济业务进行登记的账簿。按照反映经济业务的详细程度不同，分类账簿又分为总分类账簿和明细分类账簿。

　　①总分类账簿，简称总账，是根据总分类科目开设的账户，用来分类登记全部经济业务，提供总括的会计资料。总分类账簿必须采用订本式账簿，其格式是三栏式账页，设有借方、贷方和余额三个基本栏目，只核算金额。总账格式如表 5-4 所示。

表 5-4　总账

总　　　账

分第_____页总第_____页

年度

会计科目编号_____

会计科目编号_____

年		记账凭证			摘　要	借方金额											√	贷方金额											√	借或贷	余　额											√
月	日	种类	号数			亿	千	百	十	万	千	百	十	元	角	分		亿	千	百	十	万	千	百	十	元	角	分			亿	千	百	十	万	千	百	十	元	角	分	

② 明细分类账簿，简称明细账，是根据总分类科目所属明细科目开设的账簿，明细账提供明细的会计资料。明细分类账一般采用活页账，其格式主要有三种：

一是三栏式明细账，设有借方、贷方和余额三个金额栏，不设数量栏。三栏式明细分类账的格式与三栏式总分类账的格式基本相同，只是总分类账是订本式账簿，而明细分类账多为活页式账簿。它适用于只进行金额核算的账户，如"应收账款""应付账款""应交税费"等往来结算账户，以及"短期借款"等账户。三栏式明细账格式如表 5-5 所示。

表 5-5　明细分类账

账　号	总页码
页　次	

明 细 分 类 账

账户名称_____　　　_____

年		凭证	摘　　要	借方金额											√	贷方金额											√	借或贷	余　额											√
月	日	编号		亿	千	百	十	万	千	百	十	元	角	分		亿	千	百	十	万	千	百	十	元	角	分			亿	千	百	十	万	千	百	十	元	角	分	

二是多栏式明细账簿，多栏式明细分类账是根据经济业务的特点及经营管理的需要，在同一账页内分设若干专栏，用于登记明细项目多、借贷方向单一的经济业务的明细账。它一般适用于只需要进行金额核算、不需要进行数量核算，并且管理上要求进一步反映项目构成情况的费用成本、收入成果类账户。在实际工作中为避免这种明细账栏次过多，账页过长，通常采用只在借方或贷方一方设多项栏次，另一方记录采用红字登记的方法。如"材料采购""制造费用""管理费用""财务费用""营业外支出"等明细账，一般采用借方多栏式明细分类账格式，贷方发生额用红字在借方有关专栏内登记，以表示从借方发生额中冲转。"产品销售收入""营业外收入"等明细账，一般采用贷方多栏式明细分类账格式。"本年利润""利润分配""应交税费"等明细账，一般采用借贷方都多栏式明细分类账格式，其格式如表5-6所示。

表5-6 明细账

明 细 账

账 号＿＿＿＿＿＿
总 第＿＿＿＿＿页
分 第＿＿＿＿＿页

年		凭证		摘　　要	合　计																																																																		
月	日	字	号		百十万千百十元角分																																																																	

三是数量金额式明细分类账，设置有收入、发出和结存三个大栏，在三栏内再分别设置数量、单价和金额栏。它一般适用于既要反映金额又要反映数量的经济业务的核算，如"原材料""库存商品""包装物""周转材料"等存货账户的明细分类核算。数量金额式明细分类账能加强财产物资的实物管理和使用监督，可以保证这些财产物资的安全完整。数量金额式明细分类账的格式如表5-7所示。

表 5-7 明细账

明 细 账

| 最高存量: | | 账　号 | 总页码 |
| 最低存量: | | 页　次 | |

编号: _____ 类别: _____ 规格: _____ 单位: _____ 计划单价: _____

年		凭证号数	摘　　要	收　入			支　出			结　存			核对号
月	日			数量	单价	金　额 亿千百十万千百十元角分	数量	单价	金　额 亿千百十万千百十元角分	数量	单价	金　额 亿千百十万千百十元角分	

　　分类账簿和序时账簿的作用不同。序时账簿提供连续系统的会计信息，反映资金运动的全貌；分类账簿则按照经营与决策的需要设置账户，归集并汇总各类信息，反映资金运动的各种状态、形式及其构成。在会计核算中，分类账簿是必须设置的主要账簿，它所提供的会计核算资料是编制会计报表的主要依据。

　　在会计实务中，针对小型单位业务简单、总分类账不多的情况，企业可以把序时账簿和分类账簿结合起来，设置联合账簿。这种账簿既具有日记账作用，又具有总分类账作用，如日记总账。

　　（3）备查账簿，又称辅助账簿（备查簿），是指某些在序时账簿和分类账簿中都不予登记或登记不够详细的经济业务，为备日后查考而补充登记的账簿，如租入固定资产备查簿、应收票据贴现备查簿、代销商品登记簿。这些账簿是单位根据经济业务需要选择设置的，不是所有的单位均设置备查账簿。备查账没有固定格式，与主要账簿之间没有依存和钩稽关系。

　　3. 订本式账簿、活页式账簿和卡片式账簿

　　会计账簿按其外表形式的不同，可以分为订本式账簿、活页式账簿和卡片式账簿。

　　（1）订本式账簿，又称订本账，是指在启用前就已经将连续编号的账页装订在一起的账簿。这种账簿可防止随意抽换账页，防止散失。其缺点是不能准确地为各账户预留账页，若留页不够则会影响账页的连续登记，留页过多则会带来不必要的浪费，也不便于会计人员分工记账。我国的会计法规规定，企业的总分类账、现金日记账与银行存款日记账必须采用订本式账簿。

　　（2）活页式账簿，又称活页账，是指启用前和启用中将分散的账页装存在账夹内，而不固定装订，可以随时增减账页的账簿。这种账簿可根据实际需要增添账页，使用灵活，便于分工记账。其缺点是如果管理不善，账页易散失和被抽换。因此，使用活

页账时必须要求按账页顺序编号，期末固定装订成册后归档保存。各种明细分类账一般都采用活页式账簿。

（3）卡片式账簿，又称卡片账，是指用硬纸卡片作为账页存放在专门的卡片箱中，账页可以根据需要随时增添的账簿。卡片式账簿除具有活页式账簿的优缺点外，它还不需要每年更换，可跨年度使用。在我国，卡片式账簿一般适用于固定资产明细账、低值易耗品卡片账等。

4. 账簿体系

以上会计账簿分类形成企业的账簿体系，如图 5-1 所示。

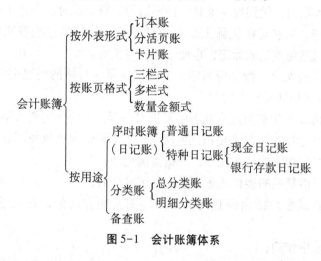

图 5-1　会计账簿体系

5.2　会计账簿设置原则与登记会计账簿的基本要求

5.2.1　会计账簿的设置原则

会计账簿的设置是指确认会计账簿的种类，设计会计账簿格式、内容和登记的方法。

任何单位都要考虑本单位经济业务的特点和经营管理的需要，设置一定数量的账簿，并且力求科学严密。一般来说，会计账簿设置应遵循以下基本原则：

1. 会计账簿设置的合法性

各单位应当按照《会计法》和国家统一的会计准则的规定，在设置会计账簿时，严格禁止私设会计账簿进行登记、核算。

2. 会计账簿设置的完整性

会计账簿设置要能够保证全面、系统地反映和监督各个单位的经济活动情况，为经营管理提供系统、分类的会计核算资料。

3. 会计账簿设置的科学性和合理性

各个单位设置的所有会计账簿要形成一个有机的会计账簿体系，该体系要科学严密，在满足需要的前提下，考虑本单位人力、物力的节约，避免重复设账；会计账簿的格式要按照经济业务的内容和需要提供的核算指标进行设计，力求简便实用，保证会计核算工作的高效率。

5.2.2 登记会计账簿的基本要求

会计人员应当根据审核无误的会计凭证（原始凭证、记账凭证）登记会计账簿。登记账簿的基本要求是：

（1）登记会计账簿时，应当将会计凭证日期、编号、业务内容摘要、金额和其他有关资料逐项记入账内，做到数字准确、摘要清楚、登记及时、字迹工整。

（2）登记完毕，要在记账凭证上签名或者盖章，并注明已经登账的符号"√"，表示已经记账，以避免重记或漏记，也便于查找与核对。

（3）账簿记录的文字、数字应清晰、整洁，应紧靠行格的底线书写，大小占全格的1/2至2/3，数字排列要整齐均匀。

（4）登记账簿要采用蓝黑墨水或者碳素墨水书写，不得使用圆珠笔或者铅笔书写。

（5）在账簿登记中，一般不使用红色墨水，但下列情况可以使用红色墨水记账：

第一，按照红字冲账的记账凭证，冲销错误记录；

第二，在不设借贷栏的多栏式账页中，登记减少数；

第三，在三栏式账户的余额栏前，如未印明余额方向的，在余额栏内登记负数余额；

第四，在结账中使用；

第五，根据国家统一会计制度的规定可以用红字登记的其他会计记录。

（6）在登记账簿时，必须按账页顺序逐页逐行填写，不得隔页或跳行。如果发生隔页或跳行，应在空页或空行处用红色墨水划对角线注销，加盖"此页空白"或"此行空白"戳记，并由记账人员签章。

（7）凡需要结出余额的账户，结出余额后，应当在"借或贷"等栏内写明"借"或"贷"等字样。没有余额的账户，应当在"借"或"贷"栏内写"平"字，并在余额栏用"θ"表示。

现金日记账和银行存款日记账必须逐日结出余额。

（8）每一账页记录完毕，应在账页最末一行加记本页借贷方的发生额和结出余额，并在该行摘要栏注明"转次页"或"过次页"；然后再把这个合计数及余额转移到次页第一行的对应栏内，并在第一行的摘要栏中注明"承前页"字样。

（9）账簿记录发生错误，不准涂改、挖补、刮擦或者用药水消除字迹，不准重新抄写，必须按照下列方法进行更正：

一是登记账簿发生错误时，采用划线更正法。

二是由于记账凭证错误而使得账簿发生错误，应当按更正的记账凭证登记账簿，即采用红字更正法和补充登记法。

（10）其他要求。

一是各种账簿原则上每年都应该更换新账簿。企业于年度开始前，将各种账户上年年终结计的金额转记到新账簿相应账户的第一页的第一行，并在摘要栏注明"上年结转"。

二是新年度会计科目或明细科目如果发生变动，则企业在新年度更换新的账簿之前，要先行编制"新老会计科目对照开账明细表"。

三是使用电子计算机进行会计核算的，其会计账簿的登记、更正，应当符合国家统一的会计制度的规定。

5.3 日记账的设置和登记

5.3.1 现金日记账的设置和登记

现金日记账是指用来核算和监督库存现金每天的收入、支出和结存情况的账簿。出纳人员根据现金收付有关的记账凭证，按时间顺序逐日逐笔进行登记，即根据现金收款凭证和与现金有关的银行存款付款凭证（从银行提现的业务）登记现金收入（借方），根据现金付款凭证登记现金支出（贷方）；并根据"上日余额+本日收入-本日支出=本日余额"，结出现金账存数（余额），与库存现金实存数核对，以核实账实是否相符。

现金日记账的格式有三栏式和多栏式两种。

目前绝大多数企业设置的都是三栏式现金日记账，其登记方法及格式如表 5-8 所示。

表 5-8 现 金 日 记 账

2023 年度 第 __1__ 页

2023年 月	日	凭证号	摘　　要	借　方 百 十 万 千 百 十 元 角 分	贷　方 百 十 万 千 百 十 元 角 分	借或贷	余　额 百 十 万 千 百 十 元 角 分
1	1		期初余额			借	1 5 0 0 0 0 0
	4	现付1	借差旅费		2 0 0 0 0 0		
		现付2	领备用金		1 0 0 0 0 0		
		现收1	销售A产品	4 6 8 0 0 0			
		现收2	归回借款	8 0 0 0 0			
		现付3	销售款送银行		4 6 8 0 0 0		
			本日合计	5 4 8 0 0 0	7 6 8 0 0 0	借	1 2 8 0 0 0 0
	8	银付3	支票提现	5 0 0 0 0 0			
		现付4	购买办公品		9 0 0 0 0		
		现付5	报销医药费		1 0 0 0 0		
		现收3	收赔偿款	1 2 0 0 0			

表5-8（续）

2023年 月	日	凭证号	摘要	借方 百十万千百十元角分	贷方 百十万千百十元角分	借或贷	余额 百十万千百十元角分
			本日合计	5 1 2 0 0 0 0	1 0 0 0 0 0	借	1 6 9 2 0 0 0
	15	现收4	退回多余款	2 0 0 0 0			
		现收5	收回货款	9 0 0 0 0			
		现付6	支付报刊费		6 0 0 0 0		
		现付7	退回押金		8 0 0 0 0		
			本日合计	1 1 0 0 0 0	1 4 0 0 0 0	借	1 6 6 2 0 0 0
	30	现付8	购买办公品		3 0 0 0 0		
		银付6	提现发工资	1 0 0 0 0 0 0			
		现付9	发工资		1 0 0 0 0 0 0		
		现收6	出售废报纸	1 0 0 0 0			
			本日合计	1 0 0 1 0 0 0 0	1 0 0 3 0 0 0 0	借	1 6 4 2 0 0 0
	31	银付10	支票提现	3 5 0 0 0 0			
			本月合计	1 1 5 3 0 0 0 0	1 1 0 3 8 0 0 0	借	1 9 9 2 0 0 0

多栏式现金日记账是三栏式现金日记账的变化形式。具体做法是在借方、贷方栏中按其对应的科目分设若干栏，在月末结账时可按照各个专栏的合计数过入总账。其优点是账簿记录明细，对应关系清晰，便于对现金收支的合理性、合法性进行审核，便于检查财务收支计划的执行情况。多栏式现金日记账的格式如表5-9所示。

表5-9 现 金 日 记 账（多栏式）

年 月	日	凭证号	摘要	收入			支出			结余
				应贷科目		合计	应借科目		合计	
				银行存款	主营业务收入	……		其他应收款	管理费用	……		

在实际工作中，为避免因多栏式现金日记账收入和支出栏对应的科目过多而造成账页过长的问题，企业一般把现金收入业务和现金支出业务分设为现金收入日记账和现金支出日记账。其格式如表5-10和表5-11所示。

表 5-10 现金（银行存款）收入日记账

第 页

年		收款凭证号数	摘 要	贷方科目				支出合计	余额
月	日						收入合计		

表 5-11 现金（银行存款）支出日记账

第 页

年		收款凭证号数	摘 要	结算凭证		借方科目		
月	日			种类	号数			支出合计

为了保证现金日记账的安全和完整，企业无论采用三栏式还是多栏式现金日记账，都必须使用订本式账簿。

5.3.2 银行存款日记账的设置和登记

银行存款日记账是指用来核算和监督银行存款每天的收入、支出和结存情况的账簿，由出纳人员根据同银行存款收付有关的记账凭证，按时间顺序逐日逐笔进行登记，即根据银行存款收款凭证和有关的现金付款凭证（现金存入银行的业务）登记银行存款收入（借方），根据银行存款付款凭证登记银行存款支出（贷方）；并根据"上日余额+本日收入-本日支出=本日余额"，每日结出银行存款账存数（余额），定期与银行送来的对账单核对，以保证账实相符。

银行存款日记账的格式与现金日记账的格式基本相同，所不同的仅是结算凭证栏要根据银行的结算凭证来登记。银行存款日记账的格式也有三栏式和多栏式两种。

多栏式银行存款日记账的格式与多栏式现金日记账完全相同。

目前绝大多数企业都设置的是三栏式银行存款日记账，其登记方法及格式如表5-12 所示。

表 5-12　银 行 存 款 日 记 账

2023 年度　　　　　　　　　　　　　　　　　　　　　　　　　　第　1　页

月	日	凭证号	摘要	借方 百	十	万	千	百	十	元	角	分	贷方 百	十	万	千	百	十	元	角	分	借或贷	余额 百	十	万	千	百	十	元	角	分
1	1		期初余额																			借	2	0	0	0	0	0	0	0	0
	4	银收1	销售B产品		1	7	0	0	0	0	0	0																			
		银付1	采购M材料												2	3	4	0	0	0	0										
		银付2	办理银行汇票												2	0	0	0	0	0	0										
		现付3	销售款送银行				4	6	8	0	0	0																			
		银收2	收到货款				5	8	9	0	0	0																			
			本日合计		2	2	3	5	8	0	0	0			4	3	4	0	0	0	0	借	1	7	8	9	5	8	0	0	0
	8	银付3	支票提现														5	0	0	0	0										
		银收3	销售B产品		1	7	5	5	0	0	0	0																			
		银收4	银行承兑汇票兑现			2	0	0	0	0	0	0																			
		银收4	托收承付款项已到			1	1	7	0	0	0	0																			
			本日合计		4	9	2	5	0	0	0	0					5	0	0	0	0	借	2	2	7	7	0	8	0	0	0
	15	银收5	银行汇票收款			2	3	4	0	0	0	0																			
		银收6	商业承兑汇票收款				5	8	5	0	0	0																			
		银付4	借支备用金													5	0	0	0	0	0										
		银付5	信汇付材料款												1	0	0	0	0	0	0										
			本日合计		2	9	2	5	0	0	0	0		1	0	5	0	0	0	0	0	借	2	4	6	4	5	8	0	0	0
	30	银付6	提现发工资												1	0	0	0	0	0	0										
		银付7	银行承兑汇票付款												3	5	1	0	0	0	0										
		银付8	商业承兑汇票付款												2	0	0	0	0	0	0										
		银付9	银行本票付款												2	3	4	0	0	0	0										
			本日合计											8	8	5	0	0	0	0	0	借	1	5	7	9	5	8	0	0	0
	31	银付10	支票提现													3	5	0	0	0	0										
		银付11	购买原材料												4	6	8	0	0	0	0										
			本日合计											5	0	3	0	0	0	0	0	借	1	5	7	6	0	8	0	0	0
			本月合计	1	0	0	8	5	8	0	0	0	1	4	7	9	3	0	0	0	0	借	1	5	2	9	2	8	0	0	0

5.3.3　普通日记账的设置和登记

普通日记账是用来序时登记全部经济业务的账簿，又称为分录簿，一般只设借方和贷方两个金额栏，以满足编制会计分录的需要。普通日记账可采用转账日记账的格式，也可采用表 5-13 的格式。

表 5-13　普通日记账　　　　　　　　　　　第　　页

2023年		摘　　　　要	账户名称	记账	借方	贷方
月	日					
3	1	购买办公用品	管理费用		10 000	
			银行存款			10 000
	3	收回 A 公司欠货款	银行存款		200 000	
			应收账款			200 000
		……				

普通日记账的记账程序是：根据原始凭证登记普通日记账，再直接根据普通日记账过入分类账。因此，设置了普通日记账的单位，就不再编制记账凭证。该种日记账适用于规模较小、业务量不多的单位。

5.4　分类账簿的设置和登记

5.4.1　总分类账簿的设置和登记

总分类账簿简称总账，是全面、系统、综合地反映和记录单位经济活动概况，并为编制会计报表提供依据的账簿，每一个单位都必须设置总分类账。总分类账必须采用三栏式订本式账簿。总分类账登记可以根据审核无误的记账凭证逐笔登记，也可以根据汇总记账凭证或科目汇总表进行登记，其登记方法与该单位采用的会计核算形式有关，具体内容将在后面章节中介绍。

根据记账凭证登记总账的方法如表 5-14 所示。

表 5-14　　　总　　账

编　　号：5001　　　　　　　　2023 年度

会计科目：生产成本　　　　　　　　　　　　　第 35 页

2023年		凭证号	摘　　要	借　方									贷　方									借或贷	余　额								
月	日			百	十	万	千	百	十	元	角	分	百	十	万	千	百	十	元	角	分		百	十	万	千	百	十	元	角	分
1	1		期初余额																			借			5	0	0	0	0	0	0
	6	转2	车间用 A 材料			2	5	0	0	0	0	0																			
	25	银付7	电费				4	0	0	0	0	0																			
	29	转5	分配工资费用			2	0	0	0	0	0	0																			
	31	转7	制造费用转入				9	7	0	0	0	0																			
	31	转8	完工产品转出												8	5	0	0	0	0	0										
			合　　计			5	8	7	0	0	0	0			8	5	0	0	0	0	0	借			2	3	7	0	0	0	0

5.4.2 明细分类账簿的设置和登记

明细分类账简称明细账,是与总分类账的核算内容一致,但按照更加详细的分类,反映单位某一具体类别经济活动财务收支情况的账簿。它对总分类账起补充说明的作用,它所提供的资料也是编制会计报表的重要依据。任何单位在设置总分类账的同时,还应设置若干必要的明细分类账,既掌握经济活动的总括资料,又掌握它的明细资料。

明细分类账可根据核算的需要,依据记账凭证、原始凭证或汇总原始凭证逐日逐笔登记,也可定期汇总登记。一般来讲,固定资产、债权、债务等明细账应逐日逐笔登记;库存商品、原材料收发明细账以及收入、费用明细账可以逐笔登记,也可定期汇总登记。现金、银行存款账户已设置了日记账,不必再设明细账。

明细分类账簿一般采用活页式账簿或卡片式账簿,其格式主要有三栏式、数量金额式和多栏式三种。

登记多栏式明细账的方法如表5-15所示。

表5-15　材　料　采　购　明细分类账

明细科目:A型材料　　　　　　　　　　　　　　　　　　　　　　第　页

2023年		凭证号数	摘　要	借方			金额
月	日			买价	运费	合计	
1	1	转3	购入10吨	5 400.00		5 400.00	5 400.00
	6	付7	支付运费		350.00	350.00	350.00
	12	转12	结转实际采购成本	5 400.00	350.00	5 750.00	0.00
	31			5 400.00	350.00	5 750.00	0.00
			本月合计	5 400.00	350.00	5 750.00	0.00

5.4.3 总分类账与明细分类账的平行登记

1. 总分类账与明细分类账的关系

总分类账是所属明细分类账的统驭账户,对所属明细分类账户起着控制作用;而明细分类账则对其隶属的子分类账起着辅助作用,是从属账户。总账与明细账既有联系,又有区别。

(1)二者的联系主要体现在二者所反映的经济业务内容相同以及登记总账与明细账的原始依据相同。

(2)二者的区别体现在反映经济业务内容的详细程度和作用不同。总账反映的是总括的会计资料,而明细账反映的是经济业务某一方面的明细会计资料,如数量金额式明细账可提供数量指标与劳动量指标;总账对明细账起着统驭的作用,而明细账是对总账的补充,起着对总账的解释说明的作用。

2. 在分类账与明细分类账平行登记的原则

正是由于总账与明细账的上述联系与区别,在日常的会计核算中,会计人员对总账与明细账的登记采取平行登记的方法。所谓平行登记是指发生的每一项经济业务都应依据相同的会计凭证，在总账与明细账中进行同时期、同方向、同金额的总括与明细登记。

（1）同时期登记。会计人员对于需提供详细指标的每一项经济业务，根据审核无误的会计凭证，一方面记入有关的总分类账户，另一方面，在同一会计期间记入该总分类账户所属的明细分类账户中。如果同时涉及几个明细账户，会计人员应分别在有关的明细分类账户中登记。

（2）同方向登记。登记总分类账及所属明细分类账的方向相同。一般情况下，总分类账户及其所属的明细分类账户都按借方、贷方和余额设栏登记。这时如果在总分类账户中记借方，则在其所属明细分类账中也应记入借方；如果在总分类账户中记贷方，则在其所属明细分类账中也应记入贷方。

（3）同金额登记。记入总分类账户与记入所属明细分类账户的金额之和应当相等。

总分类账户与所属明细分类账户平行登记的结果必然形成相互对应的数量关系，用公式表示如下：

总分类账户期末余额＝所属明细分类账户期末余额合计

总分类账户借（贷）方发生额＝所属明细分类账户借（贷）方发生额合计

下面以"原材料"和"应付账款"为例，说明总分类账户与其所属明细分类账户的平行登记方法。

【例5-1】大华公司2023年11月"原材料"和"应付账款"账户的期初余额如下：

（1）"原材料"总分类账户借方余额为25 000元，其所属明细分类账户余额资料如表5-16所示。

表5-16　"原材料"明细分类账余额

名称	数量（千克）	单价（元）	金额（元）
甲材料	5 000	3	15 000
乙材料	2 000	5	10 000
合计			25 000

（2）"应付账款"总分类账贷方余额为5 000元。其所属明细分类账户余额：东风公司3 000元（贷方）；大地公司2 000元（贷方）。

本月大华公司发生的材料收、发业务及与供应单位的结算业务如下：

（1）6日，公司向东风公司购进甲材料2 000千克，单价3元，货款未付。

（2）8日，生产车间领用材料直接用于产品生产：甲材料3 000千克，单价3元；乙材料1 600千克，单价5元。

（3）15日，公司向大地公司购进乙材料1 400千克，单价5元，货款未付。

（4）20日，公司通过银行结算，偿还东风公司货款4 000元，大地公司货款3 000元。

根据以上资料编制记账凭证，在"原材料"总账和"应付账款"总账及所属明细账中进行平行登记，结果如表5-17至表5-22所示。

表5-17　　总　账

编　　号：1403　　　　　　　　　　2023 年度

会计科目：原材料　　　　　　　　　　　　　　　　　第 20 页

2023年		凭证号	摘　要	借　方									贷　方									借或贷	余　额								
月	日			百	十	万	千	百	十	元	角	分	百	十	万	千	百	十	元	角	分		百	十	万	千	百	十	元	角	分
1	1		期初余额																			借			2	5	0	0	0	0	0
	6	转2	购进甲材料				6	0	0	0	0	0																			
	8	转8	生产领用													1	7	0	0	0	0										
	15	转15	购进乙材料				7	0	0	0	0	0																			
	31	转7	本月合计			1	3	0	0	0	0	0				1	7	0	0	0	0	借			2	1	0	0	0	0	0

表5-18　　原材料明细账

编　　号：140301　　　　　　　　　　2023 年度

明细科目：甲材料　　　　　　　　　　　　　　　　　第 1 页

2023 年		凭证号	摘　要	借　方			贷　方			余　额		
月	日			数量	单价	金额	数量	单价	金额	数量	单价	金额
1	1		期初余额							5 000	3	15 000
	6	转2	购进甲材料	2 000	3	6 000				7 000	3	21 000
	8	转8	生产领用				3 000	3	9 000	4 000	3	12 000
	31	转7	本月合计	2 000		6 000	3 000		9 000	4 000	3	12 000

表5-19　　原材料明细账

编　　号：140302　　　　　　　　　　2023 年度

明细科目：乙材料　　　　　　　　　　　　　　　　　第 3 页

2023 年		凭证号	摘　要	借　方			贷　方			余　额		
月	日			数量	单价	金额	数量	单价	金额	数量	单价	金额
1	1		期初余额							2 000	5	10 000
	8	转4	生产领用				1 600	5	8 000	400	5	2 000
	15	转8	购进乙材料	1 400	5	7 000				1 800	5	9 000
	31	转7	本月合计	1 400		7 000	1 600		8 000	1 800	5	9 000

表5-20　　　总　　账

编　　号：2202　　　　　　　　　　2023 年度

会计科目：应付账款　　　　　　　　　　　　　　　　第 20 页

2023年 月	日	凭证号	摘　要	借　方	贷　方	借或贷	余　额
1	1		期初余额			贷	3000 00
	6	转2	购进甲材料		6000 00		
	20	银付15	偿还货款	4000 00			
	31	转7	本月合计	4000 00	6000 00	贷	5000 00

表5-21　　　应付账款明细账

编　　号：220201　　　　　　　　　　2023 年度

会计科目：东风公司　　　　　　　　　　　　　　　　第 18 页

2023年 月	日	凭证号	摘　要	借　方	贷　方	借或贷	余　额
1	1		期初余额			贷	5000 00
	6	转2	购进甲材料		6000 00		
	15	转15	购进乙材料		7000 00		
	20	银付15	偿还货款	7000 00			
	31	转7	本月合计	7000 00	13000 00	贷	11000 00

表5-22　　　应付账款明细账

编　　号：220202　　　　　　　　　　2023 年度

会计科目：大地公司　　　　　　　　　　　　　　　　第 21 页

2023年 月	日	凭证号	摘　要	借　方	贷　方	借或贷	余　额
1	1		期初余额			贷	2000 00
	15	转15	购进乙材料		7000 00		
	20	银付15	偿还货款	3000 00			
	31	转7	本月合计	3000 00	7000 00	贷	6000 00

5.5　开账、对账和结账

5.5.1　开账

开账就是开设新账和启用新账。

新设立的企业及其他经济单位，第一次使用账簿，称为建账，也就是这里说的开账。持续经营的企业和其他经济单位，在每个新会计年度伊始，除固定资产明细账等少数分类账簿因数量多，其价值变动又不大，可以连续跨年度使用外，其他的分类账簿和日记账簿均应在新年度开始时开设新账。

为了保证账簿记录的合法性、安全性，明确记账责任，企业在启用新账时，必须认真填写账簿扉页上的"账簿启用登记表"和"经管人员一览表"。相关人员按照表中要求填写，并加盖单位公章和经管人员的印章。企业中途更换记账人员时，应当填写清楚交接日期、接办人员和监督移交人员，并签字盖章，以明确责任。

5.5.2 对账

1. 对账的概念

对账是指会计人员对会计账簿记录进行核对的工作。为了保证账簿所提供的会计资料真实可靠，为编制会计报表提供正确的依据，各单位应当定期将会计账簿记录与实物、款项及其有关资料相互核对，从而保证会计账簿记录与实物及款项的实有数额相符、会计账簿记录与会计凭证的有关内容相符、会计账簿记录与会计报表的有关内容相符。

2. 对账的内容和方法

为确保会计信息质量，对账工作应将日常核对和定期核对相结合。日常核对是指对日常填制的记账凭证进行的随时核对。此项核对工作随时进行，因而在记账之前就可以发现差错，查明更正。定期核对是指一般在月末、季末、年末结账之前进行的核对。此项核对可以查对记账工作是否准确和账实是否相符。会计对账工作的主要内容和核对方法有：

（1）账证核对，是指将会计账簿记录与会计凭证相核对，做到账证相符。这是保证账账相符、账实相符的基础。账证核对的方法一般采用抽查法，如果发现差错，则要逐步核对至最初的凭证，直到找到错误的原因为止。

（2）账账核对，是指利用各种会计账簿之间的勾稽关系，使账簿之间的有关数据核对相符。账簿之间的核对具体包括：

① 总分类账簿之间的核对。按照"有借必有贷，借贷必相等"的记账规则，总分类账簿中全部账户的借方发生额合计数与贷方发生额合计数，期末借方余额合计数与贷方余额合计数存在平衡关系，通过对其分别核对使之相符。通过这种核对，可以检查总分类账记录是否正确完整。这项核对工作通常采用总分类账户本期发生额和余额对照表（简称"试算平衡表"）来完成，如果核对结果不平衡，则说明记账有误，应查明更正。该内容在第三章中已经做了介绍。

② 总分类账簿与所属明细分类账簿之间的核对。总分类账簿中全部账户的期末余额应与其所属各明细分类账户的期末余额之和核对相符，该内容在本章的上一个内容中已作了介绍。

③ 分类账簿与序时账簿的核对。在我国会计实务工作中，单位必须设置现金日记账和银行存款日记账。现金日记账必须每天与库存现金核对相符，银行存款日记账必须定期与银行对账单对账。在此基础上，现金日记账和银行存款日记账的期末余额还

应与现金总账和银行存款总账的期末余额核对相符。

④ 会计部门的有关财产物资明细账与财产物资保管部门或使用部门的保管账（卡）之间的核对。核对方法一般是由财产物资保管部门或使用部门定期编制收发结存汇总表报会计部门核对。

（3）账实核对，是指将各种财产物资、债权债务等账簿的账面余额与各项财产物资、货币资金等的实存数额相核对。账实之间核对的具体内容包括：

① 现金日记账的账面余额与库存现金数额核对是否相符。

② 银行存款日记账的账面余额与银行对账单的余额核对是否相符。

③ 各项财产物资明细账的账面余额与财产物资的实有数核对是否相符。

④ 有关债权债务明细账的账面余额与往来单位的账面记录核对是否相符。

账实之间的核对采用实地盘点法，即通过对各种实物资产进行实地盘点，确认其实存数，然后与账存数核对，看是否相符。如不符，先调整账存数，然后查明原因，做出相应的会计处理。单位银行存款的账实核对则是采用与银行或往来单位核对账目的方法来进行。

5.5.3 结账

结账是指在会计期末（月末、季末、年末），将各种会计账簿记录结算清楚即结出各个账户的本期发生额和期末余额，以便为编制会计报表提供资料的一项会计核算工作。各个单位必须按照有关结账的具体规定定期进行结账。结账的基本步骤和内容是：

1. 检查本期发生的经济业务是否全部登记入账

会计人员在结账前应先检查是否将本期发生的经济业务全部登记入账，并保证账簿记录的正确、完整。

2. 按照权责发生制原则进行期末账项的调整和结转

为了正确计算确定盈亏，会计人员在登记完全部经济业务后，还必须按照权责发生制原则进行期末账项调整和结转。账项的调整和结转是结账工作的重心，具体包括：应计收入账项、应计费用账项、收入分摊、成本费用分摊、财产盘盈盘亏等的调整和结转、损益类科目的结转等内容。其调整和结转的方法将在第七章中介绍。

3. 结出各种账户的本期发生额和期末余额

在完成上述工作以后，会计人员就可以采用划线结账法结出各种账户的本期发生额和期末余额。在会计实务中，期末结账分为月结、季结和年结。

（1）月结。每月结账时，会计人员要在最后一笔经济业务记录的数字下通栏划一单红线，在红线下结出本月发生额和余额，在摘要栏注明"本月发生额及余额"或"本月合计"字样，然后在数字下面通栏再划一单红线，以便区分本月业务和下月业务。月末如无余额，会计人员应在余额栏内写"平"或"θ"符号，然后在数字下面通栏再划一单红线。对于需逐月结算本年累计发生额的账簿，会计人员在结出本月发生额和余额后，应在下一行增加"本年累计发生额"，然后在数字下面再通栏划一单红线。对于本月未发生金额变化的账户，会计人员可不进行月结。

（2）季结。每季度终了，会计人员结算出本季度三个月的发生额合计数，写在月结数的下一行内，在摘要栏注明"×季度季结"字样，并再在数字下面通栏划一单红线。

（3）年结。年底，会计人员应在 12 月份月结数字下，结算填列全年 12 个月的发生额合计数，在摘要栏注明"本年发生额及余额"或"本年合计"字样，然后在年结数字下面通栏划双红线，表示封账。结账后，会计人员根据各账户的年末余额，结转下年，并在摘要栏内填写"结转下年"字样，在下年度新账第一行余额栏内填写上年结转的余额，并在摘要栏内填写"上年结转"字样。

5.6　错账查找和错账更正

5.6.1　错账查找

在对账过程中，会计人员可能发现各种差错，产生错账，如重记、漏记、数字颠倒、数字错位、数字记错、科目记错、借贷方向记反（反向）等，从而影响会计信息的准确性，应及时找出差错，并予以更正。错账查找就是查找账簿错误并分析产生错误的原因的一项会计工作。

引起会计账簿产生错误的原因众多，但不论原因是什么，对核算工作发生的影响有两种情况：一是会影响试算平衡的错账，这种错误往往在编制试算平衡表时就可以发现；另一种错账是不影响试算平衡的，往往不容易被发现。所以错账查找的方法就有多种：

1. 差数法

差数法是指按照错账的差数查找错账的方法，主要是检查漏记和重记等错误。例如，会计人员在记账过程中只登记了借方或贷方，漏记了一方，从而形成试算平衡中借方合计与贷方合计不等。对于这种错误，可由会计人员通过回忆和与相关金额的记账核对来查找。

2. 尾数法

对于发生的角、分差错，会计人员可以只查找小数部分，以提高查错的效率。

3. 差数除 2 法

差数如确认为并非漏记或重记，会计人员可将其差数除以 2 求其商，来查找错账，主要是检查借贷反向的差错。因为当某一借方金额错记入贷方（相反）时，出现错账的差数表现为错误的 2 倍，将此差数用 2 去除，得出的商即是反向的金额。例如，应记入"原材料——甲材料"科目借方的 4 000 元金额误记入贷方，则该明细科目的期末余额将小于其总分类科目期末余额 8 000 元，被 2 除的商 4 000 元即为贷方反向的金额；同理，如果借方总额大于贷方总额 600 元，应立即查找有无 300 元的贷方金额误记入借方。

4. 差数除 9 法

这是指利用差数除以 9 来查找错账的方法，主要检查数字倒置或位移的错误。它适用于以下三种情况：

（1）将数字写小。如将 400 写为 40，错误的数字小于正确数字的 9 倍。查找的方法是：以差数除以 9 得出商（写错的数字），商再乘以 10 即为正确的数字。上例差数 360（400-40）除以 9 得出商 40（写错的数字），40 再乘以 10 即为正确的数字 400。

（2）将数字写大。如将 50 写为 500，错误的数字大于正确数字的 9 倍。查找的方法是：以差数除以 9 得出商（正确的数字），商再乘以 10 即为错误的数字。上例差数 450（500-50）除以 9 得出商 50（正确的数字），50 再乘以 10 即为错误的数字 500。

（3）邻数颠倒。如将 78 写为 87，96 写为 69，36 写为 63 等，颠倒的两个数字之差最小为 1，最大为 8。查找的方法是：以差数除以 9，得出商连续加 11，直到找出颠倒的数字为止。如将 78 写为 87，得出差数 9，除以 9 得 1，连加 11 为 12、23、34、45、56、67、78、89，如有 78 数字的业务，即有可能是颠倒的数字。

5.6.2　错账更正

会计人员应该尽量避免账簿记录中发生错误，但完全避免错误的发生几乎不可能。当错误发生，会计人员不得随意涂改、挖补、刮擦或用化学药剂消退错误，只能根据错误的具体情况，按规定的方法更正错误。常用的更正方法有划线更正法、红字更正法和补充登记法。

1. 划线更正法

划线更正法是指将原会计账簿记录中的错误数字或文字用红线划掉，再将蓝黑色的正确数字或文字填上的一种方法。它适用于对结账以前发现账簿记录的错误（文字或数字记错）进行更正。该种错误一般是记账凭证没有错误，由于过账时产生的差错，如记错方向、金额写错、余额结错、错写摘要或者过错账户等。

更正的具体方法是：先将错误的数字或文字划一条红线予以注销，但必须使原来的字迹仍然可辨认；然后在画线上方填写正确的文字或数字，然后再将正确的数字或文字用蓝黑字写在画线上方，并由记账人员在更正处盖章，以明确责任。对于错误的数字，会计人员应当将整个数额都划掉，不能只更正其中的错误数字；对文字错误，可只划去错误的部分。

【例 5-2】记账人员李四将 6 996 误记为 9 696，应在会计账簿中进行如下更正：

6 996
~~9 696~~　李四章

2. 红字更正法

红字更正法，是指用红字冲销原有记账凭证中错误账户名称或数字以更正或调整原会计账簿记录的一种方法。它一般适用于两种情况：

第一种情况，会计人员登记会计账簿以后才发现记账凭证中应借应贷会计科目使用错误，从而引起记账错误。更正的方法是：先用红字填写一张与原记账凭证完全相同的记账凭证，在摘要栏注明"更正×年×月×日第×号记账凭证的错账"，以示注销原记账凭证，然后再用蓝黑字填写一张正确的记账凭证，在摘要栏注明"更正×年×月×日第×号记账凭证的错账"，并据以记入有关账簿。

【例5-2】生产产品领用原材料5 600元，会计人员填制记账凭证时，将借方账户误写为"制造费用"，并已登记入账。

更正时应先用红字金额填写一张与错误记账凭证完全相同的记账凭证，其会计分录如下：

借：制造费用 　　　　　　　　　　　　　　　　　　 5 600

　贷：原材料 　　　　　　　　　　　　　　　　　　　　　　 5 600

然后再用蓝黑字填写一张正确的记账凭证如下：

借：生产成本 　　　　　　　　　　　　　　　　　　　　　 5 600

　贷：原材料 　　　　　　　　　　　　　　　　　　　　　　　 5 600

最后根据上述两张记账凭证登记有关会计账簿，使会计账簿的错误记录得到更正，如图5-2所示。

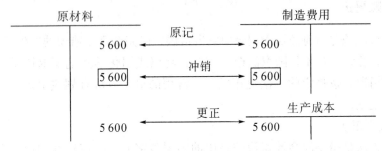

图5-2　红字更正法（1）

第二种情况，会计人员登记会计账簿以后才发现记账凭证中应借应贷会计科目未错，但所填金额大于应记金额，从而引起记账错误。更正的方法是：按多记的金额用红字填写一张与原记账凭证应借应贷会计科目完全相同的记账凭证，并在摘要栏注明"更正×年×月×日第×号记账凭证的多记金额"，以冲销多记的金额，并据以记入有关账簿。

【例5-3】如例5-2中的金额误记为6 500元，多记了900元，但所用会计科目正确，则用红字编制记账凭证。其会计分录如下：

借：生产成本 　　　　　　　　　　　　　　　　　　　　 900

　贷：原材料 　　　　　　　　　　　　　　　　　　　　　　 900

会计人员根据上述记账凭证登记有关的会计账簿，使会计账簿的错误记录得到更正，如图5-3所示。

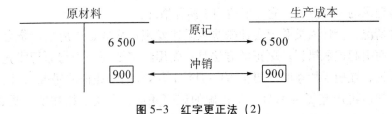

图5-3　红字更正法（2）

3. 补充登记法

补充登记法，它适用于登记会计账簿以后才发现记账凭证中应借应贷会计科目未错，但所填金额小于应记金额，从而引起记账错误的情况。更正的方法是：按少记的金额用蓝黑字填写一张与原记账凭证应借应贷会计科目完全相同的记账凭证，并在摘要栏注明"更正×年×月×日第×号记账凭证的少记金额"，以补充少记的金额，并据以记入有关账簿。

【例5-4】如例5-2中的金额误记为560元，少记了5 040元，所用会计科目正确，则更正的记账凭证如下：

借：生产成本 5 040
　贷：原材料 5 040

根据上述记账凭证登记有关的会计账簿，使会计账簿的错误记录得到更正，如图5-4所示。

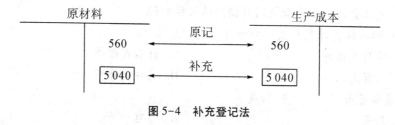

图5-4 补充登记法

复习思考题

1. 企业为什么要设置会计账簿？其设置的原则有哪些？
2. 账簿按其用途分为哪几种？
3. 登记账簿的基本要求有哪些？
4. 如何登记现金日记账和银行存款日记账？它们与总分类账的登记有何不同？
5. 总账与明细账平行登记的要点是什么？如何进行总账与明细账的核对？
6. 错账更正的方法有几种？其各自的适用范围及其具体方法如何？
7. 对账的基本内容包括哪些？
8. 结账包括哪些基本步骤？如何进行结账？

练习题

一、单项选择题

1. 账簿中必须采用订本账的是（　　）。
   A. 原材料总账　　　　　　　　B. 资本公积总账
   C. 现金日记账　　　　　　　　D. 以上都是
2. 企业结账的时间应为（　　）。
   A. 会计报表编制完毕时　　　　B. 每个工作日终了时

C. 每项经济业务终了时　　　　D. 一定时期终了时

3. 为了保证会计账簿记录的正确性，会计人员必须根据（　　）编制记账凭证。

A. 审核无误的原始凭证　　　　B. 填写齐全的原始凭证

C. 盖有单位财务专用章的原始凭证　D. 金额计算无误的原始凭证

4. 记账后，发现所填写的金额小于应记金额时，应当采用的改正方法是（　　）。

A. 余额调节法　　　　　　　　B. 划线更正法

C. 补充登记法　　　　　　　　D. 红字更正法

二、多项选择题

1. 可以使用红色墨水记账的情况是（　　）。

A. 结账时

B. 冲账时

C. 更正会计科目正确，少记金额的记账凭证

D. 更正会计科目和金额同时错误的记账凭证

2. 会计账簿按其外表形式可分为（　　）。

A. 卡片式账簿　　　　　　　　B. 订本式账簿

C. 活页式账簿　　　　　　　　D. 总分类账簿

3. 账簿都是由（　　）构成。

A. 封面　　　　　　　　　　　B. 扉页

C. 账页　　　　　　　　　　　D. 封底

4. 错账更正的方法包括（　　）。

A. 红字更正法　　　　　　　　B. 补充登记法

C. 划线更正法　　　　　　　　D. 差数更正法

6 企业基本经济业务核算

6.1 筹资业务的核算

筹集资金是企业资金运动的起点。从性质上看，企业资金筹集包括主权资金筹集和债务资本筹集。主权资本即所有者投入企业的资金，形成企业的所有者权益；债务资本即债权人投入企业的资金，形成企业的负债。

6.1.1 主权资本的核算

1. 企业资本金

资本金是指企业在国家工商行政管理部门注册登记的注册资本，是开办企业的最低本钱，它是由投资者以货币资金（现金和银行存款）、实物财产（存货、固定资产等）、无形资产等向企业投资，构成企业的所有者权益或者股东权益。我国目前实行实收资本制度，要求投资者的出资额必须等于或大于注册资本。等于注册资本的部分形成企业的实收资本（股份公司为股本），超过注册资本的部分形成企业的资本公积。

2. 主要账户设置

（1）"库存现金"，为资产类账户，核算企业的库存现金。本账户借方登记库存现金的增加，贷方登记库存现金的减少，期末余额在借方，反映企业持有的库存现金。企业应当设置"现金日记账"，根据收付款凭证，按照业务发生顺序逐笔登记。每日终了，会计人员应当计算当日的现金收入合计额、现金支出合计额和结余额，将结余额与实际库存额核对，做到账款相符。

（2）"银行存款"，为资产类账户，核算企业存入银行或其他金融机构的各种款项。本账户借方登记银行存款的增加，贷方登记银行存款的减少，期末余额在借方，反映企业存在银行或其他金融机构的各种款项。企业可按开户银行和其他金融机构、存款种类等设置"银行存款日记账"，根据收付款凭证，按照业务的发生顺序逐笔登记。每日终了，会计人员应结出余额。"银行存款日记账"应定期与"银行对账单"核对，至少每月核对一次。

（3）"固定资产"，为资产类账户，核算企业持有的固定资产原价。本账户借方登记购入、建造、接受投入等原因所引起的固定资产的增加，贷方登记出售等原因引起的固定资产的减少，期末余额在借方，反映企业期末所拥有的固定资产的原价。本账户可按固定资产类别和项目进行明细核算。融资租入的固定资产，可在账户下设置"融资租入固定资产"明细账户。

（4）"无形资产"，为资产类账户，核算企业持有的无形资产成本，包括专利权、非专利技术、商标权、著作权、土地使用权等。本账户借方登记取得无形资产等所引起的无形资产增加，贷方登记无形资产的处置减少，期末余额在贷方，反映期末无形资产的成本。本账户可按无形资产项目进行明细核算。

（5）"实收资本（股本）"，为所有者权益账户，核算企业接受投资者投入的实收资本，股份有限公司应将本账户改为"股本"。本账户借方登记实收资本的减少，贷方登记实收资本的增加，期末余额在贷方，反映企业实收资本或股本总额。本账户可按投资者进行明细核算。

（6）"资本公积"，为所有者权益账户，核算企业收到投资者出资额超出其在注册资本或股本中所占份额的部分以及直接计入所有者权益的利得和损失。本账户借方登记转增资本等原因引起的资本公积的减少，贷方反映资本公积的形成等，期末余额在贷方，反映企业的资本公积总额。本账户应当分别设置"资本溢价（股本溢价）""其他资本公积"进行明细核算。

3. 主要账务处理

（1）收到投入资本

企业收到投资者投入的资本金，一方面会引起企业货币资金等资产的增加，另一方面会引起所有者权益的增加。因此，借方应登记"库存现金""银行存款""固定资产""无形资产"等相关资产账户，贷方应登记"实收资本"账户。如果投资者实际出资额大于注册资本份额，还应在贷方登记"资本公积"。

【例6-1】大华公司收到投资者投入的机器设备一台，评估确认价值为 100 000 元；同时收到投入的银行存款 1 000 000 元。

借：固定资产　　　　　　　　　　　　　　　　　　　　　100 000
　　银行存款　　　　　　　　　　　　　　　　　　　　　1 000 000
　　贷：实收资本　　　　　　　　　　　　　　　　　　　　　　1 100 000

【例6-2】蓝天股份有限公司增发股票 1 000 000 股，每股面值 1 元，发行价为 1.2 元（无筹资费用）。

借：银行存款　　　　　　　　　　　　　　　　　　　　　1 200 000
　　贷：股本　　　　　　　　　　　　　　　　　　　　　　　1 000 000
　　　　资本公积　　　　　　　　　　　　　　　　　　　　　　200 000

（2）资本公积转增资本

经批准，企业用资本公积转增注册资本，一方面会引起资本公积的减少，另一方面会引起实收资本的增加。因此，借方应登记"资本公积"，贷方应登记"实收资本"。

【例6-3】经批准，大华公司用资本公积金 50 000 元转增注册资本。

借：资本公积　　　　　　　　　　　　　　　　　　　　　50 000
　　贷：实收资本　　　　　　　　　　　　　　　　　　　　　　50 000

6.1.2　债务资本的核算

1. 主要账户设置

大多数企业债务资本的筹集，主要采用向银行或其他金融机构借款的方式。按照偿还时间的长短，借款可以分为短期借款和长期借款。短期借款是指偿还期在一年以下（含一年）的各种借款，通常是为了满足正常生产经营的需要；长期借款是指偿还期超过一年的借款，一般用于固定资产的购建、改扩建工程、大修理工程等。企业债务资本的核算，应主要设置以下账户：

（1）"短期借款"，为负债类账户，核算企业向银行或其他金融机构等借入的期限在 1 年以下（含 1 年）的各种借款。本账户贷方登记短期借款的取得，借方登记短期借款的偿还，期末余额在贷方，反映企业期末尚未偿还的短期借款。本账户可按借款种类、贷款人和币种进行明细核算。

（2）"长期借款"，为负债类账户，核算企业向银行或其他金融机构借入的期限在 1 年以上（不含 1 年）的各项借款。本账户贷方登记长期借款的取得，借方登记长期借款的偿还，期末余额在贷方，反映企业期末尚未偿还的长期借款。本账户可按贷款单位和贷款种类，分别按"本金""利息调整"等进行明细核算。

（3）"财务费用"，为损益类账户，核算企业为筹集生产经营所需资金等而发生的筹资费用，包括利息支出（减利息收入）、汇兑损益以及相关的手续费、企业发生的现金折扣或收到的现金折扣等。本账户借方登记各项财务费用的发生，贷方登记利息收入、收到的现金折扣等，期末应将本账户余额转入"本年利润"账户，结转后本账户无余额。本账户可按费用项目进行明细核算。

（4）"应付利息"，为负债类账户，核算企业按照合同约定应支付的利息。本账户贷方登记期末计算出的应该支付而尚未支付的利息，借方登记实际支付的利息，期末余额在贷方，反映期末应付而未付的利息。本账户可按债权人进行明细核算。

2. 主要账务处理

与借款相关的业务主要包括借入款项、计算（支付）利息和到期归还三项。

（1）企业借入款项，一方面会引起银行存款增加，另一方面会引起负债增加。因此，一般借方登记"银行存款"账户，贷方登记"短期借款"（"长期借款"）账户。

（2）企业在期末计算利息时，一方面会增加当期利息费用，另一方面利息尚未支付，会增加负债。因此，一般借方登记"财务费用"等账户，贷方登记"应付利息"账户。支付利息时，一般借方登记"应付利息"账户，贷方登记"银行存款"等账户。

（3）到期归还借款和借入款项是反向业务，一般借方登记"短期借款"（"长期借款"）账户，贷方登记"银行存款"账户。

【例6-4】大华公司 2022 年 1 月 2 日从银行借入款项 200 000 元，期限为 3 个月，年利率为6%，利息按季度结算，所借款项已存入银行。

（1）1 月 2 日借入款项：

借：银行存款 200 000

  贷：短期借款 200 000

（2）1 月 30 日计算利息：

借：财务费用（200 000×6%×1/12） 1 000

  贷：应付利息 1 000

2 月 28 日计算利息同上。

（3）3月31日归还借款及利息：

借：短期借款   200 000

    应付利息   2 000

    财务费用   1 000

  贷：银行存款   203 000

【例6-5】大华公司2022年1月2日从银行借入款项200 000元，期限为2年，年利率为6%，到期一次还本付息。该企业按年计算利息，所借款项已存入银行。

（1）1月2日借入款项：

借：银行存款   200 000

  贷：长期借款   200 000

（2）2022年12月31日计算利息：

借：财务费用（200 000×6%）   12 000

  贷：应付利息   12 000

（3）2023年12月31日归还本金及利息：

借：长期借款   200 000

    应付利息   12 000

    财务费用   12 000

  贷：银行存款   224 000

企业筹资业务核算内容如图6-1所示。

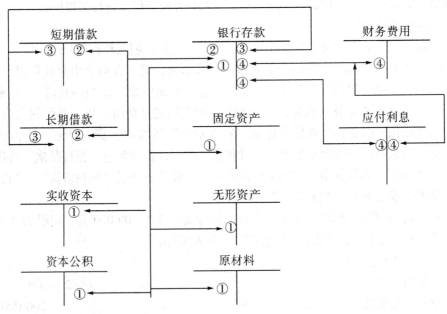

注：①——主权资本账务处理；②——债务资本账务处理；

    ③——归还借款账务处理；④——支付利息账务处理

图6-1 企业筹资业务核算

6.2 投资业务的核算

根据《企业会计准则第 22 号——金融工具确认和计量》的规范，）企业对外投资形成的金融资产划分为三类：（一）以摊余成本计量的金融资产。（二）以公允价值计量且其变动计入其他综合收益的金融资产。（三）以公允价值计量且其变动计入当期损益的金融资产。本书主要介绍第三类，其他两类将在中级财务会计中介绍。

6.2.1 以公允价值计量且其变动计入当期损益的金融资产的含义

以公允价值计量且其变动计入当期损益的金融资产主要是除以摊余成本计量的金融资产和以公允价值计量且其变动计入其他综合收益的金融资产以外的金融资产，主要是指企业为了近期内出售的金融资产。比如，企业以赚取差价为目的的从二级市场购入的股票、债券、基金都能够。

6.2.2 主要账户设置

1. 交易性金融资产

在会计处理上，企业一般应设置"交易性金融资产"总账账户，核算以公允价值计量且其变动计入当期损益的金融资产。本账户是资产类账户，核算企业为交易目的所持有的债权投资、股票投资、基金投资等交易性金融资产的公允价值。本账户借方登记取得交易性金融资产的成本，以及资产负债表日交易性金融资产的公允价值高于其账面余额的差额调整；贷方反映处置交易性金融资产的成本，以及资产负债表日交易性金融资产的公允价值低于其账面余额的差额调整；期末余额在借方，反映企业持有的交易性金融资产的公允价值。本账户可按交易性金融资产的类别和品种，分别按"成本""公允价值变动"等进行明细核算。

2. 应收股利

本账户为资产类账户，核算企业应收取的现金股利和应收取的其他单位分配的利润。本账户借方登记被投资企业宣告发放尚未实际支付的现金股利或利润；贷方登记收回的现金股利或利润；期末余额在借方，反映企业尚未收回的现金股利或利润。本账户可按被投资单位进行明细核算。

3. 应收利息

本账户为资产类账户，核算企业交易性金融资产等应收取的利息。本账户借方登记计算出的应计未收利息，贷方反映利息的收回，期末余额在借方，反映企业尚未收回的利息。本账户可按借款人或被投资单位进行明细核算。

4. 公允价值变动损益

本账户为损益类账户，核算企业交易性金融资产等公允价值变动形成的应计入当期损益的利得或损失。本账户借方登记资产负债表日因交易性金融资产公允价值低于其账面价值的差额而引起的损失，以及出售金融资产时，原计入该金融资产的公允价值变动收益的结转；贷方登记资产负债表日因交易性金融资产公允价值高于其账面价值的差额而引起的收益，以及出售金融资产时，原计入该金融资产的公允价值变动损失的结转；期末，应将本账户余额转入"本年利润"账户，结转后本账户无余额。本账户可按交易性金融资产、交易性金融负债、投资性房地产等进行明细核算。

5. 投资收益

本账户为损益类账户，核算企业确认的投资收益或投资损失。本账户借方登记确认的投资损失，贷方登记确认的投资收益，期末应将本账户余额转入"本年利润"账户，结转后本账户无余额。本账户可按投资项目进行明细核算。

6.2.3　主要账务处理

交易性金融资产的相关业务，主要包括交易性金融资产的取得、资产负债表日的处理和处置等三项。

1. 取得交易性金融资产的账务处理

企业取得交易性金融资产，一方面会引起企业交易性金融资产的增加，另一方面会引起企业银行存款等的减少。按规定，购入交易性金融资产时发生的相关交易费用记入"投资收益"，因此，借方一般登记"交易性金融资产——成本""投资收益"等账户，贷方登记"银行存款"等账户。另外，当企业所购入债券包含已到付息期尚未支付的利息或所购入股票含有已宣告发放尚未支付股利时，还会引起债权的增加，此时，借方还应有"应收利息"或"应收股利"账户。

【例6-6】企业1月1日按票面价格购入2年期债券50 000元，票面利率为6%，另支付相关交易费用（暂不考虑增值税）200元，款项以银行存款支付。该债券每半年付息一次，到期还本，企业不打算长期持有，将其划分为交易性金融资产。其账务处理为：

借：交易性金融资产——成本　　　　　　　　　　　　　　50 000

　　投资收益　　　　　　　　　　　　　　　　　　　　　 200

　贷：银行存款　　　　　　　　　　　　　　　　　　　　　　 50 200

【例6-7】企业5月3日购入甲公司股票10 000股，成交价格为12元/股，相关交易费用（暂不考虑增值税）为360元，款项以银行存款支付。甲公司已于4月28日宣告发放现金股利0.1元/股，尚未支付。企业将其划分为交易性金融资产。其账务处理为：

借：交易性金融资产——成本　　　　　　　　　　　　　 119 000

　　应收股利　　　　　　　　　　　　　　　　　　　　 1 000

　　投资收益　　　　　　　　　　　　　　　　　　　　　 360

　贷：银行存款　　　　　　　　　　　　　　　　　　　　　 120 360

2. 交易性金融资产在资产负债表日的处理

在资产负债表日，企业对于交易性金融资产主要有两项业务处理：一是分期付息债券的利息计算（现金股利的处理），二是公允价值调整。

（1）利息计算和现金股利处理

企业持有交易性金融资产期间对于被投资单位宣告发放的现金股利或资产负债表日按分期付息、一次还本债券投资的票面利率计算的利息收入，一方面会引起企业债权的增加，另一方面会增加企业投资收益，因此，应借记"应收利息"或"应收股利"账户，贷记"投资收益"账户。

【例6-8】上述【例6-6】中，6月30日企业应收利息收入为1 500元（50 000×6%×1/2），其账务处理为：

借：应收利息   1 500
  贷：投资收益   1 500

收到利息时再冲减应收利息：

借：银行存款   1 500
  贷：应收利息   1 500

【例6-9】企业2月28日以每股10元的价格购入乙公司的股票200 000股，支付交易费用5 000元，企业将其划分为交易性金融资产。乙公司于3月28日宣告发放现金股利0.2元/股，4月5日支付。企业的账务处理为：

2月28日购买股票：

借：交易性金融资产——成本   2 000 000
    投资收益   5 000
  贷：银行存款   2 005 000

3月28日，乙公司宣告发放现金股利：

借：应收股利   40 000
  贷：投资收益   40 000

4月5日收到股利：

借：银行存款   40 000
  贷：应收股利   40 000

（2）公允价值调整

按会计准则规定，企业所持有的交易性金融资产在资产负债表日应按公允价值计量，应将其账面价值调整为公允价值。此时，一般有两种可能：公允价值大于账面价值，公允价值小于账面价值。

当公允价值大于账面价值时，说明企业所持有的交易性金融资产产生了收益，同时应调增交易性金融资产的账面价值，故应借记"交易性金融资产——公允价值变动"账户，贷记"公允价值变动损益"账户。

当公允价值小于账面价值时，说明企业所持有的交易性金融资产发生了损失，同时应调减交易性金融资产的账面价值，故应借记"公允价值变动损益"账户，贷记"交易性金融资产——公允价值变动"账户。

【例6-10】上述【例6-7】中，企业所持有的甲公司股票6月30日市价已上升到12.5元/股，则应将其账面价值调整到125 000元，应调增6 000元。其账务处理为：

借：交易性金融资产——公允价值变动   6 000
  贷：公允价值变动损益   6 000

（3）交易性金融资产的处置

出售交易性金融资产时，一方面企业交易性金融资产会减少（账面价值），另一方面银行存款会增加（实收款项）；同时，实际收取的款项与所出售的账面价值还会有差额，该差额应确认为投资收益（损失）。因此，会计人员应按实收款项借记"银行存款"账户，按交易性金融资产账面价值贷记"交易性金融资产"账户，按差额借记或贷记"投资收益"账户。

【例6-11】续【例6-10】，7月15日，企业将所持有的甲公司股票全部售出，实际收到款项128 000元。其账务处理为：

借：银行存款   128 000

 贷：交易性金融资产——成本   119 000

       ——公允价值变动   6 000

  投资收益   3 000

交易性金融资产业务核算内容如图6-2所示。

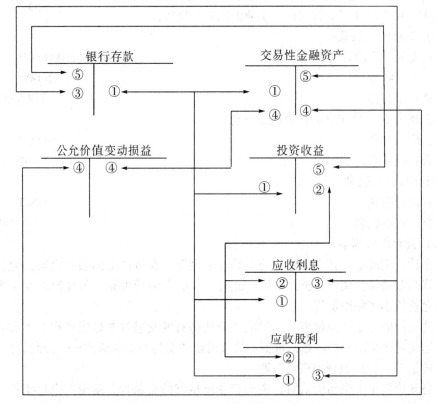

注：①——购买证券账务处理； ②——应收股利、利息账务处理；

  ③——收到股利、利息账务处理； ④——公允价值变动账务处理；

  ⑤——出售证券账务处理

图6-2 企业投资业务核算

6.3 采购业务的核算

工业企业的采购业务主要是采购生产所需要的材料作为生产的储备。在材料采购过程中，企业应按规定与供货方办理结算，支付材料款，并支付运输费、装卸费等采购费用。除此之外，企业还要计算材料的采购成本。因此，采购过程的主要经济业务核算包括采购及结算业务和材料采购成本的计算。

工业企业的材料物资可以按实际成本计价，也可以按计划成本计价，其核算也不完全一样，本书只介绍材料物资按实际成本计价的核算。

6.3.1 主要账户设置

1. 原材料

本账户为资产类账户，核算企业库存的各种材料，包括原料及主要材料、辅助材料、外购半成品（外购件）、修理用备件（备品备件）、包装材料、燃料等的计划成本或实际成本。本账户借方登记入库材料的实际成本或计划成本，贷方反映发出材料的实际成本和计划成本，期末余额在借方，反映企业库存材料的计划成本或实际成本。本账户可按材料的保管地点（仓库）、材料的类别、品种和规格等进行明细核算。

2. 在途物资①

本账户为资产类账户，核算企业采用实际成本（进价）进行材料、商品等物资的日常核算、货款已付尚未验收入库的在途物资的采购成本。本账户借方登记已购买尚未入库材料的采购成本，贷方登记入库材料的成本，期末余额在借方，反映企业在途材料、商品等物资的采购成本。本账户可按供应单位和物资品种进行明细核算。

3. 应交税费

本账户为负债类账户，核算企业按照税法等规定计算应交纳的各种税费，包括增值税、消费税、所得税、资源税、土地增值税、城市维护建设税、房产税、土地使用税、车船税、教育费附加、矿产资源补偿费等。企业代扣代交的个人所得税等，也通过本账户核算。本账户贷方登记计算出应交未交的各项税费，借方登记交纳的各项税费，期末余额一般在贷方，反映企业尚未交纳的税费；期末如为借方余额，反映企业多交或尚未抵扣的税费。本账户可按应交的税费项目进行明细核算。应交增值税还应分别根据"进项税额""销项税额""出口退税""进项税额转出""已交税金"等设置专栏。

4. 应付账款

本账户为负债类账户，核算企业因购买材料、商品和接受劳务等经营活动应支付的款项。本账户贷方登记因购买材料、商品和接受劳务等经营活动所发生的应付未付账款，借方登记支付的应付账款，期末余额一般在贷方，反映企业尚未支付的应付账

---

①材料按计划成本计价时设置材料采购账户，不设在途物资账户。

款余额。本账户可按债权人进行明细核算。

5. 预付账款

本账户为资产类账户，核算企业按照合同规定预付的款项。本账户借方登记在采购业务发生之前预付的货款或采购业务发生之后补付的货款，贷方登记所购货物或接受劳务的金额退回多付的款项，期末余额一般在借方，反映企业预付的款项；期末如为贷方余额，反映企业尚未补付的款项。本账户可按供货单位进行明细核算。

预付款项情况不多的，也可以不设置本账户，将预付的款项直接记入"应付账款"账户。

6. 应付票据

本账户为负债类账户，核算企业购买材料、商品和接受劳务供应等开出、承兑的商业汇票，包括银行承兑汇票和商业承兑汇票。本账户贷方登记开出、承兑的商业汇票，借方登记到期付款或转出的商业汇票，期末余额在贷方，反映企业尚未到期的商业汇票的票面金额。

本账户可按债权人进行明细核算。企业应当设置"应付票据备查簿"，详细登记商业汇票的种类、号数、出票日期、到期日、票面金额、交易合同号和收款人姓名或单位名称、付款日期和金额等资料。应付票据到期结清时，在备查簿中应予以注销。

6.3.2 主要账务处理

1. 工业企业材料采购业务的账务处理

（1）工业企业材料物资采购成本主要包括：

① 买价，即购货发票上所开列的货款金额（一般纳税人企业不包括增值税的进项税额）。

② 运杂费，具体包括运输费、装卸费和保险费等。①

③ 运输途中的合理损耗。

④ 入库前的整理挑选费用。

⑤ 所购材料负担的其他费用。

（2）按货款结算方式，材料采购业务可分为现款交易、赊购和预付货款三种。

①现款交易

企业购入材料物资，一般采用现款交易，即购入材料，同时支付货款。企业支付货款时，材料物资可能已经到达企业，验收入库，也可能尚在运输途中。

企业购入材料物资后，一方面会引起材料物资的增加，另一方面会支付货款，引起货币资金的减少，因此，应借记"原材料"（材料验收入库）、"在途物资"（材料尚在运输途中）等账户，贷记"银行存款"账户。此外，对于增值税一般纳税人，借方还应登记"应交税费——应交增值税（进项税额）"账户。

【例6-12】企业购入甲材料1 000千克，单价为30元，材料已验收入库，货款30 000元及增值税3 900元已通过银行转账支付。

---

① 按税法规定，企业支付的运输费用可按7%扣除作为进项税额，本书对此不加考虑。

借：原材料 30 000

应交税费——应交增值税（进项税额） 3 900

贷：银行存款 33 900

【例 6-13】企业购入甲材料 1 000 千克，单价为 30 元，材料尚在运输途中，货款为 30 000 元及增值税 3 900 元已通过银行转账支付。

借：在途物资 30 000

应交税费——应交增值税（进项税额） 3 900

贷：银行存款 33 900

【例 6-14】上例所购材料到达企业，企业以现金支付运杂费 200 元，材料验收入库。

支付运费：

借：在途物资 200

贷：库存现金 200

结转入库材料成本：

借：原材料 30 200

贷：在途物资 30 200

②赊购交易

企业购入材料物资也会经常采用赊购方式，即先购入材料，然后按合同或协议延期付款；或者签发商业汇票（银行承兑汇票和商业承兑汇票）支付款项，票据到期再支付款项。此时，一方面会引起材料物资的增加，另一方面会引起企业负债的增加。因此，应借记"原材料""应交税费"等账户，贷记"应付账款""应付票据"等账户。企业实际付款时再冲销"应付账款""应付票据"等。

【例 6-15】企业向 A 公司购入乙材料一批，材料已验收入库，价款 20 000 元及增值税 2 600 元暂欠。

借：原材料 20 000

应交税费——应交增值税（进项税额） 2 600

贷：应付账款 22 600

【例 6-16】企业向 A 公司购入乙材料一批，材料已验收入库，企业开出面额 22 600 元的银行承兑汇票一张支付货款及增值税。

借：原材料 20 000

应交税费——应交增值税（进项税额） 2 600

贷：应付票据 22 600

③预付货款交易

对于一些紧俏商品的采购，企业也会采用预付货款的方式。其相关业务主要包括预付货款、收到材料、补付货款（退回余款）。

企业在采购业务发生以前预付款项，一方面会引起企业货币资金减少，另一方面会引起债权资产增加，因此，应借记"预付账款"账户，贷记"银行存款"等账户。

【例6-17】企业向 B 公司预付购货款 45 000 元。

借：预付账款   45 000

  贷：银行存款   45 000

企业收到所购材料物资，确认采购业务成立，一方面材料物资增加，另一方面债权资产已经收回，因此，应借记"原材料""应交税费"等账户，贷记"预付账款"等账户。此时，如有欠款，在实际工作中一般直接记入"预付账款"账户，等以后补付货款时再冲减"预付账款"。

【例6-18】接上例，企业收到所购材料，价款为 40 000 元，增值税为 5 200 元。

借：原材料   40 000

  应交税费——应交增值税（进项税额）   5 200

  贷：预付账款   45 200

企业补付货款，对企业的影响实际上和预付货款类似，账务处理也相同。如果是退回多余款项，则和支付货款是相反的业务，账务处理也相反。

【例6-19】接上例，企业以银行存款补付尚欠货款 200 元。

借：预付账款   200

  贷：银行存款   200

（3）共同采购费用分配

企业在采购材料时，有时同时购买两种或两种以上的材料，为此发生的共同采购费用应采用一定的标准，在所购买的几种材料之间分配，记入各种材料成本。

共同采购费用指采购中采购费用由几种材料承担，根据"谁受益，谁分配；受益多，分配多"的原则，应选用合适的摊配标准在该批购入的各种材料之间进行分配，以便分别计算确定它们的全部采购成本。摊配标准可采用重量、体积、价值等作为标准。

【例6-20】企业购进甲材料 4 吨，单价 600 元；乙材料 6 吨，单价 800 元；丙材料 10 吨，单价 1 000 元。上述材料的增值税额共计 2 236 元。对方代垫运费 500 元，开出本单位承兑的商业汇票一张抵付。

该例中，我们选用重量作为摊配标准。摊配率计算如下：

$$共同费用摊配率 = \frac{500}{4 + 6 + 10} = 25 （元/吨）$$

所以，每种材料应承担的费用为：

甲材料应摊配的运费 = 4×25 = 100 （元）

乙材料应摊配的运费 = 6×25 = 150 （元）

丙材料应摊配的运费 = 10×25 = 250 （元）

这笔经济业务表明，甲、乙、丙三种材料的买价及应摊配的运费分别构成了它们各自的采购成本，应记入"在途物资"账户及所属明细账的借方；企业负担的增值税

2 236 元，应记入"应交税费"及所属明细账的借方；同时，企业开出承兑的商业汇票，表明企业对供货单位承担了一项债务，应记入"应付票据"账户的贷方。这笔经济业务应编制的会计分录为：

借：在途物资——甲材料　　　　　　　　　　　　　　2 500
　　　　　　　——乙材料　　　　　　　　　　　　　　4 950
　　　　　　　——丙材料　　　　　　　　　　　　　 10 250
　　应交税费——应交增值税（进项税额）　　　　　　 2 236
　　贷：应付票据　　　　　　　　　　　　　　　　　19 936

材料入库：

借：原材料——甲材料　　　　　　　　　　　　　　　2 500
　　　　　　——乙材料　　　　　　　　　　　　　　 4 950
　　　　　　——丙材料　　　　　　　　　　　　　　10 250
　　贷：在途物资——甲材料　　　　　　　　　　　　 2 500
　　　　　　　　　——乙材料　　　　　　　　　　　 4 950
　　　　　　　　　——丙材料　　　　　　　　　　　10 250

2. 企业采购固定资产的账务处理

按照最新增值税有关法规的规定，从 2009 年 1 月 1 日起，企业购买机器设备等固定资产时发生的进项增值税可以抵扣，所以这类固定资产的初始成本不包含进项增值税。

【例 6-21】企业购买一条生产线，用银行存款支付，已取得增值税专用发票。发票上注明金额 1 000 000 元，税额 130 000 元。其会计分录为：

借：固定资产——生产设备　　　　　　　　　　　 1 000 000
　　应交税费——应交增值税（进项税额）　　　　　 130 000
　　贷：银行存款　　　　　　　　　　　　　　　 1 130 000

如果其他购买的固定资产为非生产用机器设备，则不能抵扣进项增值税。

【例 6-22】企业购买一台办公用设备，用银行存款支付，已取得增值税专用发票。发票上注明金额 100 000 元，税额 13 000 元。其会计分录为：

借：固定资产——办公设备　　　　　　　　　　　 1 130 000
　　贷：银行存款　　　　　　　　　　　　　　　　 113 000

企业采购业务核算内容如图 6-3 所示。

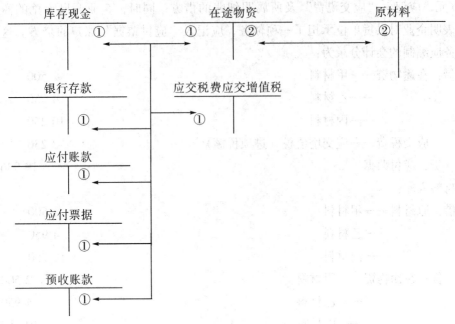

注：①——采购业务账务处理；②——材料入库账务处理

图6-3　采购过程核算

6.4　生产业务的核算

生产过程是劳动者通过劳动资料对劳动对象进行加工，生产出产品的过程，是一个从仓库领用材料到产品完工入库的过程。生产过程既是产品制造过程，又是消耗过程。在产品生产过程中发生的各种生产费用，主要包括材料费用、人工费用、固定资产耗费及其他费用，应按一定种类的产品进行归集和分配，以确定各种产品的成本。因此，生产过程的主要核算业务就是核算各项生产费用的耗费和分配，并进行产品成本的计算。

6.4.1　主要账户设置

1. 生产成本

本账户为成本类账户，核算企业进行工业性生产发生的各项生产成本，包括生产各种产品（产成品、自制半成品等）、自制材料、自制工具、自制设备等。本账户借方登记应记入产品成本的各项费用，贷方登记完工入库产品的生产成本，期末余额在借方，反映企业尚未加工完成的在产品成本。本账户可按基本生产成本和辅助生产成本进行明细核算。基本生产成本应当分别按照基本生产车间和成本核算对象（产品的品种、类别、订单、批别、生产阶段等）设置明细账，并按照规定的成本项目设置专栏。

2. 制造费用

本账户为成本类账户，核算企业生产车间（部门）为生产产品和提供劳务而发生的各项间接费用。本账户借方登记各项间接费用的发生，贷方登记期末应转入"生产成本"账户的、由各种产品负担的制造费用，期末一般无余额。本账户可按不同的生产车间、部门和费用项目进行明细核算。

3. 管理费用

本账户为损益类账户，核算企业为组织和管理企业生产经营所发生的管理费用。本账户借方登记当月发生的各项管理费用，贷方登记期末转入"本年利润"账户的管理费用，结转后本账户无余额。本账户可按费用项目进行明细核算。

4. 库存商品

本账户为资产类账户，核算企业库存的各种商品的实际成本或计划成本。本账户借方登记验收入库产品的生产成本，贷方登记发出产品的生产成本，期末余额在借方，反映企业库存商品的实际成本或计划成本。本账户可按库存商品的种类、品种和规格等进行明细核算。

5. 应付职工薪酬

本账户为负债类账户，核算企业根据有关规定应付给职工的各种薪酬。本账户贷方登记已分配计入有关成本费用项目的职工薪酬数额，借方登记实际发放的职工薪酬数额，期末余额在贷方，反映企业应付未付的职工薪酬。本账户可按"工资""职工福利""社会保险费""住房公积金""工会经费""职工教育经费""非货币性福利""辞退福利""股份支付"等进行明细核算。

6. 累计折旧

本账户为资产类账户，是固定资产的备抵账户，核算企业固定资产的累计折旧。本账户贷方登记按月计提的固定资产折旧的金额，借方登记因出售、报废、毁损等所减少的固定资产转出的折旧数额，期末余额在贷方，反映企业固定资产的累计折旧额。本账户可按固定资产的类别或项目进行明细核算。

7. 其他应收款

本账户为资产类账户，核算企业除存出保证金、应收票据、应收账款、预付账款、应收股利、应收利息、长期应收款等以外的其他各种应收及暂付款项。本账户借方登记发生的各种应收而未收的其他应收款项，贷方登记款项的收回或转销，期末余额在借方，反映企业尚未收回的其他应收款项。本账户可按对方单位（个人）进行明细核算。

8. 其他应付款

本账户为负债类账户，核算企业除应付票据、应付账款、预收账款、应付职工薪酬、应付利息、应付股利、应交税费、长期应付款等以外的其他各项应付、暂收的款项。本账户贷方登记发生的各种其他应付款项，借方登记支付或转销的其他应付款项，期末余额在贷方，反映企业应付而未付的其他应付款项。本账户可按其他应付款的项目和对方单位（个人）进行明细核算。

6.4.2　主要账务处理

工业企业产品成本可以分为直接费用和间接费用。直接费用主要包括直接材料和直接工资。直接材料，是指直接用于产品生产并构成产品实体的原料、主要材料、外购半成品以及有助于产品形成的辅助材料等；直接工资，是指企业在生产产品和提供劳务过程中，直接参加产品生产的工人工资以及其他各种形式的职工薪酬。间接费用主要包括生产车间管理人员的工资等职工薪酬、折旧费、机物料消耗、办公费、水电费、劳动保护费等。其中，直接费用在发生时直接记入"生产成本"账户，间接费用在发生时需先通过"制造费用"账户进行归集，期末再分配转入各种产品生产成本。

工业企业生产业务核算的内容主要包括各项费用的发生、制造费用的分配以及完成产品成本的结转。

1. 材料费用的核算

企业在生产中领用材料，一方面会引起材料物资的减少，另一方面会增加相关的成本费用。因此，会计人员应按照所领用材料物资的用途，借记"生产成本""制造费用""管理费用"等账户，贷记"原材料"账户。

【例6-23】根据仓库领料单汇总，本月材料耗用情况如表6-1所示。

表6-1　发出材料汇总

用途	A材料		B材料		C材料	
	数量	金额	数量	金额	数量	金额
甲产品领用	1 000	8 000	800	9 600		
乙产品领用	500	4 000	500	6 000		
车间一般耗用					50	750
管理部门耗用					40	600
合计	1 500	12 000	1 300	15 600	90	1 350

根据上述汇总表编制会计分录：

借：生产成本——甲产品	17 600
——乙产品	10 000
制造费用	750
管理费用	600
贷：原材料——A材料	12 000
——B材料	15 600
——C材料	1 350

2. 职工薪酬费用的核算

职工薪酬费用的核算，主要包括薪酬费用的计提（分配）和发放两项业务。

（1）计提（分配）薪酬。企业计提薪酬费用，一方面会增加相关的成本费用，另一方面会增加负债。因此，会计人员应按所计提的不同人员的工资，借记"生产成本""制造费用""管理费用"等账户，贷记"应付职工薪酬"账户。

【例6-24】月末，企业计算本月职工工资。其中，生产甲产品工人工资为50 000元，生产乙产品工人工资为40 000元，车间管理人员工资为6 000元，企业管理人员工资为4 000元；同时，按工资总额的10%提取职工福利费。

借：生产成本——甲产品   55 000

          ——乙产品   44 000

   制造费用   6 600

   管理费用   4 400

   贷：应付职工薪酬——工资   100 000

            ——职工福利   10 000

（2）发放薪酬。企业实际发放职工工资（使用职工福利费），一方面会引起货币资金的流出，另一方面会减少企业的负债。因此，企业应借记"应付职工薪酬"账户，贷记"银行存款"等账户。另外，企业发放工资时，如果有代扣房租、水电等费用，应确认为企业的一项负债，借记"其他应付款"账户。

【例6-25】企业以银行存款发放本月工资95 000元，同时代扣房租5 000元。

借：应付职工薪酬——工资   100 000

   贷：银行存款   95 000

      其他应付款   5 000

【例6-25】企业以银行存款支付本月职工食堂开支6 000元。

借：应付职工薪酬——职工福利   6 000

   贷：银行存款   6 000

3. 折旧费用的核算

企业固定资产在使用过程中，由于存在有形损耗和无形损耗，价值要转移到相应的成本费用中去，需要计提折旧。企业计提折旧，一方面会增加相应的成本费用，另一方面会增加累计折旧。因此，企业应借记"制造费用""管理费用"等账户，贷记"累计折旧"账户。

【例6-26】月末，企业计提当月使用固定资产折旧3 500元。其中，生产车间使用固定资产折旧2 000元，管理部门使用固定资产折旧1 500元。

借：制造费用   2 000

   管理费用   1 500

   贷：累计折旧   3 500

4. 其他费用的核算

企业在生产过程中，除上述费用以外，还会发生其他费用，如办公费、差旅费、业务招待费、水电费、报刊费、固定资产租金等，对此，企业应区别不同情况，分别计入相关成本费用账户。

【例6-27】企业以现金购买办公用品280元。

借：管理费用   280

   贷：库存现金   280

【例 6-28】 企业转账支付业务招待费 1 600 元。

借：管理费用　　　　　　　　　　　　　　　　　　　　　1 600

　　贷：银行存款　　　　　　　　　　　　　　　　　　　　　1 600

【例 6-29】 企业以现金支付业务员李林出差预借差旅费 600 元。

借：其他应收款　　　　　　　　　　　　　　　　　　　　　600

　　贷：库存现金　　　　　　　　　　　　　　　　　　　　　　600

【例 6-30】 承接【例 6-26】，李林出差回来，报销差旅费 650 元，余款以现金补付。

借：管理费用　　　　　　　　　　　　　　　　　　　　　　650

　　贷：其他应收款　　　　　　　　　　　　　　　　　　　　600

　　　　库存现金　　　　　　　　　　　　　　　　　　　　　50

5. 制造费用分配

企业生产车间归集的制造费用，期末应按一定标准（生产工人工资比例、产品生产工时和机器工时等）分配转入本车间生产的各种产品成本。此时，一方面会增加生产成本，另一方面会减少制造费用。因此，企业应借记"生产成本"账户，贷记"制造费用"账户。

【例 6-31】 生产车间本月归集的制造费用总额为 90 000 元。本车间本期生产甲、乙两种产品，其中甲产品工时为 40 000 小时，乙产品工时为 20 000 小时。

$$制造费用分配率 = \frac{90\ 000}{40\ 000 + 20\ 000} = 1.5（元/小时）$$

甲产品应负担的制造费用 = 40 000×1.5 = 60 000（元）

乙产品应负担的制造费用 = 20 000×1.5 = 30 000（元）

其账务处理为：

借：生产成本——甲产品　　　　　　　　　　　　　　　　60 000

　　　　　　　——乙产品　　　　　　　　　　　　　　　　30 000

　　贷：制造费用　　　　　　　　　　　　　　　　　　　　90 000

6. 完工产品成本结转

企业完工产品验收入库，期末应计算所验收入库产品的实际成本，进行产品成本的结转。此时，一方面会增加库存产品，另一方面归集的生产成本转出后减少，因此，应借记"库存商品"账户，贷记"生产成本"账户。

企业完工产品的计算及结转是通过"生产成本"明细账或成本计算单进行。

【例 6-32】 2023 年 1 月企业"生产成本"明细账如表 6-2、表 6-3 所示。

表 6-2　　生产成本　明细账

产品名称：甲产品　　　　　　　　　　2023 年 1 月　　　　　　　　　　完工产品：100 台

月末在产品：0

| 2023 年 | | 凭证号 | 摘　要 | 借　　方 | | | | 贷　方 |
月	日			直接材料	直接人工	制造费用	合计	
1	30	10	直接材料	14 343.70				
		11	工人工资费用		4 000.00			
		14	工人福利费		560.00			
		22	分配制造费用			7 490.12		
			合计	14 343.70	4 560.00	7 490.12	26 393.82	26 393.82
			单位成本	143.44	45.6	74.90	263.94	263.94

表 6-3　　生产成本　明细账

产品名称：乙产品　　　　　　　　　　2023 年 1 月　　　　　　　　　　完工产品：200 台

月末在产品：0

| 2023 年 | | 凭证号 | 摘　要 | 借　　方 | | | | 贷　方 |
月	日			直接材料	直接人工	制造费用	合计	
1	30	10	直接材料	7 171.85				
		11	工人工资费用		5 000.00			
		14	工人福利费		700.00			
		22	分配制造费用			9 362.68		
			合计	7 171.85	5 700.00	9 362.68	22 234.53	22 234.53
			单位成本	35.86	28.50	46.81	111.17	111.17

根据生产成本明细账作生产成本结转会计分录如下：

借：库存商品——甲产品　　　　　　　　　　　　26 393.82

　　库存商品——乙产品　　　　　　　　　　　　22 234.53

　　贷：生产成本——甲产品　　　　　　　　　　　　26 393.82

　　　　生产成本——乙产品　　　　　　　　　　　　22 234.53

生产过程业务核算内容如图 6-4 所示。

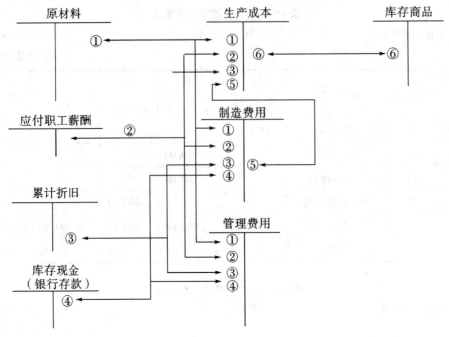

注：①——归集材料费用； ②——归集薪酬费用；③——计提折旧费；
④——归集货币资金支付的费用；⑤——结转制造费用；⑥——结转完工产品成本

图 6-4 生产过程业务核算

6.5 销售业务的核算

销售过程是企业生产经营活动的最后阶段。在销售过程中，企业一方面销售产品取得收入，办理货款结算，补偿企业的生产耗费；另一方面要结转销售成本，支付销售过程中发生的费用，计算缴纳销售活动应负担的税费。此外，企业还会发生一些其他业务，如材料转让、固定资产出租等。因此，销售业务核算的主要内容包括：销售收入的确认，销售货款的结算，销售成本、费用的确认，销售税费的确认、缴纳，以及其他业务的处理。

6.5.1 主要账户设置

1. 主营业务收入

本账户为损益类账户，核算企业确认的主营业务的收入。本账户贷方登记企业所实现的主营业务收入，借方登记销售退回等冲减的主营业务收入及期末转入"本年利润"账户的主营业务收入，期末结转后本账户无余额。本账户可按主营业务的种类进行明细核算。

2. 应收账款

本账户为资产类账户，核算企业因销售商品、提供劳务等经营活动应收取的款项。本账户借方登记发生的应收而未收账款，贷方登记收回或转销的账款，期末余额一般在借方，反映企业尚未收回的应收账款。本账户可按债务人进行明细核算。

3. 应收票据

本账户为资产类账户，核算企业因销售商品、提供劳务等而收到的商业汇票，包括银行承兑汇票和商业承兑汇票。本账户借方登记收到的商业汇票的票面金额，贷方登记到期兑现的商业汇票的票面金额，期末余额在借方，反映企业持有的商业汇票的票面金额。本科目可按开出、承兑商业汇票的单位进行明细核算。

4. 预收账款

本账户为负债类账户，核算企业按照合同规定预收的款项。本账户贷方登记企业在销售之前向购货方预收的账款，借方登记实现的销售收入，期末余额一般在贷方，反映企业预收的款项；期末如为借方余额，反映企业尚未转销的款项。本账户可按购货单位进行明细核算。

预收账款情况不多的，也可以不设置本账户，将预收的款项直接记入"应收账款"账户。

5. 主营业务成本

本账户为损益类账户，核算企业确认销售商品、提供劳务等主营业务收入时应结转的成本。本账户借方登记结转的主营业务成本，贷方登记期末转入"本年利润"账户的主营业务成本，期末结转后本账户无余额。本账户可按主营业务的种类进行明细核算。

6. 销售费用

本账户为损益类账户，核算企业销售商品和材料、提供劳务的过程中发生的各种费用，包括保险费、包装费、展览费和广告费、商品维修费、预计产品质量保证损失、运输费、装卸费等以及为销售本企业商品而专设的销售机构（销售网点、售后服务网点等）的职工薪酬、业务费、折旧费等经营费用。本账户借方登记发生的各项销售费用，贷方登记期末转入"本年利润"账户的销售费用，期末结转后本账户无余额。本账户可按费用项目进行明细核算。

7. 税金及附加

本账户为损益类账户，核算企业经营活动发生的消费税、城市维护建设税、资源税和教育费附加等相关税费。本账户借方登记计算确认的各项税费，贷方登记期末转入"本年利润"账户的税金及附加，期末结转后本账户无余额。

8. 其他业务收入

本账户为损益类账户，核算企业确认的除主营业务活动以外的其他经营活动实现的收入，包括出租固定资产、出租无形资产、销售材料等实现的收入。本账户贷方登记实现的其他业务收入，借方登记期末转入"本年利润"账户的其他业务收入，期末结转后本账户无余额。本账户可按其他业务收入种类进行明细核算。

9. 其他业务成本

本账户为损益类账户，核算企业确认的除主营业务活动以外的其他经营活动所发生的支出，包括销售材料的成本、出租固定资产的折旧额、出租无形资产的摊销额等。本账户借方登记确认的其他业务成本，贷方登记期末转入"本年利润"账户的其他业务成本，期末结转后本账户无余额。本账户可按其他业务成本的种类进行明细核算。

6.5.2 主要账务处理

1. 主营业务的核算

企业销售商品，其货款结算可能采用现款交易、赊销或预收款方式。

（1）现款交易

企业销售商品，普遍采用现款交易方式，即发出商品，同时收到货款。此时，一方面企业实现了销售，应确认收入的实现，另一方面会增加企业的银行存款等货币资金。因此，一般应借记"银行存款"等账户，贷记"主营业务收入"账户。除此之外，增值税一般纳税人还应该贷记"应交税费——应交增值税（销项税额）"账户。

【例6-33】企业销售甲产品1 000件，单价为50元，货款50 000元及增值税6 500元已收存银行。

借：银行存款	56 500
贷：主营业务收入	50 000
应交税费——应交增值税（销项税额）	6 500

（2）赊销

为促进产品销售，企业往往采用赊销方式（商业汇票结算方式）。此时，一方面企业实现了销售，应确认收入的实现，另一方面会增加企业的债权资产。因此，企业一般应借记"应收账款""应收票据"等账户，贷记"主营业务收入""应交税费"等账户。

【例6-34】企业销售乙产品1 000件，单价为40元，货款40 000元及增值税5 200元未收。

借：应收账款	45 200
贷：主营业务收入	40 000
应交税费——应交增值税（销项税额）	5 200

【例6-35】上例中，假设购买企业签发一张面额45 200元的商业汇票支付。则账务处理为：

借：应收票据	45 200
贷：主营业务收入	40 000
应交税费——应交增值税（销项税额）	5 200

（3）预收款

对一些供不应求的商品，企业也可能采用预收款方式实现销售。其相关业务主要包括三项：

① 预收货款

企业在实现销售之前预收对方款项，一方面会增加企业货币资金，另一方面会增加企业负债。因此，应借记"银行存款"等账户，贷记"预收账款"等账户。

【例6-36】企业收到A单位预付购货款45 000元存入银行。

借：银行存款	45 000
贷：预收账款	45 000

② 发出商品

企业发出商品，实际上就是用商品来清偿企业负债，一方面实现了收入，另一方面会减少企业负债。因此，企业应借记"预收账款"账户，贷记"主营业务收入""应交税费"等账户。

【例6-37】接上例，企业发出乙产品1 000件，单价为40元，增值税为5 200元。

借：预收账款   45 200

 贷：主营业务收入   40 000

  应交税费——应交增值税（销项税额） 5 200

③ 收到余款（退回多余款项）

企业收到对方补付的余款，和预收货款类似，账务处理也相同。如果是退回多余款项，则账务处理相反。

【例6-38】接上例，企业收到A单位补付的余款。账务处理为：

借：银行存款   200

 贷：预收账款   200

（4）销售费用处理

企业在销售产品过程中，会发生需由企业负担的运杂费、广告费等销售费用，一方面会增加企业销售费用，另一方面会减少企业货币资金。因此，企业一般应借记"销售费用"账户，贷记"库存现金""银行存款"等账户。

【例6-39】接【例6-33】，企业在销售甲产品过程中，以现金支付由企业负担的运杂费800元。

借：销售费用   800

 贷：库存现金   800

需要说明的是，如果运杂费由购买方负担，则应和货款一起确认为企业应收未收的债权。

【例6-40】上例中，若运杂费应由购买方负担，则销售及代垫运杂费账务处理为：

借：应收账款   46 000

 贷：主营业务收入   40 000

  应交税费——应交增值税（销项税额） 5 200

  库存现金   800

（5）销售成本结转

期末，企业应结转当期所销售产品的生产成本，一方面确认当期主营业务成本的增加，另一方面减少库存商品。因此，企业应借记"主营业务成本"账户，贷记"库存商品"账户。

【例6-41】期末，企业结转当期销售甲产品20 000件（单位生产成本为40元）和乙产品10 000件（单位生产成本为30元）成本。

借：主营业务成本——甲   800 000

     ——乙   300 000

> 贷：库存商品——甲　　　　　　　　　　　　　　　　800 000
> 　　　　　　——乙　　　　　　　　　　　　　　　　300 000

（6）税金及附加的处理

企业在销售产品过程中，可能会需要缴纳消费税、城建税及教育费附加等。此时，一方面会增加税金及附加，另一方面，计算出来的税费尚未缴纳，导致企业负债增加。因此，企业应借记"税金及附加"账户，贷记"应交税费"账户。

【例6-42】期末，计算出企业应交城建税750元，应交教育费附加200元。

> 借：税金及附加　　　　　　　　　　　　　　　　　　950
> 　贷：应交税费——应交城市维护建设税　　　　　　　　750
> 　　　　　　　　——教育费附加　　　　　　　　　　　200

2. 其他业务的核算

企业除主营业务之外，往往会发生一些附营业务，如转让多余材料、出租固定资产等，其收入通过"其他业务收入"账户反映，其成本费用通过"其他业务成本"账户反映。

【例6-43】企业转让多余材料一批，价款1 000元及增值税130元已收存银行，材料成本为900元。

（1）收到货款：

> 借：银行存款　　　　　　　　　　　　　　　　　　1 130
> 　贷：其他业务收入　　　　　　　　　　　　　　　　1 000
> 　　　应交税费——应交增值税（销项税额）　　　　　　130

（2）结转材料成本：

> 借：其他业务成本　　　　　　　　　　　　　　　　　900
> 　贷：原材料　　　　　　　　　　　　　　　　　　　900

销售过程业务核算内容如图6-5所示。

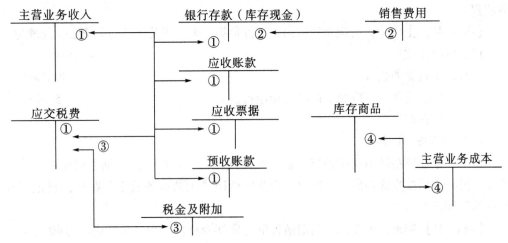

注：①——销售商品；②——支付销售费用；③——计算税金及附加；④——结转销售成本

图6-5　销售过程核算

6.6 利润形成与利润分配的核算

6.6.1 利润形成的核算

1. 企业利润形成步骤

企业利润形成的计算，一般分以下几步完成：

营业利润＝营业收入－营业成本－税金及附加－销售费用－管理费用

－财务费用＋公允价值变动收益＋投资收益

利润总额＝营业利润＋营业外收入－营业外支出

净利润＝利润总额－所得税费用

2. 主要账户设置

（1）"营业外收入"账户，是损益类账户，核算企业发生的各项营业外收入，主要包括非流动资产处置利得、非货币性资产交换利得、债务重组利得、政府补助、盘盈利得、捐赠利得等。本账户贷方登记发生的营业外收入，借方登记期末转入"本年利润"账户的营业外收入，结转后本账户无余额。本账户可按营业外收入项目进行明细核算。

（2）"营业外支出"账户，是损益类账户，核算企业发生的各项营业外支出，包括非流动资产处置损失、非货币性资产交换损失、债务重组损失、公益性捐赠支出、非常损失、盘亏损失等。本账户借方登记发生的营业外支出，贷方登记期末转入"本年利润"账户的营业外支出，结转后本账户无余额。本账户可按支出项目进行明细核算。

（3）"所得税费用"账户，是损益类账户，核算企业确认的应从当期利润总额中扣除的所得税费用。本账户借方登记企业按税法规定的应纳税所得额计算确定的当期应纳所得税，贷方登记期末转入"本年利润"账户的所得税额，结转后本账户无余额。

（4）"本年利润"账户，是所有者权益账户，核算企业当期实现的净利润（发生的净亏损）。本账户贷方登记期末从"主营业务收入""其他业务收入""营业外收入""公允价值变动损益"（净收益）以及"投资收益"（投资净收益）等账户转入的数额，借方登记期末从"主营业务成本""税金及附加""其他业务成本""销售费用""管理费用""财务费用""营业外支出""所得税费用""公允价值变动损益"（净损失）以及"投资收益"（投资净损失）等账户转入的数额。本期借贷方发生额的差额，表示本期实现的净利润（净亏损）。年度终了，应将本账户余额转入"利润分配"账户，结转后本账户无余额。

3. 主要账务处理

（1）营业外收入的发生

企业取得应计入营业外收入的利得时，一方面会增加营业外收入，另一方面会引起银行存款等资产的增加。因此，应借记"库存现金""银行存款"等账户，贷记"营业外收入"账户。

【例6-44】企业收到职工交来违反企业制度的罚款200元。

借：库存现金   200

  贷：营业外收入   200

（2）营业外支出的发生

企业发生应计入营业外支出的损失时，一方面会增加营业外支出，另一方面会引起银行存款等资产的减少。因此，应借记"营业外支出"账户，贷记"库存现金""银行存款"等账户。

【例6-45】企业开出转账支票一张，向红十字会捐款100 000元。

借：营业外支出   100 000

  贷：银行存款   100 000

（3）所得税的计算

企业计算出应交所得税时，一方面会增加所得税费用，另一方面会增加负债。因此，应借记"所得税费用"账户，贷记"应交税费"账户。

【例6-46】年终，企业全年纳税所得额为1 000 000元，所得税税率为25%，则：

企业应交所得税=1 000 000×25%=250 000（元）

账务处理为：

借：所得税费用   250 000

  贷：应交税费——应交所得税   250 000

（4）利润的形成

企业在每期期末，将"主营业务收入""其他业务收入""营业外收入""公允价值变动损益"（净收益）以及"投资收益"（投资净收益）等账户的贷方余额转入"本年利润"贷方，将"主营业务成本""税金及附加""其他业务成本""销售费用""管理费用""财务费用""营业外支出""所得税费用""公允价值变动损益"（净损失）以及"投资收益"（投资净损失）等账户的借方余额转入"本年利润"借方，结转后，"本年利润"账户本期借贷方发生额的差额，即为企业当期净利润。

【例6-47】期末，"主营业务收入"贷方余额为3 500 000元，"其他业务收入"贷方余额为400 000元，"营业外收入"贷方余额为60 000元，"主营业务成本"借方余额为2 200 000元，"税金及附加"借方余额为100 000元，"其他业务成本"借方余额为280 000元，"管理费用"借方余额为430 000元，"销售费用"借方余额为360 000元，"财务费用"借方余额为210 000元，"营业外支出"借方余额为36 000元，"所得税费用"借方余额为86 000元。则期末结转的账务处理为：

（1）结转收入类账户余额：

借：主营业务收入   3 500 000

  其他业务收入   400 000

  营业外收入   60 000

  贷：本年利润   3 960 000

（2）结转费用类账户余额：

借：本年利润   3 616 000

  贷：主营业务成本   2 200 000

    税金及附加   100 000

    其他业务成本   280 000

    管理费用   430 000

    销售费用   360 000

    财务费用   210 000

    营业外支出   36 000

企业当期利润总额 = 3 960 000 − 3 616 000 = 344 000（元）

（3）结转所得税费用账户余额：

借：本年利润   86 000

  贷：所得税费用   86 000

通过以上核算过程后，"本年利润"账户的余额为 258 000 元，即为企业当期的净利润。

企业当期净利润 = 344 000 − 86 000 = 258 000（元）

6.6.2　利润分配的核算

1. 企业利润分配顺序

利润分配是一个法定程序，不能有随意性，企业必须按照《企业财务通则》和国家其他的有关政策进行利润分配。

（1）弥补亏损。企业以前年度的亏损，一般按税法规定的法定年限（一般为 5 年）先用税前利润弥补，超过法定的弥补期后，可用净利润来弥补，或者经投资者审议后用盈余公积弥补亏损。在亏损未弥补完以前，后续分配不予进行。

（2）净利润的分配顺序。企业年度净利润，除法律、行政法规另有规定外，按照以下顺序分配：

① 弥补以前年度亏损。

② 提取法定公积金，按净利润的 10% 提取法定公积金。法定公积金累计额达到注册资本 50% 以后，可以不再提取。

③ 提取任意公积金。任意公积金提取比例由投资者决议。

④ 向投资者分配利润。企业以前年度未分配的利润，并入本年度利润，在充分考虑现金流量状况后，向投资者分配。属于各级人民政府及其部门、机构出资的企业，应当将应付国有利润上缴财政。

⑤ 形成企业的未分配利润。

以上②、③、⑤项构成企业的留存收益。

2. 主要账户设置

（1）利润分配账户为所有者权益账户，核算企业利润的分配（亏损的弥补）和历年分配（弥补）后的余额。本账户借方登记按规定提取的盈余公积、应付现金股利或利润，以及从"本年利润"账户贷方转入的全年累计亏损数额；贷方登记年终时从"本年利润"账户借方转入的全年实现的净利润数额，以及以盈余公积金弥补亏损的数额，年末余额一般在贷方，反映企业的累计未分配利润，若出现借方余额，表示累计未弥补亏损。本账户应当分别设置"提取法定盈余公积""提取任意盈余公积""应付现金股利或利润""转作股本的股利""盈余公积补亏"和"未分配利润"等进行明细核算。

（2）盈余公积账户为所有者权益账户，核算企业从净利润中提取的盈余公积。本账户贷方登记盈余公积的提取数额，借方登记盈余公积的使用数额，期末余额在贷方，反映企业的盈余公积结余数额。本账户应当分别设置"法定盈余公积""任意盈余公积"进行明细核算。

（3）应付股利账户为负债类账户，核算企业分配的现金股利或利润。本账户贷方登记根据企业经董事会或股东大会或类似机构决议通过的利润分配方案，确定应分配的现金股利或利润，借方登记实际支付的股利或利润，期末余额在贷方，反映企业应付未付的现金股利或利润。本账户可按投资者进行明细核算。

3. 主要账务处理

（1）提取盈余公积。企业提取法定盈余公积，一方面会增加盈余公积，另一方面会减少企业未分配利润。因此，应借记"利润分配"账户，贷记"盈余公积"账户。

【例6-48】年终，企业按全年净利润750 000元的10%提取法定盈余公积。

借：利润分配——提取法定盈余公积　　　　　　　　　　　　75 000

　　贷：盈余公积　　　　　　　　　　　　　　　　　　　　　　　75 000

（2）分配股利。企业向股东分派现金股利，一方面会减少企业未分配利润，另一方面会增加企业负债。因此，应借记"利润分配"账户，贷记"应付股利"账户。

【例6-49】年终，企业决定向股东分派现金股利500 000元。

借：利润分配——应付现金股利　　　　　　　　　　　　　500 000

　　贷：应付股利　　　　　　　　　　　　　　　　　　　　　500 000

（3）未分配利润的结转。年终，企业应将全年实现的净利润转入"利润分配"账户，因此，应借记"本年利润"账户，贷记"利润分配"账户（如果全年亏损，则作相反分录）。

【例6-50】年终，结转企业全年实现净利润750 000元。

借：本年利润　　　　　　　　　　　　　　　　　　　　750 000

　　贷：利润分配——未分配利润　　　　　　　　　　　　　　750 000

年终，企业还应将"利润分配"账户的其他明细账户余额转入"未分配利润"明细账户，结转后，"利润分配——未分配利润"账户余额表示企业累计未分配利润（如为借方余额，表示累计未弥补亏损）。此时，一般应借记"利润分配——未分配利润"账户，贷记"利润分配——提取法定盈余公积、应付现金股利"等账户。

【例6-51】结转【例6-45】、【例6-46】已分配利润。

借：利润分配——未分配利润　　　　　　　　　　　575 000

　　贷：利润分配——提取法定盈余公积　　　　　　　　75 000

　　　　　　　　——应付现金股利　　　　　　　　　500 000

利润及其分配过程的核算内容如图6-6所示。

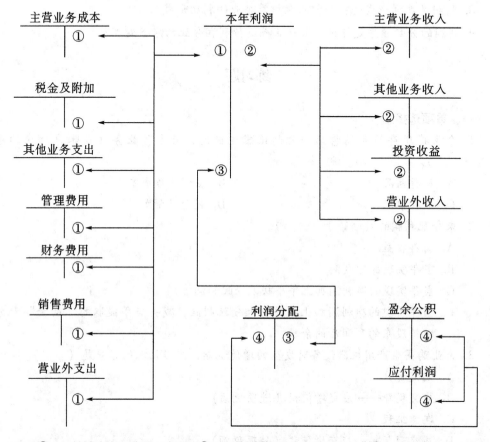

注：①——结转成本、费用、支出；②——结转收入；

　　③——利润转入利润分配；　④——进行利润分配

图6-6　利润及利润分配核算

复习思考题

1. 企业筹资业务的主要内容有哪些？对其核算主要应当设置哪些账户？如何进行账务处理？

2. 企业投资业务的主要内容有哪些？对其核算主要应当设置哪些账户？如何进行账务处理？

3. 工业企业的采购成本包括哪些内容？

4. 对企业采购业务核算应当设置哪些主要账户？如何进行账务处理？

5. 企业筹资业务的主要内容有哪些？对其核算主要应当设置哪些账户？如何进行账务处理？

6. 对企业生产过程的核算应当设置哪些主要账户？如何进行正确的账务处理？

7. 对企业销售业务的核算应当设置哪些主要账户？如何进行账务处理？

8. 利润是怎样形成的？如何正确核算企业的利润形成？

9. 利润的分配顺序是什么？如何正确进行利润分配的账务处理？

练习题

一、单项选择题

1. 企业将库存商品销售后，填制记账凭证时，与主营业务收入账户对应的账户是（　　）。

  A. 库存商品   B. 主营业务成本

  C. 应收票据   D. 税金及附加

2. 未分配利润的数额等于（　　）。

  A. 留存收益

  B. 当年实现的净利润

  C. 当年实现的净利润加上年年初未分配利润

  D. 当年实现的净利润加上年年初未分配利润，减去当年提取的"两金"和分配给股东的利润后的余额

3. 企业购买生产用机器设备时发生的增值税额，应当记入的账户是（　　）。

  A. 固定资产

  B. 应交税费——应交增值税（进项税额）

  C. 在建工程

  D. 应交税费——应交增值税（销项税额）

4. 企业购买上市公司的股票作为交易性金融资产，其发生的相关交易费用记入（　　）账户。

  A. 交易性金融资产——成本 B. 短期投资

  C. 公允价值变动损益   D. 投资收益

5. 一般纳税人企业，下列项目中不属于外购材料实际成本的是（　　）。

  A. 材料买价   B. 运杂费

  C. 途中合理损耗   D. 增值税款

6. 企业预收到房屋租金款时，贷方登记的账户是（　　）。

  A. 预收收入   B. 应收账款

  C. 预收账款   D. 其他应付款

二、多项选择题

1. 应收票据账户核算是指因销售商品等而收到的（　　　　）。
   A. 银行本票　　　　　　　　　　　B. 商业承兑汇票
   C. 支票　　　　　　　　　　　　　D. 银行承兑汇票

2. 按照权责发生制基础，下列哪些项目属于本月的收入与支出（　　　　）。
   A. 用银行存款支付本月的水电费
   B. 本月销售产品但货款尚未收回
   C. 用银行存款支付下半年的仓库租金
   D. 收回上月的销售款

3. 企业接受投资者作为资本投入的资产，可以是（　　　　）。
   A. 现金　　　　　　　　　　　　　B. 固定资产
   C. 原材料　　　　　　　　　　　　D. 土地

4. 制造企业的生产成本主要由（　　　）项目构成。
   A. 直接材料　　　　　　　　　　　B. 直接人工
   C. 制造费用　　　　　　　　　　　D. 管理费用

5. 小规模纳税人企业，外购材料的实际成本包括（　　　　）。
   A. 材料买价　　　　　　　　　　　B. 增值税款
   C. 途中合理损耗　　　　　　　　　D. 运杂费

6. 企业所有者权益的内容包括（　　　　）。
   A. 实收资本　　　　　　　　　　　B. 资本公积
   C. 盈余公积　　　　　　　　　　　D. 未分配利润

7 期末账项核算

7.1 存货盘存制度

7.1.1 存货的概念及内容

1. 存货的定义

存货，是指企业在日常活动中持有以备出售的产成品或商品、处在生产过程中的在产品、在生产过程或提供劳务过程中耗用的材料和物料等。存货属于流动资产，是企业一项很重要的资产。

2. 存货的确认

企业的资产在符合存货定义的同时，满足下列条件的，才能予以确认为存货：

（1）该存货包含的经济利益很可能流入企业；

（2）该存货的成本能够可靠计量。

3. 存货的内容

（1）原材料，是指企业在生产过程中经加工改变其形态或性质并构成产品主要实体的各种原料及主要材料、辅助材料、外购半成品（外购件）、修理用备件、包装材料、燃料等。

（2）在产品，是指企业正在制造尚未完工的产品，包括正在各个生产工序加工的产品和已经加工完毕但尚未检验或已检验但尚未办理入库手续的产品。

（3）半成品，是指经过一定生产过程并已检验合格交付半成品仓库保管，但尚未制造完工成为产成品，仍需进一步加工的中间产品。

（4）产成品，是指工业企业已经完成全部生产过程并验收入库，可以按照合同规定的条件送交订货单位，或者可以作为商品对外销售的产品。

（5）商品，是指商品流通企业外购或委托加工完成验收入库用于销售的各种商品。

（6）周转材料，是指企业能够多次使用、逐渐转移其价值但仍然保持原有形态不确认为固定资产的材料，如包装物和低值易耗品。

7.1.2 存货盘存制度

存货盘存制度是指在会计核算中确定各项存货的账面结存数（额）的具体方式。企业确定各项存货账存数量的方法有两种：永续盘存制和实地盘存制。

1．永续盘存制

（1）永续盘存制又称账面盘存制，是通过设置存货明细账，逐笔或逐日登记其收入数、发出数，并通过账簿记录随时计算和反映各项存货账面结存数量的方法。在这种方法下，存货明细账按品种规格设置，存货的增加和减少，平时都要根据会计凭证连续登记入账，不仅要登记数量，还要登记金额，随时可以根据账簿记录结出账面结存数。具体计算公式如下：

$$发出存货价值＝发出存货数量×存货单价$$

$$期末账面结存额＝期初账面结存额＋本期收入存货额－本期发出存货额$$

（2）永续盘存制的优点在于有利于加强对存货的管理。设置存货明细账，可以随时反映存货的收入、发出和结存情况，对其数量和金额双重控制；并可以通过实地盘点，将存货的账存数与实存数进行比较，查明账实是否相符，若不相符，找出账实不符的原因并及时纠正；另外，还可以通过将存货明细账上的结存数与存货的最高和最低限额进行比较，查明存货是否积压或不足，以便采取措施，使存货数量合理，有利于加速资金周转。

（3）永续盘存制的缺点是存货的明细分类核算工作量较大，需要较多的人力和费用。

与实地盘存制相比，永续盘存制在保护存货安全完整等方面具有明显的优越性。所以，企业一般都采用永续盘存制。本章第二节中的例子就是在永续盘存制下进行的。

2．实地盘存制

（1）实地盘存制又称实地盘存法，是期末通过盘点实物来确定存货数量，然后计算出期末存货成本，以便倒计算出本期已耗或已销存货成本的一种方法。实地盘存制下，会计人员平时只在账簿中登记存货增加数量，不登记减少数量，期末通过实地盘点来确定实存数量。这一般分两个步骤进行：

一是在本期生产经营活动结束后，下期生产经营活动开始以前进行实地盘点，将盘存数量登记在盘存表上；

二是对月末几日的购销单据或收发凭证进行整理，调整盘存数量，进而确定存货的实际盘点数量。其计算公式如下：

$$期末存货结存额＝单位存货成本×期末存货盘点数量$$

$$期末存货盘点数量＝实地盘点数量＋已提未销存货数量－已销未提存货数量$$

$$本期减少存货额＝期初账面结存额＋本期存货增加额－期末存货结存额$$

（2）实地盘存制的优缺点。采用实地盘存制，由于平时不反映存货的已耗或已销数量，无须逐日轧计结存数量，所以核算工作比较简单，但这种盘存制度不能从账面上随时反映存货的收入、发出和结存情况，只能通过定期盘点，计算、结转发出存货的成本。由于倒计发出存货的成本，使发出存货成本中可能包含由于存货短缺、毁损、盗窃或浪费等原因造成的非正常损失，不利于存货的控制和管理，影响了成本计算的正确性，因此，实地盘存制只适用于一些价值较低、品种复杂、交易频繁的存货和一些损耗大、数量不稳定的鲜活存货。

7.2　存货计价方法

7.2.1　取得存货的计价方法

存货应当按照成本计量。存货成本包括采购成本、加工成本和其他成本。

1. 外购存货的成本

外购存货的成本就是存货的采购成本，是指从采购到入库前所发生的全部支出，包括购买价款、进口关税和其他税费、运输费、装卸费、保险费以及其他可归属于存货采购成本的费用。

（1）存货的购买价款，是指企业购入的材料或商品的发票账单上列明的价款，但不包括按规定可以抵扣的增值税额。

（2）存货的相关税费，是指企业购买、自制或委托加工存货的进口关税、消费税、资源税和不能抵扣的增值税进项税额等应当计入存货采购成本的税费。

（3）其他可归属于存货采购成本的费用，是指采购成本中除上述各项以外的归属于采购成本的费用，如在存货采购中发生的仓储费、包装费，运输途中的合理损耗，入库前的挑选整理费用等。

2. 加工取得存货的成本

加工取得存货的成本即存货的加工成本，包括直接人工以及按照一定方法分配的制造费用。

（1）直接人工，是指企业在生产产品过程中直接从事产品生产的工人的职工薪酬。

（2）制造费用，是指企业为生产产品和提供劳务而发生的各项间接费用，包括生产车间管理人员的工资等职工薪酬、折旧费、办公费、水电费、机物料消耗、劳动保护费、季节性和修理期间的停工损失等。企业应当根据制造费用的性质，合理地选择制造费用分配方法。

3. 其他成本

其他成本是指除采购成本、加工成本以外的，使存货达到目前场所和状态所发生的其他支出。

另外，企业接受投资者投资、非货币性资产交换、债务重组、企业合并等存货成本的确认方法将在以后的中级财务会计课程中介绍。

7.2.2　发出存货的计价方法

《企业会计准则第1号——存货》明确规定："企业应当采用先进先出法、加权平均法或者个别计价法确定发出存货的实际成本。""对于性质和用途相似的存货，应当采用相同的成本计算方法确定发出存货的成本。"

1. 先进先出法

（1）先进先出法，是以先入库的存货先发出这种存货实物流转假设为前提，对发出存货进行计价。采用该法，先购入的存货成本在后购入存货成本之前转出，据此确定发出存货和期末存货的成本。

【例 7-1】大华公司 2023 年 2 月发出甲原材料的有关资料如表 7-1 所示。

表 7-1　甲原材料发出情况　　　　　　金额单位：元

	数量	单价	金额
期初结存	500	50	25 000
5 日购进	300	52	15 600
9 日发出	400		
11 日购进	300	55	16 500
18 日发出	300		
26 日发出	200		

根据上述资料，具体计算过程和登记的材料明细账如表 7-2 所示。

表 7-2　原材料明细账

材料名称：甲材料

计量单位：件　　　　　　　　　　　　　　　　　　金额单位：元

2023年		摘要	收入			发出			结存		
月	日		数量	单价	金额	数量	单价	金额	数量	单价	金额
2	1	期初余额							500	50.00	25 000.00
	5	购进	300	52.00	15 600.00				500	50.00	
									300	52.00	40 600.00
	9	发出				400	50.00	20 000.00	100	50.00	
									300	52.00	20 600.00
	11	购进	300	55.00	16 500.00				100	50.00	
									300	52.00	37 100.00
									300	55.00	
	18	发出				100	50.00	5 000.00	100	52.00	
						200	52.00	10 400.00	300	55.00	21 700.00
	26	发出				100	52.00	5 200.00	200	55.00	11 000.00
						100	55.00	5 500.00			
	28	合计	600		32 100.00	900		46 100.00	200	55.00	11 000.00

大华公司本期：

发出材料成本＝46 100（元）

期末材料存货成本＝11 000（元）

（2）先进先出法的优缺点。先进先出法的优点是使存货的账面结存价值更接近于近期市场价格；缺点是由于每次发货都要计算其实际成本，因而工作量非常繁重，在物价上涨时期，会减少当期成本，造成收入与成本不配比，致使当期财务成果不够真实。

（3）先进先出法只适用于永续盘存制。

2. 加权平均法

（1）加权平均法，又称全月一次加权平均法，是根据每种存货的期初存货数量与本期入库数量之和作为权数，去除期初存货成本和本期入库成本，计算出存货的加权平均成本，以此为基础来计算本期发出存货的成本与期末存货的实际成本的一种计算方法。

采用加权平均法，日常按存货入库数量、单价、金额登记，本期发出存货，平时只登记数量，不登记单价和金额，期末按加权平均单价一次计算发出存货和期末存货的成本。

加权平均法下，计算公式为：

$$发出存货成本=存货加权平均单价×发出存货数量$$

$$存货加权平均单价=\frac{期初存货成本+本期存货入库成本}{期初存货数量+本期存货入库数量}$$

$$期末存货成本=期初存货成本+本期入库存货成本-本期发出存货成本$$

【例7-2】仍以【例7-1】的资料为例，说明加权平均法下发出原材料成本和期末原材料账面结存价值的计算方法。

根据上述资料计算：

$$材料加权平均单价=\frac{25\,000+32\,100}{500+600}=51.909（元）$$

$$发出材料成本=900×51.909=46\,718.10（元）$$

$$期末材料成本=25\,000+32\,100-46\,718.10=10\,381.90（元）$$

具体登记明细账如表7-3所示。

表7-3　原材料明细账

材料名称：A材料

计量单位：件

金额单位：元

2023年		摘要	收 入			发 出			结 存		
月	日		数量	单价	金额	数量	单价	金额	数量	单价	金额
1	1	期初余额							500	50.00	25 000.00
	5	购进	300	52.00	15 600.00						
	9	发出				400					
	11	购进	300	55.00	16 500.000						
	18	发出				300					
	26	发出				200					
	29	合计	600		32 100.00	900		46 718.10	200	51.909 0	10 381.90

（2）加权平均法的优缺点。加权平均法的优点是月末一次计算发出存货和期末结存存货成本，减少了日常核算工作量；缺点是发出存货成本到月末才能计算确定，影响了成本计算的及时性，不利于存货的日常管理。另外，加权平均成本与现行成本有一定差距，一定程度上影响了财务成果的真实性。

（3）加权平均法在实地盘存制和永续盘存制下都可采用。

3. 个别计价法

（1）个别计价法，又称分批实际法、个别认定法，是以某批材料收入时的实际成本作为该批材料存货发出的实际成本的一种计价方法。采用这种方法，必须使每一批购入的存货都要分别计量，明细分类账能分别反映每批存货购进数量、单价、金额，并能分别存放，出库时能准确认定。个别计价法下，发出存货和期末存货计价的计算公式如下：

$$发出某批存货的价值=发出该批存货数量×该批存货实际单位成本$$

$$本期发出存货总成本=\sum 各批发出存货成本$$

$$期末存货价成本=期初存货结存成本+本期收入存货成本-本期发出存货成本$$

【例7-3】仍以【例7-1】的资料，假如每次发出材料都能够准确知道是哪一批材料，具体情况如表7-4所示。

表7-4 甲原材料发出情况

	数量	单价	金额
期初结存	500	50	25 000
5 日购进	300	52	15 600
9 日发出 其中：期初的 　　　5 日购进	400 200 200		
11 日购进	300	55	16 500
18 日发出 其中：期初的 　　　5 日购进 　　　11 日购进	300 150 50 100		
26 日发出 其中：5 日购进 　　　11 日购进	200 50 150		

按个别计价法计算：

发出存货成本＝（200×50+200×52）+（150×50+50×52+100×55）

$$+（50×52+150×55）$$

$$= 20\ 400+15\ 600+10\ 850$$

$$= 46\ 850 （元）$$

期末存货成本＝$150 \times 50 + 50 \times 55 = 7\,500 + 2\,750 = 10\,250$（元）

（或）＝$25\,000 + (15\,600 + 16\,500) - 46\,850 = 10\,250$（元）

具体登记原材料明细账如表7-5所示。

表7-5 原材料明细账

材料名称：甲材料

计量单位：件　　　　　　　　　　　　　　　　　　　　金额单位：元

2023年		摘要	收 入			发 出			结 存		
月	日		数量	单价	金额	数量	单价	金额	数量	单价	金额
6	1	期初余额							500	50.00	25 000.00
	5	购进	300	52.00	15 600.00				500	50.00	40 600.00
									300	52.00	
	9	发出				200	50.00	10 000.00	300	50.00	20 200.00
						200	55.00	11 000.00	100	52.00	
	11	购进	300	55.00	16 500.00				300	50.00	36 700.00
									100	52.00	
									300	55.00	
	18	发出				150	50.00	7 500.00	150	50.00	21 100.00
						50	52.00	2 600.00	50	52.00	
						100	55.00	5 500.00	200	55.00	
	26	发出				50	52.00	2 600.00	150	50.00	10 250.00
						150	55.00	8 250.00	50	55.00	
	30	合计	600		32 100.00	900		46 850.00	150	50.00	10 250.00
									50	55.00	

（2）个别计价法的优缺点。个别计价法的优点是能正确、真实地反映出库成本；缺点是对于购入次数多、领用频繁、存货品种太多的情况下，工作量太大，难以分清批次，不易采用。

（3）个别计价法只适宜于存货品种较少、大宗成批进货又成批发出的企业。个别计价法在实地盘存制和永续盘存制下都可采用。

对于不能替代使用的存货、为特定项目专门购入或制造的存货以及提供劳务的成本，通常应当采用个别计价法确定发出存货的成本。

7.2.3 期末存货的计价方法

资产负债表日，企业存货应当按照成本与可变现净值孰低计量。

当存货成本低于可变现净值时，存货按成本计量；当存货成本高于其可变现净值时，存货按可变现净值计量，同时按照成本高于可变现净值的差额计提存货跌价准备，计入当期损益。

可变现净值，是指在日常活动中，以存货的估计售价减去至完工时将要发生的成本、销售费用以及相关税费后的金额。

有关期末存货计量的具体内容是财务会计课程的重要内容，将在该门课程中详细介绍。

7.3 期末账项调整与结转

7.3.1 期末账项调整

1. 期末账项调整的意义

期末账项调整是指按照权责发生制原则的要求，在会计期末对账簿日常记录中的有关收入、费用进行必要的调整。

权责发生制是根据权责关系的实际发生和影响期间来确认企业的收入和费用的，它能够恰当地反映某一会计期间企业的经营成果。权责发生制是会计的基本原则之一，是会计核算的记账基础，会计制度规定企业必须按照这一原则记账。

尽管权责发生制是较为合理的记账基础，但是由于会计实务在处理上存在着一定困难，企业不可能在日常的会计工作中对每项经济业务都按权责发生制来记录，因而，平时也对一些交易事项按现金收支活动发生的时日记录。例如，企业购买的机器设备，在购入时，就必须按该项资产的实际成本记入"固定资产"账户，当机器设备全部耗用后，就会全部转化为费用，但是企业不可能在平时的会计核算中，每天都去计算机器的耗费，而是在期末，根据该机器的实际耗用情况，计提折旧并转入费用。再如，企业平常收到了其他单位交来的今后6个月的房屋租金时，收到时，是按收付实现制记账的，到了期末才能确认为本期的具体收入。

正因为企业平时对部分经济业务按现金收支的行为予以入账的，所以在每个会计期间都应当根据权责发生制原则进行调整，以便合理地确认企业当期的收入和承担的费用，正确核算其经营成果。这种在期末按权责发生制要求对平时按现金收支入账的有关收入、费用等进行调整的行为，就是期末账项的调整；调整时编制的会计分录称为调整分录。

期末账项调整是编制会计报表的必要前提。它的主要作用在于通过账项调整，严格划清会计期间的界限，如实反映各会计期间的收入和费用，正确计算各期损益，为编制高质量的会计报表、准确反映企业各期财务状况打下良好的基础。

一个企业需要调整多少账项，要根据企业的规模及相关经济业务发生的多少而定，但是对于大多数企业来讲，期末通常调整的账项主要包括应计收入、应计费用、预收收入、预付费用和其他事项调整等内容。

2. 期末账项调整的主要内容

（1）应计收入的调整

应计收入是指企业在当期已向其他单位或个人提供商品、劳务或财产物资使用权但尚未收到款项的应该计入当期的各项收入，如银行存款利息收入、应收的销售货款等。在每一会计期末，对于这些款项尚未实际收到的应计收入，会计人员都应通过账项调整使其归属于所对应的会计期间。

应计收入主要通过"应收账款"和"其他应收款"两个账户来核算。其中："应收账款"主要用来核算企业因销售产品、材料、提供劳务等业务，应向购货单位或接受劳务单位收取的款项；"其他应收款"主要核算企业提供商品或劳务之外的其他各种应收、暂付款项，包括各种赔款、罚款、应向职工收取的各种垫付款项等。这两个账户均属于资产类账户，借方登记增加数，贷方登记减少数，期末余额在借方。

【例7-4】2023年1月，大华公司向C公司出租包装物一批，每月租金1 000元，按协议规定，大华公司季末向C公司收取租金3 000元。

企业在1、2月月末，应分别做如下调整分录：

借：应收账款   1 000
    贷：其他业务收入   1 000

3月底收到租金时，做如下分录：

借：银行存款   3 000
    贷：应收账款   2 000
        其他业务收入   1 000

【例7-5】银行按季度支付企业的存款利息。大华公司在1、2月份估计应收的银行利息均为2 000元。第一季度末收到银行存款利息6 150元。

公司在1、2月月末，应做如下调整分录：

借：其他应收款   2 000
    贷：财务费用   2 000

3月底收到银行存款利息时，做如下分录：

借：银行存款   6 150
    贷：其他应收款   4 000
        财务费用   2 150

（2）应计费用的调整

应计费用是指企业在当期已经耗用，或当期已受益但尚未实际发生款项支出的应计入当期的各项费用，如银行借款利息、应付的各种税金等。在每一会计期末，对于这些款项尚未实际支出的应计费用，会计人员都应通过账项调整使其归属于所对应的会计期间。

应计费用主要通过"应付利息""应交税费""其他应付款"等账户来核算。它们主要核算有确切归集对象的应计入当期但尚未实际支付的费用。这几个账户均属于负债类账户，借方登记减少数，贷方登记增加数，期末余额在贷方。

【例7-6】大华公司第一季度末支付银行贷款利息9 320元，公司在1、2月份估计应付的银行利息均为3 000元。

企业在1、2月月末，应做如下调整分录：

| 借：财务费用 | 3 000 | |
| 贷：应付利息 | | 3 000 |

3月底支付银行贷款利息时，做如下分录：

借：应付利息	6 000	
财务费用	3 320	
贷：银行存款		9 320

【例7-7】大华公司经测算，本月应交车船税2 389元，尚未缴纳。

| 借：管理费用——税金 | 2 398 | |
| 贷：应交税费——应交车船使用税 | | 2 398 |

（3）预收收入的调整

预收收入，又称递延收入，是指企业在当期或以前各期已经收款入账，但尚未交付和提供服务的收入，随着企业向其他单位或个人提供商品或劳务，或财产物资使用权而应逐步转化为各期收入的各项预收款项，如预收客户货款、预收出租包装物租金等。在每一会计期末，对于相应的经济业务已经完成的预收款项，会计人员都应通过账项调整使其归属于所对应的会计期间。

按照权责发生制的要求，虽然企业已经收到款项，但相应的业务未履行，这笔收入就不能作为企业已实现的收入。这类预收收入，一部分代表已于当期履行了的义务，是属于已经实现的收入，应当转为当期的收入，期末调整的就是这一部分；另外一部分代表当期未履行的经济义务，是尚未实现的收入，要继续保留在账上，作为递延收入转让以后各期，仍列为负债。

预收收入主要通过"预收账款""其他应付款"等账户来核算。

【例7-8】大华企业与D公司签订一批产品销售合同，D公司按合同约定预付货款20 000元，此款已到账。本月，A企业按进度向D公司提供5 000元的产品。

收到预付货款时，大华公司做如下会计处理：

| 借：银行存款 | 20 000 | |
| 贷：预收账款 | | 20 000 |

本月提供5 000元产品，月末调整分录为：

| 借：预收账款 | 5 000 | |
| 贷：主营业务收入 | | 5 000 |

【例7-9】大华公司在1月份将一间仓库出租给M公司，每月租金为2 000元，1月2日M公司用支票支付上半年的租金12 000元。

大华公司收到租金：

| 借：银行存款 | 12 000 | |
| 贷：其他应付款——租金 | | 12 000 |

1月31日调整分录：

| 借：其他应付款 | 2 000 | |
| 贷：其他业务收入 | | 2 000 |

（4）预付费用的调整

预付费用是指企业已经支付用于购买商品或劳务的款项，由于所对应的受益期较长，因而应由各个受益的会计期间共同负担的费用。在每一会计期末，对于这些款项已经实际支出的预付费用，会计人员都应通过账项调整使其归属于所对应的会计期间。

预付费用主要通过"长期待摊费用"和"预付账款"等账户来核算。

【例7-10】大华公司1月2日用银行存款支付公司租用的办公室半年租金60 000元，31日确认本月分担费用。大华公司做如下会计处理：

支付租金：

借：预付账款   60 000

    贷：银行存款   60 000

1月31日编制调整分录：

借：管理费用   10 000

    贷：预付账款   10 000

【例7-11】大华公司1月2日完成一项经营租赁方式租入机器设备的改良，用银行存款支付累计改良费用24 000元，公司在未来2年内进行分摊。大华公司做如下会计处理：

支付改良费用：

借：长期待摊费用   24 000

    贷：银行存款   24 000

1月31日确认当期摊销费用，编制调整分录：

借：制造费用   1 000

    贷：长期待摊费用   1 000

（5）折旧费用的调整

固定资产在使用过程中其服务潜力会逐步衰竭或消逝，因此，企业必须在固定资产的有效使用期限内将固定资产的价值进行分摊，作为折旧费用。这样处理一是为了收回固定资产投资，二是按照权责发生制原则促使各会计期间的收入与费用能正确配比，以便更加准确地反映企业各会计期间的财务状况。

固定资产折旧主要通过"固定资产"和"累计折旧"两个账户来加以反映。"固定资产"是资产类账户，用以核算固定资产的原值，借方登记固定资产增加数，贷方登记固定资产报废或转出数，期末余额在借方。"累计折旧"是"固定资产"的备抵调整账户，借方登记折旧减少数或转销数，贷方登记折旧增加数，期末余额在贷方。

【例7-12】大华公司本月计提应负担的折旧费用8 000元，其中管理部门应负担的折旧费用为3 000元，生产部门应负担的折旧费用为5 000元。

借：管理费用   3 000

    制造费用   5 000

    贷：累计折旧   8 000

7.3.2 期末账项的结转

1. 月末账项结转

企业在日常发生的各项收入和各项支出，是通过损益类账户进行登记的，期末为正确反映当期的经营成果即利润，应将各损益类账户的本期发生额进行加总，并转入"本年利润"账户，结平各损益类账户（虚账户）。

具体的结转方法是，将所有收入类账户贷方汇集的应属于本期实现的收入总额从借方转入"本年利润"账户的贷方；将所有费用类账户借方汇集的应由本期负担的成本、费用、支出从贷方转入"本年利润"的借方。

通过"本年利润"账户，企业就可以核算出本期实现的净利润和本年累计的净利润。

若"本年利润"的贷方本期发生额大于借方本期发生额，其差额就是本期实现的净利润；反之，贷方本期发生额小于本期借方发生额，其差额就是企业本期的亏损额。再结合该账户的期初余额，就可结出"本年利润"账户的期末余额，表示企业本年累计实现的净利润和累计亏损额。

平时，每月末的账项结转会计分录：

（1）结平有关费用类账户：

借：本年利润

    贷：主营业务成本

        税金及附加

        其他业务成本

        销售费用

        管理费用

        财务费用

        资产减值损失

        营业外支出

        所得税费用

（2）结平有关收入类账户：

借：主营业务收入

    其他业务收入

    公允价值变动损益

    投资收益

    补贴收入

    营业外收入

    贷：本年利润

2. 年终账项结转

由于企业的利润分配一般是在年末进行，所以在各月末结账时，企业一般采用表结法，即不需要将每个月的净利润或亏损额转入"利润分配"账户，而是留在"本年利润"账户上，只是在编制月度资产负债表时列入所有者权益项目下的未分配利润。

年末，企业除了进行收入和费用类账项的结转外，还要将"本年利润"账户的余额即当年实现的净利润和亏损额结转至"利润分配——未分配利润"账户，结平"本年利润"账户；再将"利润分配"账户所属的各个明细账的余额对转，即将"利润分配——未分配利润"明细账户以外的其他各个利润分配明细账的余额转入"利润分配——未分配利润"明细账，与从"本年利润"账户转来的净利润或亏损对冲后，只保留"利润分配——未分配利润"明细账。该明细账有余额反映企业年末累计的未分配利润额和累计未弥补的亏损额，"利润分配"的其他明细账均已结平。至此，所有账户的记录都处理完毕，就可以编制会计报表了。

年终账项结转的会计分录为：

（1）结平"本年利润"账户：

借：本年利润

  贷：利润分配——未分配利润

（2）结平有关"利润分配"账户的明细账户：

借：利润分配——未分配利润

  贷：利润分配——提取法定盈余公积

            ——提取任意盈余公积

            ——应付现金股利或利润

            ——转作股本的股利

            ——盈余公积补亏

复习思考题

1. 工业企业的存货是什么？其内容主要有哪些？

2. 什么是企业的存货盘存制度？有哪两种存货盘存制度？基本原理为何？

3. 取得存货的成本是怎样确定的？

4.《企业会计准则——存货》规定企业可选择采用的发出存货的计价方法有哪几种？各种方法的基本原理是什么？

5. 在先进先出法下，如何正确计算发出存货成本和期末存货成本，并登记原材料明细账？

6. 在加权平均法下，如何正确计算发出存货成本和期末存货成本，并正确登记原材料明细账？

7. 在个别计价法下，如何正确计算发出存货成本和期末存货成本，并登记原材料明细账？

8. 为什么要进行期末账项调整？调整的内容主要有哪些？

9. 为什么要进行期末账项结转？主要结转哪些账户的内容？平时月末结转与年终结转有何不同？

练习题

一、单项选择题

1. 企业在发出存货的计价方法中，不能采用的是（　　）。
   A. 先进先出法　　　　　　　　B. 个别计价法
   C. 加权平均法　　　　　　　　D. 后进先出法

2. 下列方法属于企业确定存货账存数量的方法是（　　）。
   A. 永续盘存制　　　　　　　　B. 个别计价法
   C. 加权平均法　　　　　　　　D. 先进先出法

3. 期末存货的计价方法是（　　）。
   A. 永续盘存制　　　　　　　　B. 公允价值
   C. 净值法　　　　　　　　　　D. 成本与可变现净值孰低法

二、多项选择题

1. 企业在发出存货的计价方法中，能采用的是（　　）。
   A. 先进先出法　　　　　　　　B. 个别计价法
   C. 加权平均法　　　　　　　　D. 后进先出法

2. 下列方法不属于企业确定存货账存数量的方法是（　　）。
   A. 永续盘存制　　　　　　　　B. 个别计价法
   C. 加权平均法　　　　　　　　D. 先进先出法

3. 期末账项调整的主要内容包括（　　）。
   A. 应计收入的调整　　　　　　B. 应计费用的调整
   C. 预收收入的调整　　　　　　D. 预付费用的调整

4. 企业财产的盘存制度主要有（　　）。
   A. 永续盘存制　　　　　　　　B. 收付实现制
   C. 权责发生制　　　　　　　　D. 实地盘存制

8 财产清查

8.1 财产清查的意义和种类

8.1.1 财产清查的概念

财产清查就是通过对货币资金、存货、固定资产和各项债权等的盘点或核对，确定其实存数，查明实存数与其账存数是否相符的一种会计核算专门方法。

企业日常发生的各项经济业务，通过填制和审核会计凭证、登记账簿、试算平衡和对账等会计处理后，理论上账簿记录的数字应该同实际情况一致，即账实相符。

但是实际工作中一些主观和客观的原因会使账簿记录的结存数与各项财产的实存数不相一致，出现差异，即账实不符。造成账实不符的原因主要有以下几个方面：

（1）财产物资在保管过程中发生自然损溢，如因干耗、销蚀、升重等自然现象而发生的数量或质量上的变化。这种变化在日常会计核算中是不反映的，于是出现了账实不符。

（2）财产物资在收发时，由于计量、计算、检验不准确而发生的品种、数量、质量上的差错，使得所填制的凭证与实际情况不符。

（3）财产物资增减变动时，没有及时地填制凭证、登记账簿，或者在填制凭证和登记账簿时发生了计算上或登记上的错误。

（4）由于管理不善或工作人员失职而造成财产物资的损坏、变质短缺，以及货币资金、往来款项的差错。

（5）由于不法分子贪污盗窃、营私舞弊等造成的财产物资损失。

（6）自然灾害造成的非常损失。

（7）未达账项引起的账实不符等。

账实不符会影响会计信息的真实性和准确性，为了确保账簿记录真实，财产物资安全完整，就必须通过财产清查这一会计核算方法。会计人员对各项财产定期或不定期地进行盘点或核对，对实存数与账存数不相符的差异，要调整账簿记录，查明原因和责任，按有关规定进行处理，做到账实相符，为定期编制会计报表提供准确、完整、系统的核算信息。

8.1.2　财产清查的意义

1. 确保会计核算资料的真实性

通过财产清查，会计人员可以查明各项财产物资的实存数、实存数与账存数的差异以及发生差异的原因，以便及时调整账存记录，使其账实相符，从而保证会计资料的真实可靠。

2. 保护财产物资的安全完整

通过财产清查，会计人员可以发现财产管理上存在的问题。比如各项财产物资的保管情况是否良好，有无损失浪费、霉烂变质和非法挪用、贪污盗窃等情况，以便查明原因进行处理；同时，促使企业不断改进财产物资管理，健全财产物资管理制度，确保财产物资的安全和完整。

3. 挖掘财产物资潜力，合理有效地使用资本

通过财产清查，会计人员可以查明各种财产物资的储备、保管、使用情况，以及有无超储、积压和呆滞等情况，储存不足的应及时补足，多余积压的应及时处理，充分发挥财产物资的潜力，加速资金周转，提高物资使用效率。

4. 维护财经法规，遵守财经纪律

通过对财产、物资、货币资金及往来账项的清查，会计人员可以查明单位业务人员是否遵守财经纪律，有无贪污盗窃、挪用公款的情况；查明各项资金使用是否合理，是否符合相关的法律法规，从而使工作人员自觉遵守财经纪律，自觉维护财经法规。

5. 保证结算制度的贯彻执行

通过财产清查，会计人员查明各种往来款项的结算情况，对于各种应收账款应及时结算，已确认的坏账要按规定处理，避免长期拖欠和挂账，维护结算纪律和商业信用。

8.1.3　财产清查的种类

财产清查种类很多，可以按不同的标准进行分类，主要有以下几种：

1. 全面清查和局部清查

财产清查按其清查的范围大小，可以分为全面清查和局部清查。

（1）全面清查，就是对本单位所有的财产物资、货币资金和各项债权债务进行全面的清查、盘点和核对。就制造企业来讲，全面清查的对象主要包括以下几个方面：

① 现金、银行存款等各种货币资产；

② 材料、在产品、半成品、产成品等流动资产；

③ 房屋、建筑物、机器设备等各种固定资产及在建工程；

④ 各种应收、应付、预收、预付的债权、债务和有关缴拨结算款项；

⑤ 在途物资；

⑥ 各种股票、国库券、债券等有价证券及各项投资；

⑦ 受托加工、保管的各种财产物资；

⑧ 委托加工保管的材料物资；

⑨ 需要清查、核实的其他内容。

全面清查由于内容多、范围广，工作量大，一般在以下几种情况下，才需要进行全面清查。

① 年终决算之前；

② 单位撤销、合并或改变隶属关系；

③ 开展资产评估、清产核资等活动。

（2）局部清查，就是根据管理的需要或依据有关规定，对部分财产物资、债权债务进行盘点和核对。一般情况下，对于流动性大的材料物资，除年度清查外，年内还要轮流盘点或重点抽查；对于各种贵重物资，每月都应清查盘点一次；对于现金，应由出纳人员当日清点核对；对于银行存款，每月至少要同银行核对一次；对各种应收账款，每年至少核对一至两次。

2. 定期清查和不定期清查

财产清查按照清查的时间，可分为定期清查和不定期清查。

（1）定期清查，是在规定时期对财产物资、债权债务进行的清查，一般是在年度、半年度、季度或月度结账时进行。这种清查可以是全部清查，也可以是局部清查。

（2）不定期清查，是指根据实际情况的需要而临时进行的财产清查。同定期清查一样，它可以是全面清查，也可以是局部清查。一般在以下几种情况下，才进行不定期清查：

① 更换财产、物资和现金经管人员时；

② 财产发生非常灾害或意外损失时；

③ 上级主管单位、财政部门等对企业进行会计检查时；

④ 进行临时性清产核资工作时；

⑤ 单位撤销、合并或改变隶属关系时。

3. 内部清查和外部清查

财产清查按照清查的执行单位，可分为内部清查和外部清查。

（1）内部清查，是由企业自行组织清查工作小组所进行的财产清查工作。多数的财产清查都属于内部清查。

（2）外部清查，是由上级主管部门、审计机关、司法部门、注册会计师根据国家的有关规定或情况的需要对企业所进行的财产清查。如注册会计师对企业报表进行审计，审计、司法机关对企业在检查、监督中所进行的清查工作等。

8.2 财产清查的程序、方法和内容

8.2.1 财产清查的一般程序

财产清查是改善经营管理和加强会计核算的重要手段，也是一项涉及面较广、工作量较大、既复杂又细致的工作。因此，为了做好财产清查工作，使其发挥应有的积极作用，会计人员必须按照规定的程序进行。财产清查的一般程序如下：

第一步，做好组织准备

财产清查，尤其是进行全面清查，涉及面较广，工作量较大，为了能使财产清查工作顺利进行，在进行财产清查前要根据财产清查工作的实际需要组建财产清查专门机构，具体负责财产清查的组织和管理。清查机构应由主要领导负责，会同财会部门，财产管理、财产使用等有关部门人员组成，以保证财产清查工作在统一领导下，分工协作，圆满完成。

第二步，做好业务准备

为了使财产清查工作顺利进行，清查之前会计部门和有关业务部门要在清查组织的指导下，做好以下准备工作：

（1）会计部门必须把有关账目登记齐全，结出余额，并且核对清楚，做到账证相符，账账相符，为财产清查提供准确、可靠的账簿资料。

（2）物资保管和使用等业务部门必须对所要清查的财产物资进行整理、排列、标注标签（品种、规格、结存数量等），以便在进行清查时与账簿记录核对。

（3）清查前必须按国家标准计量、校正各种度量衡器具，减少误差。

（4）准备好各种空白的清查盘存报告表，例如，"盘点表""实存账存对比表""未达账项登记表"等。

第三步，实施财产清查

在做好各项准备工作以后，应由清查人员根据清查对象的特点，依据清查的目的，采用相应的清查方法，实施财产清查。

第四步，清查结果的处理

实地清查完毕，清查人员应将清查的结果及处理意见向企业的董事会或者相应机构报告，并根据《企业会计准则》的规定进行相应的会计处理。

8.2.2 财产清查的一般方法

财产清查是确定其实存数，查明实存数与账存数是否相符的一种专门方法。因此，会计人员进行财产清查，首先就要清查其实存数量和金额，确定其账存数量和金额，有了实存数与账存数的比较，便可以查明实存数与其账存数是否相符。

1. 清查财产物资实存数量的方法

对于各项财产物资实存数量的清查，一般采用实地盘点法或技术推算法。

（1）实地盘点法，是通过实地逐一点数或用计量器具确定实存数量的一种常用方法，如用逐台清点有多少台机床，用秤计量库存原材料的重量等。

（2）技术推算法，是通过技术推算确定实存数量的一种方法。对有些价值低、数量大的材料物资，如露天堆放的原煤、沙石等，会计人员不便于逐一过磅、点数的，可以在抽样盘点的基础上，进行技术推算，从而确定其实存数量。

2. 清查财产物资金额的方法

在清查对象的实存数量确定后，就要进一步确定其金额。有些财产物资没有实存数量，只有金额时，可直接确定其金额。

对于各项财产物资实存金额的清查，一般可采用账面价值法、评估确认法和查询核实法等。

（1）账面价值法，是根据财产物资的账面单位价值来确定实存金额的方法。即根据各项财产物资的实存数量乘以单位账面价值，计算出各项财产物资的实存金额。

（2）评估确认法，是根据资产评估的价值确定财产物资实存金额的方法。这种方法根据资产的特点，由专门的评估机构依据资产评估方法对有关的财产物资进行评估，以评估确认的价值作为财产物资实存金额。这种方法适用于企业改组、隶属关系改变、联营、单位撤销、清产核资等情况。

（3）查询核实法，是依据账簿记录，以一定的查询方式，清查财产物资、货币资金、债权债务数量及价值量的方法。这种方法根据查询结果进行分析，来确定有关财产物资、货币资金、债权债务的实物数量和价值量，适用于债权债务、出租出借的财产物资以及外埠存款的查询核实。

8.2.3 财产清查的主要内容

1. 实物资产的清查

实物资产的清查是指对原材料、产成品、在产品、货币资金、固定资产以及受外单位委托加工、代管的各项资产进行的清点检查工作。对于实物资产的清查一般分为存货的清查和固定资产的清查两大类。

（1）存货的清查。存货的清查主要采用实地盘点法和技术推算法，一般按下列步骤进行：

第一，要由清查人员协同材料物资保管人员在现场对材料物资采用上述相应的清查方法进行盘点，确定其实有数量，并同时检查其质量情况。

第二，对盘点的结果要如实登记在"盘存单"（格式如表8-1所示）上，并由盘点人员、检查负责人和实物保管人员签章，以明确经济责任。

表 8-1　盘　存　单

单位名称：　　　　　　　　　　　　　年　月　日　　　　　　　　　　　　单位：元

编号	名称	规格	计量单位	数量	单价	金额	备注

盘点：　　　　　　　　　　保管：　　　　　　　　　　负责人：

第三，根据"盘存单"和有关账簿记录，编制"账存实存对比表"（格式如表8-2所示）。该表只填列账实不符的存货，它是用来调整账簿记录的重要原始凭证，也是分析产生账实差异的原因、明确经济责任的重要依据。

表8-2 账 存 实 存 对 比

单位名称：　　　　　　　　　　年　月　日

编号	名称	规格	计量单位	单价	实　存		账　存		对比结果				备注
					数量	金额	数量	金额	盘盈		盘亏		
									数量	金额	数量	金额	

盘点人：　　　　　　　　　保管人：　　　　　　　　负责人：

第四，对账实不符的存货，分析差异原因，作出相应的会计处理。

（2）固定资产的清查。固定资产的清查主要采用实地盘点法，一般按下列步骤进行：

首先，应查明固定资产的实物是否与账面记录相符，防止固定资产的丢失。

其次，要查明固定资产在保管、维护及核算上是否存在问题，确保企业固定资产核算的正确性。

最后，还要查清固定资产的使用情况，以便有关部门及时处理，保证固定资产的合理、有效使用。

对于盘盈或盘亏的固定资产应编制"固定资产盘盈盘亏报告单"，格式如表8-3所示。

表8-3 固定资产盘盈盘亏报告单

部门：　　　　　　　　　　　　　年　月　日

固定资产编号	固定资产名称	固定资产规格及型号	盘　盈			盘　亏			毁　损			原因
			数量	重置价值	累计折旧	数量	原始价值	已提折旧	数量	原始价值	已提折旧	
处理意见	审批部门			清查小组				使用保管部门				

盘点：　　　　　　　　　记账：　　　　　　　　　　负责人：

2. 货币资金的清查

货币资金是指企业所拥有的在周转过程中处于货币形态的资产，主要包括库存现金、银行存款等项目。因此，对于货币资金的清查一般分为库存现金的清查和银行存款的清查两大类。

（1）库存现金的清查

库存现金的清查是通过清点库存现金的实有额，再与现金日记账进行核对，以便查明账实是否相符，一般采用实地盘点法。在进行库存现金的盘点时，清查人员与出纳必须同时在场。库存现金的清查一般按下列步骤进行：

首先，盘点前，应由出纳人员将现金收付凭证全部登记入账，并结出余额。

其次，盘点时，出纳人员必须在场，盘点后如发现盘盈、盘亏，必须会同出纳人员核实清楚。

最后，盘点结束后，相关人员应根据盘点的结果，及时填制"库存现金盘点报告表"，格式如表8-4所示，由盘点人员、出纳人员及有关负责人在表上签字盖章，并据以调整账簿记录。

表8-4　库存现金盘点报告

单位名称：　　　　　　　　　　年　月　日

实存数额	账存数额	实存账存对比结果		备注
		盘盈	盘亏	

盘点：　　　　　　　　　出纳：　　　　　　　　　负责人：

（2）银行存款的清查

银行存款的清查主要采用核对法，通过将本企业的银行存款日记账与开户银行所出具的银行存款对账单进行逐笔核对，以查明账实是否相符。银行存款清查一般按下列步骤进行：

首先，核对前，记账人员应详细检查银行存款日记账的正确性与完整性，确保将已有的银行存款收付凭证全部登记入账，并结出余额。

其次，核对时，应将银行存款日记账与银行对账单进行逐步核对，查明未达账项。

最后，核对结束后，应编制"银行存款余额调节表"，格式如表8-5所示，对未达账项进行调整。

所谓未达账项，是指由于企业与银行双方由于接收凭证的时间差造成一方已入账而另一方尚未入账的款项。企业与银行之间的未达账项，主要有以下四种情况：

① 企业在收到款项或收取账款凭据的同时，已作企业存款增加入账，而银行还未取得入账的依据，尚未入账。

② 企业在开出支票或其他支款凭据的同时，已作企业存款减少入账，而银行还未取得入账的依据，尚未入账。

③ 银行已收到代企业收取的款项或支付给企业存款利息的同时，已作企业存款增加入账，而企业还未取得入账的依据，尚未入账。

④ 银行已支付代企业支付的款项或扣取企业贷款利息的同时，已作企业存款减少入账，而企业还未取得入账的依据，尚未入账。

一般情况下，未达账项调整后，企业的存款余额应与银行对账单的存款余额相符，如仍不符，应查明原因。

表 8-5 银行存款余额调节

年　　月　　日　　　　　　　　　　　　　　　　　　单位：元

项目	金额	项目	金额
企业银行存款日记账账面余额		银行对账单的存款余额	
加：银行已记增加，企业尚 　　未记增加的款项		加：企业已记增加，银行尚 　　未记增加的款项	
减：银行已记减少，企业尚 　　未记减少的款项		减：企业已记减少，银行尚 　　未记减少的款项	
调整后的存款余额		调整后的存款余额	

3. 往来款项的清查

往来款项的清查包括应收应付款项、预收预付款项的清查，其清查一般采用查询核实法，应通过电函、信函或面询等方式，核对各种应收应付款项，确认往来账款的时间、数量。往来款项清查一般按下列步骤进行：

首先，清查前，记账人员应将各项应收、应付等往来款项全部登记入账，并结出余额。

其次，清查时，相关人员应逐户编制对账单，寄送对方单位进行核对，根据对方单位寄回的对账单，及时查明往来款项余额不一致的原因。

最后，核对结束后，相关人员根据清查结果编制"往来款项核对登记表"，格式如表 8-6 所示。

表 8-6 往来款项核对登记

单位名称：　　　　　　　　　　　年　　月　　日　　　　　　　　　　单位：元

总分类 账户	明细分类 账户	账面结余	对方结余	对比结果		差异原因	备注
				相符	不相符		

盘点：　　　　　　　　　　记账：　　　　　　　　　　负责人：

8.3 财产清查的账务处理

8.3.1 财产清查结果的账务处理内容

财产清查完成后，会出现两种结果：

第一种是清查出来的实存数与账存数一致，账实相符，在这种情况下，就不需要进行账务处理。

第二种情况是清查出来的实存数与账存数不一致，出现了盘盈、盘亏或毁损的情况，这就需要进行账务调整。

盘盈，是指实存数大于账存数，因此，盘盈时应调整账存数，使之增加；盘亏，是指账存数大于实存数；毁损则是指虽然账存数与实存数一致但实存的财产物资有质量问题，不能按照正常的财产物资使用。

无论是盘亏还是毁损，都需要调整账存数，使之减少。需要指出的是，财产清查后，出现盘盈、盘亏或毁损的情况都说明企业的管理中存在一定程度的问题，对于清查中发现的差异应在核准数字的基础上，进一步分析形成的原因，明确责任，并提出相应的处理意见，经规定的程序批准后，才能进行账务调整。

在会计上，对于财产清查中出现的账实不符差异的具体处理，分两个步骤进行：

第一，对于已查明属实的财产盘盈、盘亏或毁损的数字，相关人员根据"账存实存对比表"编制记账凭证，据以登记有关账簿，调整账簿记录，使各项财产物资的实存数和账存数一致。

第二，待查清原因、明确责任以后，相关人员再根据审批的处理决定，编制记账凭证，分别记入有关账户。

8.3.2 财产清查结果的账务处理

1. 账户设置

为了核算企业财产清查中查明的各种财产物资的盘盈、盘亏或毁损数额以及处理的情况，企业应设置"待处理财产损溢"账户。该账户属于双重性质的账户，其借方用来核算各项财产发生的待处理盘亏数或毁损数以及经批准处理的盘盈财产的转销数；贷方用来核算各项财产发生的待处理盘盈数以及经批准处理盘亏或毁损财产的转销数。按规定企业的各项盘盈、盘亏和毁损必须于期末结账前处理完毕，所以该账户期末一般无余额。该账户应设置"待处理流动资产损溢"和"待处理固定资产损溢"两个明细账户。

"待处理财产损溢"账户的结构如表 8-7 所示。

表 8-7 待处理财产损溢

发生额： 各项财产发生的盘亏数或毁损数额 转销的盘盈数额	发生额： 各项财产发生的盘盈数额 转销的盘亏、毁损数额

2. 存货清查结果的账务处理

造成存货账实不符的原因很多，其损失主要包括定额内的盘亏、责任事故造成的损失、自然灾害造成的损失等，应分不同情况进行处理。

（1）对于存货盘盈，经批准后，一般冲减管理费用。

【例8-1】大华公司财产清查中盘盈A材料1 000千克，单价为8元／千克。经查明，这是由于收发计量出错造成的。

批准前，调整材料账存数额：

借：原材料——A材料　　　　　　　　　　　　　　　　　　　8 000
　　贷：待处理财产损溢——待处理流动资产损溢　　　　　　　　　　8 000

批准后，冲减管理费用：

借：待处理财产损溢——待处理流动资产损溢　　　　　　　　　8 000
　　贷：管理费用　　　　　　　　　　　　　　　　　　　　　　　8 000

（2）存货盘亏或毁损是定额内的合理损耗，经批准可计入管理费用。

（3）存货盘亏或毁损超过定额损耗的部分，是过失人的责任由其赔偿；属于保险责任范围，应向保险公司索赔；扣除过失人或保险公司赔款和残料价值后的余额，应记入管理费用。

（4）属于非常损失造成的存货毁损，扣除保险公司赔款和残料价值后的余额，应记入营业外支出。

【例8-2】大华公司"账存实存对比表"所列盘亏B材料1 000元，经查属于定额内损失。

批准前，调整材料账存数：

借：待处理财产损溢——待处理流动资产损溢　　　　　　　　1 130
　　贷：原材料——B材料　　　　　　　　　　　　　　　　　　1 000
　　　　应交税费——应交增值税（进项税额转出）　　　　　　　　130

批准后，计入管理费用：

借：管理费用　　　　　　　　　　　　　　　　　　　　　　1 130
　　贷：待处理财产损溢——待处理流动资产损溢　　　　　　　　　1 130

【例8-3】大华公司"账存实存对比表"所列盘亏C材料3 000元，经查属于管理人员王其的责任，应由其赔偿2 800元。

批准前，调整材料账存数：

借：待处理财产损溢——待处理流动资产损溢　　　　　　　　3 390
　　贷：原材料——C材料　　　　　　　　　　　　　　　　　　3 000
　　　　应交税费——应交增值税（进项税额转出）　　　　　　　　390

批准后：

借：其他应收款——王其　　　　　　　　　　　　　　　　　2 800
　　管理费用　　　　　　　　　　　　　　　　　　　　　　　590
　　贷：待处理财产损溢——待处理流动资产损溢　　　　　　　　　3 390

【例 8-4】大华公司"账存实存对比表"所列毁损 D 材料 2 000 元，经查属于自然灾害造成的损失，保险公司同意赔付 1 300 元。

批准前，调整材料账存数：

借：待处理财产损溢——待处理流动资产损溢   2 260

  贷：原材料——D 材料   2 000

    应交税费——应交增值税（进项税额转出） 260

批准后：

借：其他应收款——保险公司   1 300

  营业外支出   960

  贷：待处理财产损溢——待处理流动资产损溢   2 260

3. 固定资产清查结果的账务处理

在固定资产清查过程中，对于盘盈或盘亏的固定资产，应查明原因，填制固定资产盘盈盘亏报告单。报经企业领导批准后，盘亏的固定资产净额应记入营业外支出；盘盈的固定资产，应作为以前年度损益处理。

【例 8-5】某企业根据"固定资产盘盈盘亏报告单"所列盘亏设备一台，原值为30 000 元，累计折旧为 8 000 元，编制记账凭证。

批准前，调整固定资产账存数：

借：待处理财产损溢——待处理固定资产损溢   22 000

  累计折旧   8 000

  贷：固定资产   30 000

批准后，计入营业外支出：

借：营业外支出   22 000

  贷：待处理财产损溢——待处理固定资产损溢   22 000

企业盘盈的固定资产，一般是以前年度发生的会计差错，应根据重置价值借记"固定资产"科目，贷记"以前年度损益调整"账户。具体的账务处理内容将在财务会计课程中介绍。

4. 库存现金清查结果的账务处理

在库存现金清查中，会计人员发现现金短缺或盈余时，除了设法查明原因外，还应及时根据"库存现金盘点报告表"进行账务处理。

【例 8-6】大华公司进行现金清查，发现账款 102 元，编制记账凭证。

批准前，调整库存现金账存数：

借：库存现金   102

  贷：待处理财产损溢——待处理流动资产损溢   102

经反复核查，未查明原因，经批准做营业外收入处理：

借：待处理财产损溢——待处理流动资产损溢   102

  贷：营业外收入   102

【例 8-7】大华公司进行现金清查，发现短款 320 元，编制记账凭证。

批准前，调整库存现金账存数：

借：待处理财产损溢——待处理流动资产损溢　　　　　　　　320

　　贷：库存现金　　　　　　　　　　　　　　　　　　　　　　320

经查，属于出纳人员李蜜的责任，应由其赔偿：

借：其他应收款——李蜜　　　　　　　　　　　　　　　　320

　　贷：待处理财产损溢——待处理流动资产损溢　　　　　　　320

5. 往来款项清查结果的账务处理

（1）在财产清查中查明确实无法收回的应收款项，不是通过"待处理财产损溢"账户进行核算，而是在原来账面记录的基础上，按规定程序报经批准后，直接转销，转销方法通常采用备抵法。备抵法是指按期对应收款项估计坏账损失，形成坏账准备，当坏账实际发生时，应根据其金额冲减坏账准备，同时转销应收款项的一种方法。

采用备抵法，企业应设置"坏账准备"账户。企业计提坏账准备时，借记"资产减值损失"账户，贷记"坏账准备"账户；实际发生坏账时，借记"坏账准备"账户，贷记"应收账款"等账户。

【例 8-8】某企业 2022 年年末对应收款项经过分析计算，应计提坏账准备 10 000 元，编制记账凭证。

2022 年年末账务处理如下：

借：资产减值损失　　　　　　　　　　　　　　　　　　10 000

　　贷：坏账准备　　　　　　　　　　　　　　　　　　　　　10 000

2023 年 2 月一笔应收账款确实无法收回，发生坏账损失 2 000 元，账务处理如下：

借：坏账准备　　　　　　　　　　　　　　　　　　　　2 000

　　贷：应收账款　　　　　　　　　　　　　　　　　　　　　2 000

（2）在财产清查中查明确实无法支付的应付款项，一般直接转为营业外收入。

【例 8-9】大华公司清理出长期无法支付的应付账款 2 500 元，经查实对方单位已破产，经批准作销账处理，编制记账凭证。

借：应付账款　　　　　　　　　　　　　　　　　　　　2 500

　　贷：营业外收入　　　　　　　　　　　　　　　　　　　　2 500

复习思考题

1. 财产清查定义为何？企业为什么要进行财产清查？

2. 实物清查的方法有哪几种？如何进行？

3. 什么是未达账项？企业与银行之间发生未达账项有哪几种基本类型？

4. 如何编制"银行存款余额调节表"？

5. 如何对各类财产清查的结果进行账务处理？

练习题

一、单项选择题

1. 对于银行已经入账而企业尚未入账的未达账项，企业应当（　　）。

    A. 在编制"银行存款余额调节表"时同时入账

    B. 根据"银行对账单"记录的金额入账

    C. 根据"银行对账单"编制记账凭证入账

    D. 待结算凭证到达后入账

2. 对应收账款进行清查时采取的方法是（　　）。

    A. 实地盘存法   B. 技术推算法

    C. 账实核对法   D. 查询核实法

二、多项选择题

1. 财产物资盘盈在进行账务处理时，应当计入（　　）会计账户中。

    A. 营业外收入   B. 管理费用

    C. 其他业务收入   D. 制造费用

2. 清查财产物资实存数量采取的方法是（　　）。

    A. 实地盘存法   B. 技术推算法

    C. 账实核对法   D. 查询核实法

3. 清查财产物资金额采取的方法是（　　）。

    A. 账面价值法   B. 评估确认法

    C. 账实核对法   D. 查询核实法

9   会计核算形式

9.1   会计核算形式的意义和种类

9.1.1   会计核算形式的意义

1. 会计核算形式的含义

会计核算形式，又叫会计核算组织形式，是指在会计核算中，会计凭证组织、会计账簿组织和账务处理程序相互结合的会计核算工作的方式。

会计凭证组织是指会计核算中使用的会计凭证的种类、格式和各种凭证之间的相互关系；会计账簿组织是指在会计核算中使用的会计账簿的种类、格式和各种账簿之间的相互关系；账务处理程序是指从填制会计凭证到登记账簿，最后形成会计报表的方法和步骤。所以，会计核算形式实质上是将会计方法、会计技术和会计工作的组织融会在一起的技术组织方式。

2. 会计核算形式的意义

为了搞好会计核算，把账务处理工作组织得井然有序，任何单位都必须选择一个科学合理的、适合本单位的会计核算形式。其主要意义是：

（1）有利于提高会计工作质量。企业建立科学合理的会计核算形式，形成加工和整理会计信息的正常机制，这是提高会计信息质量的重要保障，有利于提高会计核算工作质量。

（2）有利于规范企业的会计核算工作。企业建立科学合理的会计核算形式，是对整个会计核算工作各方面、各环节、各步骤作了统一的规范，使整个会计核算工作按照一定的步骤和方法有条不紊地进行，加强了会计工作各环节的相互配合和监督，最大限度地减少和避免差错，因而是综合治理会计核算中混乱现象、提高会计信息质量的有效措施。

（3）有利于提高会计核算工作效率。科学适用的会计核算形式，合理地安排了从记账准备工作起到最终编制会计报表并提供会计信息为止的全部工作程序，可以避免多余环节，减少记账工作中的重复劳动，节约核算费用和时间；同时，有利于各项会计核算工作得到最佳的协调配合，并节约核算费用，从而使会计记录正确、及时、完整，提高会计工作的效率。

（4）有利于提高会计资料的有用性。科学适用的会计核算形式可以对企业的经济活动作出正确及时的核算和监督，为分析经济活动中存在的问题，为企业的经营决策提供可靠的依据，从而提高会计核算资料的有用性；会计人员也才有时间进一步加强会计管理，发挥会计监督的作用。

9.1.2 建立会计核算形式的原则

1. 必须符合会计基本理论和方法的原则

会计基本理论和方法是在长期的会计工作实践中逐渐形成的，是对会计实践的科学总结。它来源于会计实践，反之又指导会计实践。

首先，企业在建立会计核算形式时，以不违背会计账务处理的基本程序为前提。会计核算形式所要解决的中心问题是如何合理组织和安排会计核算工作中账务处理的步骤和方法。账务处理的基本程序是：从会计凭证的填制与审核到登记会计账簿，最后到编制会计报表。这一基本程序的各个环节缺一不可，而且不能任意颠倒。它是建立会计核算形式的前提条件。

其次，企业在建立会计核算形式时，必须贯彻序时核算与分类核算相结合、总分类核算与明细分类核算相结合、日常零星核算与期末汇总核算相结合的原则。任何核算形式既要有对经济业务以会计分录和摘要记录为主的形式所作的序时记录，又要有分门别类反映会计对象增减变化及结果的分类记录；分类记录中既要有总括的、统驭性的总分类记录，又要有从属的、补充说明总括记录的明细记录；在日常经济业务发生时必须及时记录，而且在期末又须对日常的记录既要设置序时账簿，又要设置分类账簿；既要设置总分类账簿，又要设置明细分类账簿；既要进行日常零星核算，又要进行期末汇总核算。与此同时，会计凭证的组织也要与之适应。因此，遵循三个结合的原则是建立科学、合理的会计核算形式的必要条件。

2. 必须遵循实事求是的原则

实事求是是企业建立科学、合理的会计核算形式的指导性原则。该原则要求企业必须根据自身的生产经营特点、企业规模的大小、业务繁杂程度以及现有的会计人员数量和质量来建立会计核算形式。所以，每一个企业都不能照搬别人的形式，而应当按本单位的实际加以改造，并随着企业的发展而不断改进和完善。

3. 必须符合精简节约的原则

企业单位建立的会计核算形式要在保证会计核算质量的前提下，尽可能简化会计核算手续，剔除不必要的功能，减少账务处理中的重复劳动，提高会计核算工作的效率，节约会计核算工作中的人力、物力和财力的耗费。

4. 有利于建立会计工作岗位责任制的原则

建立会计核算形式要有利于会计部门和会计人员的分工与协作，有利于明确会计人员工作岗位的职责；同时，又有利于不同程序之间的相互牵制。

5. 必须满足会计电算化的要求

会计电算化是会计核算工作的发展方向和必由之路。它以电子计算机为主要手段，将当代电子技术和信息技术应用到会计事务中，利用计算机代替人工记账、算账和报账，以及替代部分由人脑完成的对会计信息的分析和判断。各企业建立会计核算形式必须适应这种会计现代化发展的需要，其凭证的组织和账簿的选择及账务处理程序的设定必须适应电子计算机处理会计业务的要求。

9.1.3 会计核算形式的种类

在会计实务中，由于会计凭证、会计账簿和账务处理程序有多种多样的结合形式，因而就形成了各种各样的会计核算形式。每个企业、单位可根据自身的特点，选择适合的会计核算形式。

我国目前常用的会计核算形式主要有记账凭证核算形式、科目汇总表核算形式、汇总记账凭证核算形式、多栏式日记账核算形式、日记总账核算形式以及普通日记账核算形式等。这些核算形式尽管在凭证组织、账簿组织及具体的账务处理步骤上各有不同，但其基本的核算程序是共同的。这些共同的程序可用图 9-1 所示。

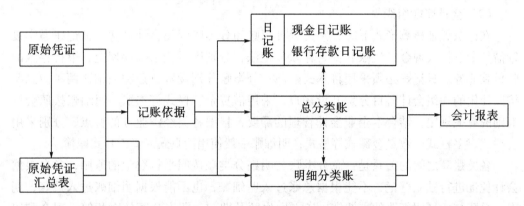

说明：──→ 表示制证、登账、编表；◄┈┈► 表示核对

图 9-1　会计核算形式的基本程序

这几种会计核算形式的主要区别是登记总账的依据和方法不同，因而带来了会计凭证和账簿的组织差异。

9.2　记账凭证核算形式

9.2.1 记账凭证核算形式的基本内容

1. 记账凭证核算形式的特点

记账凭证核算形式是指对于企业发生的所有经济业务都应当根据原始凭证或原始凭证汇总表编制记账凭证，再根据记账凭证逐笔登记总账的一种会计核算形式。其特点是直接根据每张记账凭证逐笔登记总分类账。由于这一特点能够与其他核算形式相区别，因此人们就突出这一特点而将其命名为记账凭证核算形式。这是我国目前最基本的一种会计核算形式，它几乎包含了其他核算形式的基本内容，其他核算形式是在它的基础上根据会计管理的需要发展演变而成的。

2. 记账凭证核算形式的内容

（1）会计凭证组织

在记账凭证核算形式下应当设置两类会计凭证。一类是原始凭证，包括经济业务发生完成时填制、取得的原始凭证以及根据这些原始凭证汇总编制的原始凭证汇总表和会计人员编制的各种费用分配表等。另一类是记账凭证，可以设置单式记账凭证，也可以设置复式记账凭证；复式记账凭证可以采用通用格式，也可以采用专用格式即分别设置收款凭证、付款凭证和转账凭证。

各类凭证之间的关系是：原始凭证汇总表根据原始凭证编制；记账凭证主要根据原始凭证编制，当原始凭证汇集为原始凭证汇总表时，就主要根据该汇总表编制记账凭证。更正错误、账项调整、结转等业务不能取得原始凭证时，这些业务需要填制的记账凭证则根据有关账簿资料编制。

（2）会计账簿组织

在记账凭证核算形式下应分别设置日记账和分类账两类会计账簿。日记账通常设置借贷余三栏式现金日记账和银行存款日记账，分别序时记录库存现金、银行存款的收付款业务。日记账必须采用订本式账簿。分类账分别设置总账和明细账两种。总账按照使用的一级会计科目分别开设账户，采用借贷余三栏式订本账。明细账按照会计准则的有关规定，结合本企业会计管理的需要，根据各类经济业务的特点，分别采用三栏式、多栏式、数量金额式等格式；明细账一般使用活页式或者卡片式账簿。

各类账簿之间的关系是：总分类账与明细分类账按照平行登记的原则，各自根据会计凭证进行独立登记，不能根据总账过入明细账，也不能根据明细账过入总账，期末，总账与所属明细账的本期借、贷方发生额及期初、期末余额核对相符；现金和银行存款日记账根据原始凭证或收款凭证和付款凭证逐笔连续登记，期末与库存现金总账和银行存款总账核对。凡设有日记账的账户，其本期发生额和余额与相应的日记账本期发生额和余额一致，日记账与分类账只有核对关系，不能相互转录。

（3）账务处理程序

在记账凭证核算形式下，整个账务处理程序是：

① 根据原始凭证或原始凭证汇总表编制记账凭证；

② 根据收、付款凭证登记现金日记账和银行存款日记账；

③ 根据记账凭证并结合原始凭证登记明细账；

④ 根据记账凭证登记总分类账；

⑤ 月末，总分类账簿与日记账簿的有关记录相核对，总分类账簿与明细分类账簿的有关记录相核对；

⑥ 月末进行结账，试算平衡和编制会计报表。

记账凭证核算形式下的凭证组织、账簿组织和账务处理程序有机结合如图 9-2 所示。

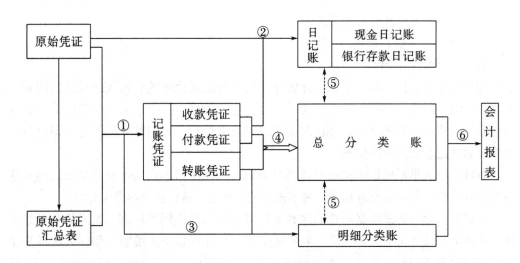

说明：——→ 表示制证、登账、编表；◄·····► 表示核对； ⟹ 表示登记总账

图 9-2　记账凭证核算形式

9.2.2　记账凭证核算形式的优缺点及适用范围

1. 记账凭证核算形式的优点

记账凭证核算形式的主要优点是层次清楚，简单明了，手续简便，容易掌握；总分类账由于是依据记账凭证逐笔登记的，故较为详细，有利于对账和查账。

记账凭证核算形式的凭证组织、账簿组织和账务处理程序是最一般的，记账程序简单，方法容易掌握；同时，这种核算形式完整、清晰地体现了会计核算的一切基本要素和账务处理的基本程序，因此是其他核算形式的基础。

2. 记账凭证核算形式的缺点

记账凭证核算形式的主要缺点是：总分类账根据记账凭证登记，过账的工作量大。为了克服这种缺点，应当尽量采用原始凭证汇总表，以减少记账凭证的数量。

3. 记账凭证核算形式的适用范围

记账凭证核算形式的缺点限制了它的使用范围。它主要适用于规模较小、业务量较少、记账凭证不多的企业。

9.3　科目汇总表核算形式

9.3.1　科目汇总表核算形式的基本内容

1. 科目汇总表核算形式特点

科目汇总表核算形式是指定期将所有记账凭证编制成科目汇总表，然后再根据科目汇总表直接登记总分类账的一种核算形式。它是在记账凭证核算形式的基础上，通过增设科目汇总表，并以该表作为登记总账的直接依据而形成的，这也是科目汇总表核算形式区别于其他核算形式的最大特点。

2. 科目汇总表核算形式的内容

（1）会计凭证的组织

在科目汇总表核算形式下，会计凭证的组织与记账凭证核算形式的凭证组织基本上是一致的，但是，科目汇总表形式下，为了便于汇总，会计人员可以编制简单会计分录和单式凭证。除此之外，会计人员还需要独立设置一种记账凭证汇总表即科目汇总表作为登记总账的直接依据。

科目汇总表是根据记账凭证定期绘制编制，以表格的形式列示有关总账户的本期发生额合计数，据以登记总账的一种记账凭证汇总表，这已在第四章中介绍。

科目汇总表的格式根据汇总的次数不同可分别选择不同的格式：如果每月汇总的次数不固定，或者每 5 天、每周、半个月或者一个月汇总一次编制一张，可选择采用第四章中的表 4-16 的格式；如果每旬汇总一次，每月编制一张，可选择表 9-1 的格式。

表 9-1 科 目 汇 总 表

年　　月

会计科目	记账	1 日至 10 日		1 日至 10 日		1 日至 10 日		本月合计	
		借方	贷方	借方	贷方	借方	贷方	借方	贷方
库存现金									
银行存款									
原材料									
……									
合　计									

（2）会计账簿组织

在科目汇总表核算形式下，其账簿组织与记账凭证核算形式基本相同，但由于科目汇总表不反映各账户的对应关系，因而总账可采用借贷余三栏式，明细账根据需要采用三栏式、多栏式和数量金额式。

现金日记账和银行存款日记账也采用三栏式。总分类账可以根据每次汇总编制的科目汇总表随时进行登记，也可以在月末时，根据科目汇总表中各会计科目借方发生额和贷方发生额的全月数一次登记。

（3）账务处理程序

科目汇总表核算形式与记账凭证形式下的账务处理程序基本相同，只是在第④步中增加编制科目汇总表的步骤，即将原来登记总账的一步变为两步，先根据记账凭证编制科目汇总表，再依据科目汇总表登记总账，其余步骤完全相同。

科目汇总表形式下的凭证组织、账簿组织和账务处理程序的有机结合如图 9-3 所示。

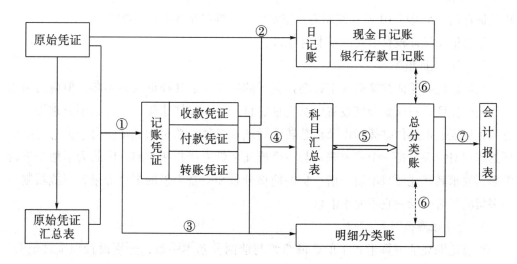

说明：——→ 表示制证、登账、编表；◄----- 表示核对；===⇒ 表示登记总账

图 9-3 科目汇总表核算形式

9.3.2 科目汇总表核算形式的优缺点及适用范围

1. 科目汇总表核算形式的优点

科目汇总表核算形式的最明显的优点是：由于根据科目汇总表来登记总分类账，所以大大减少了登记总账的工作量；记账的层次比较清楚，手续比较简单；编制科目汇总表还可以进行试算平衡，有利于保证总账资料的准确性。

2. 科目汇总表核算形式的缺点

科目汇总表的主要缺点是在科目汇总表中只反映各账户的借方发生额和贷方发生额，不能反映各个账户的对应关系及经济业务的来龙去脉，不便于根据账簿记录检查分析经济业务情况，不便于查对账目。如果企业规模较大、业务量较多，记账凭证的汇总工作量也较大。

3. 科目汇总表核算形式的适用范围

科目汇总表核算形式适用于经济业务比较频繁，但又不是很复杂的中型企业和其他经济单位。

9.4 汇总记账凭证核算形式

9.4.1 汇总记账凭证核算形式的基本内容

汇总记账凭证核算形式是指定期将记账凭证汇总编制各种汇总记账凭证，然后根据汇总记账凭证登记总分类账的一种核算形式。此种核算形式的主要特点是先根据记账凭证定期（5 天或 10 天）编制汇总记账凭证，再据此登记总分类账。

汇总记账凭证核算形式的基本内容如下：

1. 会计凭证组织

在汇总记账凭证核算形式下，会计凭证的组织与前几种形式差不多，但应当采用专用记账凭证，不仅要分别设置收款凭证、付款凭证和转账凭证，还必须分别设置汇总收款凭证、汇总付款凭证以及汇总转账凭证这三种汇总记账凭证。由于汇总转账凭证的账户对应关系是一个贷方账户与一个或几个借方账户相对应，因此为了便于进行汇总，要求转账凭证只填制一借一贷的简单分录和一贷多借的复合分录，不能填制一借多贷的复合分录，它不便于汇总。

2. 会计账簿组织

汇总记账凭证核算形式下的账簿组织与前两种基本一致，分别设置现金日记账、银行存款日记账和有关总分类账以及明细分类账。

3. 账务处理程序

汇总记账凭证核算形式的账务处理程序是在科目汇总表形式的账务处理程序的基础上，对汇总方式加以改进而形成的。在此账务处理程序中，会计人员将分析性较差记账凭证汇总表——"科目汇总表"改变为能够反映账户对应关系的累计性汇总记账凭证——"汇总记账凭证"，从而形成了汇总记账凭证核算形式的账务处理程序。

比较汇总记账凭证形式与科目汇总表形式的账务处理程序，主要是第④步不同，其余各步骤完全一致。在汇总记账凭证形式下的第④步是分别根据收、付、转记账凭证编制汇总收款凭证、汇总付款凭证和汇总转账凭证；然后第⑤步，再根据三种汇总记账凭证登记有关总账。其登记方法是：

①根据汇总收款凭证的合计数，记入总分类账中的"库存现金""银行存款"账户的借方，以及相关账户的贷方；

②根据汇总付款凭证的合计数，记入总分类账中"库存现金""银行存款"账户的贷方，以及相关账户的借方；

③根据汇总转账凭证的合计数，记入总分类账中有关账户的借方和相关账户的贷方。

因为汇总记账凭证一般是按月汇总编制的，所以，以此来登记总账一般也是在月终。

汇总记账凭证核算形式下的凭证组织、账簿组织和账务处理程序的有机结合形式如图 9-4 所示。

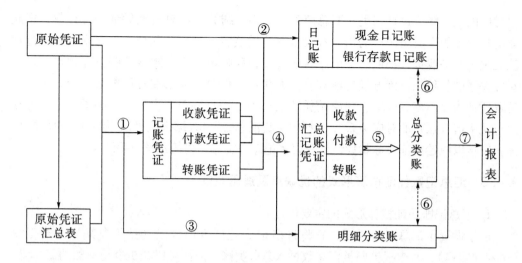

说明： ——→ 表示制证、登账、编表； ←------- 表示核对； ⇒ 表示登记总账

图9-4　汇总记账凭证核算形式

9.4.2　汇总记账凭证的编制方法

汇总记账凭证是一种累计记账凭证，是多次填制完成的，分别为汇总收款凭证、汇总付款凭证和汇总转账凭证三种。

1. 汇总收款凭证

汇总收款凭证是根据现金收款凭证、银行存款收款凭证定期汇总编制的汇总记账凭证。其编制方法是按现金、银行存款账户的借方设置汇总收款凭证，根据汇总期内（5天或10天）全部库存现金和银行存款收款凭证，分别按与设证账户（库存现金或银行存款）相对应的贷方账户进行归类、汇总填列一次，月终时，结算出汇总收款凭证的合计数，据此登记总分类账。可见，凡是与库存现金和银行存款收入有关的业务，都汇集于汇总收款凭证，反映"库存现金"和"银行存款"账户借方相对应各账户的贷方发生额。只有库存现金送存银行和从银行提取现金两种业务的借方发生额是在汇总付款凭证中。

2. 汇总付款凭证

汇总付款凭证是根据现金付款凭证、银行存款付款凭证定期汇总编制的汇总记账凭证。其编制方法是按库存现金、银行存款账户的贷方设置汇总付款凭证，根据汇总期内全部现金和银行存款付款凭证，分别按与设置账户（库存现金或银行存款）相对应的借方账户进行归类、汇总填列一次，月终时，结算出汇总付款凭证的合计数，据此登记总分类账。可见，凡是与库存现金和银行存款付出有关的业务，都汇集于汇总付款凭证，反映"库存现金"和"银行存款"账户贷方相对应各账户的借方发生额。

3. 汇总转账凭证

汇总转账凭证是根据转账凭证定期汇总编制的一种汇总记账凭证。其编制方法是按转账凭证中涉及的每一个贷方账户为主体，分别设置汇总转账凭证，并按与设证账户对应的借方账户进行归类、汇总填列；月终，结算出汇总转账凭证的合计数，据此登记总分类账中有关账户的借方和设证账户的贷方。可见，凡是与库存现金和银行存款无关的经济业务，都汇总于汇总转账凭证，反映不与库存现金和银行存款账户发生对应关系的各种账户借方发生额和贷方发生额。但是，如果在月份内某一贷方账户的转账凭证为数不多，或者有些原始凭证汇总表已按贷方账户设置，反映了一个贷方账户与几个借方账户的对应关系（"耗用材料汇总表"），那么就可以不编制汇总转账凭证，直接以原始凭证或原始凭证汇总表登记总分类账，以简化核算手续。

9.4.3 汇总记账凭证核算形式的优缺点及适用范围

1. 汇总记账凭证核算形式的主要优点

由于设置了汇总记账凭证，它将许多记账凭证定期分段（按汇总期）归类汇总（按对应账户），月末根据归类汇总数过入总分类账，因而可以减少登记总账的工作量，提高工作效率；同时，通过编制汇总记账凭证的方式归类汇总，并根据归类汇总数逐项过入总账，无论是在汇总记账凭证上面，还是过入总账后，都能清晰地反映账户之间的对应关系，可以清楚地反映经济业务的相互关系，以便查对账目。

2. 汇总记账凭证核算形式的主要缺点

一是记账凭证的汇总手续比较复杂，对于规模较小、业务量较少的单位来说，编制汇总记账凭证对于减少登记总账工作的作用不大，反而会增加核算的工作量；二是汇总转账凭证是按贷方账户归类的，而不是按经济业务的性质归类汇总，所以不利于对日常核算工作的合理分工。

3. 汇总记账凭证核算形式的适用范围

汇总记账凭证核算形式主要适用于规模较大、业务发生频繁而且较为复杂的企业和其他单位使用。

9.5 日记账核算形式

日记账核算形式的特点是设置日记账来登记总分类账或者用日记账代替总分类账。它具体又分为多栏式日记账核算形式、日记总账核算形式和普通日记账核算形式。

9.5.1 多栏式日记账核算形式

1. 多栏式日记账核算形式的基本内容

多栏式日记账核算形式是指设置多栏式日记账，并根据它来登记总分类账的一种会计核算形式。此种核算形式的主要特点是设置多栏式现金日记账和多栏式银行存款日记账，并在月末根据这些日记账各专栏的合计数直接登记总分类账，以反映现金和银行存款的收、付业务。至于转账业务，则可根据转账凭证逐笔登记总分类账，也可根据转账凭证编制汇总记账凭证或科目汇总表，再据此登记总账。

（1）会计凭证组织

多栏式日记账核算形式下的凭证组织与前述几种核算形式的凭证组织是相同的。

（2）会计账簿组织

在多栏式日记账核算形式下，现金日记账和银行存款日记账均采用多栏式；总分类账采用汇总式总账，其格式如表9-2所示。

表9-2　总分类账（汇总式）

账户	期初余额		本期发生额								期末余额	
			借　　　方				贷　　　方					
	借方	贷方	现金业务	银行存款业务	转账业务	合计	现金业务	银行存款业务	转账业务	合计	借方	贷方

在多栏式日记账核算形式下，由于现金日记账和银行存款日记账都按其对应账户设置专栏，具备了库存现金和银行存款科目汇总表的功能，月终时，可以直接根据这些日记账的本月借、贷方发生额和对应账户的发生额登记总账。登记时，会计人员根据多栏式日记账借方合计栏的本月发生数，记入总分类账库存现金和银行存款账户的借方，并根据借方栏下各专栏对应账户的本月发生额记入各有关总账账户的借方；同时根据多栏式日记账贷方合计栏的本月发生额记入总分类账现金和银行存款账户的贷方，并根据贷方栏下各专栏对应账户的本月发生额，记入有关总分类账账户的借方。对于库存现金和银行存款的划转数额，因已经分别包括在有关日记账的借方和贷方合计栏的本月发生额之内，所以会计人员无须再根据有关对应账户专栏的合计数登记总分类账，以免重复。对于转账业务，会计人员则根据记账凭证或者科目汇总表登记总账。

除此之外，其他账簿的组织与其他核算形式相同。

（3）账务处理程序

多栏式日记账核算形式的账务处理程序除了将第②步改为登记多栏式日记账，以及第④步是依据多栏式日记账和转账凭证登记总账外，其他各步骤的顺序和内容同前。

多栏式日记账核算形式下的凭证组织、账簿组织和账务处理程序的有机结合如图9-5所示。

2. 多栏式日记账核算形式的优缺点及适用范围

（1）多栏式日记账核算形式的优点

① 多栏式现金日记账和银行存款日记账在序时记录库存现金和银行存款收、付业务的同时，也对这些业务按照对应的总分类账进行了归类，因而起到了库存现金和银行存款的汇总收付凭证的作用，可以大大简化总账的登记工作。

② 多栏式日记账清楚地反映了现金与银行存款收入的来源和支出的用途，对应关系清晰，便于分析用账。

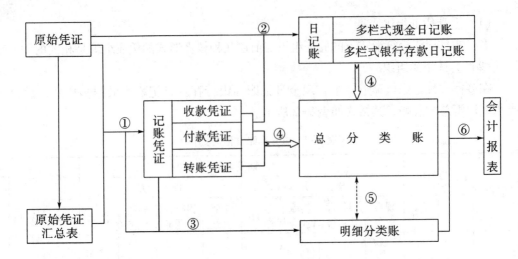

说明：—→ 表示制证、登账、编表； ←---- 表示核对； ⇒ 表示登记总账

图9-5 多栏式日记账核算形式

（2）多栏式日记账核算形式的缺点

①如果企业的经济业务量大，涉及的账户多，则日记账的专栏就多、账页过长，不便于记账（改进的方法可以分别设置现金收入、现金支出的多栏式日记账以及分别设置银行存款收入和银行存款支出的多栏式日记账）。

②月末直接根据日记账登记总账，破坏了日记账与货币资金核算总分类账的核对关系，不利于实行会计的内部牵制制度。

（3）多栏式日记账核算形式的适用范围

多栏式日记账核算形式一般适用于经济业务较多，特别是收付业务较多的企业单位。

9.5.2 日记总账核算形式

1. 日记总账核算形式的基本内容

日记总账核算形式是指对于企业单位的所有经济业务均在日记总账中同时进行序时登记和分类登记的一种核算形式。此种核算形式的主要特点是设置序时与分类相结合的日记总账，进行总分类记录。它是在记账凭证核算形式的基础上，通过改变账簿组织而成的。

（1）会计凭证组织

日记总账核算形式的凭证组织与记账凭证核算形式的凭证组织基本相同。

（2）会计账簿组织

在日记总账核算形式下，设置了日记总账，仍需单独设置现金日记账和银行存款日记账。这些日记账可采用三栏式订本账簿，也可采用多栏式订本账簿。

设置三栏式现金、银行存款日记账时，日记总账应根据收款凭证、付款凭证和转账凭证逐日逐笔直接登记，现金、银行存款日记账只用于期末同日记总账中的库存现金、银行存款账户核对。

设置多栏式现金、银行存款日记账时，转账业务应根据转账凭证逐日逐笔登记日记总账，而收、付款业务，则可根据多栏式现金、银行存款日记账的各专栏的全月合计数，月终过入日记总账，以减少登记日记总账的工作量。

（3）账务处理程序

日记总账核算形式与记账凭证核算形式的账务处理程序基本相同。

日记总账核算形式的凭证组织、账簿组织和账务处理程序的有机结合如图 9-6 所示。

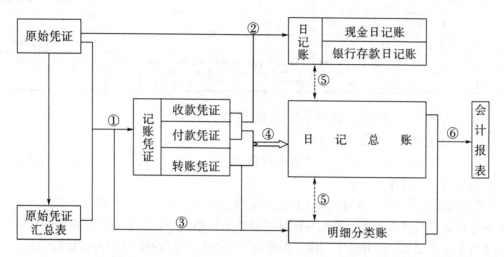

说明：——— 表示制证、登账、编表；◄----- 表示核对；⟹ 表示登记总账

图 9-6 日记总账核算形式

2. 日记总账的编制方法

日记总账是一种日记账与总分类账相结合的联合账簿，它把所有总分类账集中在同一账页上，既按经济业务的顺序进行序时记录，又根据经济业务的性质，按照账户对应关系进行分类记录。日记总账的格式如表 9-3 所示。

日记总账的格式，可划分为序时核算和分类核算两部分：左方从日期到发生额栏，用来进行序时核算的日记账部分；账页的其余部分按总分类账户分设借、贷方栏，用于按照账户对应关系进行分类核算。

登记日记总账时，每一笔业务的发生额，应该以同样的数值，既在"发生额"栏进行登记，又在同一行的有关账户借方栏及其对应账户的贷方栏进行登记。

月末，加记各账户的借、贷方发生额，并分别计算出各账户的月末借方余额和贷方余额。此时，各账户借方发生额之和应当与贷方发生额之和相等，并与"发生额"栏的合计数也相等。如果上列三项数字不相符，说明记账有误或者计算有误，应查明更正。如果三项数字相符，也应注意有无漏记、重记、反方向串户等现象，以确保账簿记录的正确性。

表 9-3　日 记 总 账

2023年 月	日	凭证 字号	摘　要	发生额	库存现金 借方	库存现金 贷方	银行存款 借方	银行存款 贷方	其他应收款 借方	其他应收款 贷方	‖	管理费用 借方	管理费用 贷方
1	1		期初余额		200		1 500				‖		
	1	银付1	提取现金	500	500			500			‖		
	2	现付1	张化领差旅费	300		300			300		‖		
	2	银付2	支付电费	1 750				1 750			‖	1 750	
	4	现付2	买办公品	98		98					‖	98	
	5	转1	张化报差旅费	300						300	‖	300	
	31	转15	结转利润	5 300							‖		5 300
	31		本月发生额	250 000	7 800	7 100	14 000	9 350	1 800	1 853	‖	5 300	5 300
	31		月末余额		900		15 500		247		‖		

3. 日记总账核算形式的优缺点及适用范围

（1）日记总账核算形式的优点

① 手续简便，易于操作。由于直接根据记账凭证登记日记总账，省去了汇总记账凭证的环节，因而操作简便。

② 清晰明了，便于核对。由于日记总账将全部会计账户都集中在一张账页上，对所有经济业务都按业务发生的先后进行序时登记，并按经济业务的性质和账户对应关系进行总分类记录，因此便于记账、查账和了解企业一定时期的全部经济活动情况。

③ 便于编制会计报表。由于日记总账包括全部总分类账户，月末时，全部账户的本期发生额和期末余额集中在一张账页上，因而为编制会计报表提供方便。

（2）日记总账核算形式的缺点

① 因为总分类账集中在同一张账页上，日记总账只能由一个会计人员登记，所以不便于会计人员分工协作。

② 如果使用的总分类账户过多，就会使得日记总账账页过长，登记时容易串行串栏，给记账工作带来不便。

（3）日记总账核算形式的适用范围

日记总账核算形式主要适用于规模不大、经济业务比较简单、使用账户不多的单位。

9.5.3　普通日记账核算形式

1. 普通日记账核算形式的基本内容

普通日记账核算形式是指通过设置普通日记账（分录簿）代替记账凭证，并根据普通日记账来登记总分类账和现金日记账、银行存款日记账的一种核算形式。

（1）会计凭证和会计账簿组织

在普通日记账核算形式下，企业不再设置记账凭证，而是设置普通日记账来代替记账凭证。普通日记账的格式、作用及登记方法已经在第五章中进行了介绍。除此之外，凭证和其他账簿的组织同前。

（2）账务处理程序

在普通日记账核算形式下，由于不设置记账凭证，因而当经济业务发生后，是根据该业务的原始凭证直接在普通日记账上编制会计分录，所以，普通日记账又称为分录簿；然后根据普通日记账上的会计分录逐笔过入有关的总分类账、明细分类账和现金日记账、银行存款日记账。其他步骤同前。

普通日记账核算形式的会计凭证、会计账簿和账务处理程序结合形式如图9-7所示。

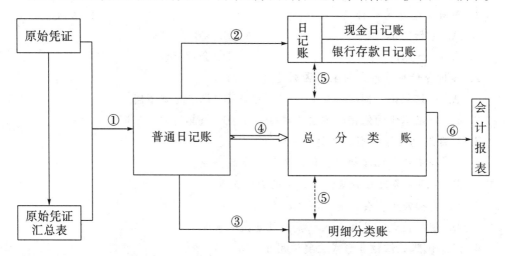

说明：—— 表示制证、登账、编表；------► 表示核对；====► 表示登记总账

图9-7　普通日记账核算形式

2. 普通日记账核算形式的优、缺点和适用范围

（1）普通日记账核算形式的优、缺点

普通日记账的优点是将全部经济业务的会计分录记录于一本普通日记账上，便于了解经济活动的全貌，方便查阅，同时简单明了，起到了简化工作的作用。

缺点是根据一本日记账来登记总账、明细账和特种日记账不便于记账的分工协作，记账工作量大，也容易造成重复记账现象；再者，原始凭证和会计分录的分离，不利于会计档案的管理。

（2）普通日记账核算形式的适用范围

普通日记账核算形式主要适用于规模较小、业务量不多且简单的企业、单位。

复习思考题

1. 何谓会计核算形式？它的作用有哪些？
2. 确立科学合理的会计核算形式应当遵循哪些基本原则？
3. 我国目前常用的会计核算形式有几种？它们之间的主要区别是什么？
4. 记账凭证核算形式的基本内容包括哪些？其优缺点有哪些？适用范围如何？
5. 科目汇总表核算形式的基本内容包括哪些？其优缺点有哪些？适用范围如何？

6. 汇总记账凭证核算形式的基本内容包括哪些？其优缺点有哪些？适用范围如何？

7. 多栏式日记账核算形式的基本内容有哪些？其优缺点有哪些？适用范围如何？

练习题

一、单项选择题

1. 科目汇总表是一种（　　　）。

    A. 原始凭证　　　　　　　　　　　B. 记账凭证

    C. 会计账簿　　　　　　　　　　　D. 会计报表

2. 各种会计核算形式的主要区别是（　　　）。

    A. 原始凭证不同　　　　　　　　　B. 记账凭证不同

    C. 登记总账的依据和方法不同　　　D. 核算的程序不同

3. 科目汇总表核算形式主要适用于（　　　）。

    A. 经济业务比较频繁，但又不很复杂的企业

    B. 经济业务比较频繁，且复杂的大型企业

    C. 规模较小，会计凭证不多的企业

    D. 规模较大，业务发生频繁，且复杂的企业

4. 汇总记账凭证核算形式主要适用于（　　　）。

    A. 经济业务比较频繁，但又不很复杂的企业

    B. 经济业务比较频繁，且复杂的大型企业

    C. 规模较小，会计凭证不多的企业

    D. 规模较大，业务发生频繁，且复杂的企业

二、多项选择题

1. 下列内容不是记账凭证核算形式的特点的是（　　　）。

    A. 直接根据每张记账凭证逐笔登记总账

    B. 直接根据科目汇总表登记总账

    C. 直接根据汇总记账凭证登记总账

    D. 直接根据日记账登记总账

2. 科目汇总表核算形式不适用于（　　　）。

    A. 经济业务比较频繁，但又不很复杂的企业

    B. 经济业务比较频繁，且复杂的大型企业

    C. 规模较小，会计凭证不多的企业

    D. 规模较大，业务发生频繁，且复杂的企业

3. 记账凭证核算形式不适用于（　　　）。

    A. 经济业务比较频繁，但又不很复杂的企业

    B. 经济业务频繁，但不复杂的大型企业

    C. 规模较小，会计凭证不多的企业

    D. 规模较大，业务发生频繁，且复杂的企业

10　财务报表

10.1　财务报表的意义和报表体系

10.1.1　财务报表的意义

　　财务报表是对企业财务状况、经营成果和现金流量的结构性表述。它是反映企业某一特定日期的财务状况和某一会计期间经营成果、现金流量的书面文件。编制财务报表是会计核算方法体系中一种重要的专门方法。

　　编制财务报表的主要目的，就是为财务报表使用者进行经济决策提供有用的会计信息。财务报表所提供的会计信息对企业的投资者、债权人、经营管理者、国家宏观管理部门，乃至社会公众了解企业的生产经营情况，分析、评价企业的财务状况、经营管理业绩和可持续发展能力等具有重要的意义。财务报表与会计凭证等其他会计资料相比，具有更集中、更概括和更系统的特点，因此，具有其他会计资料无法比拟的重要作用。具体表现在以下几个方面：

　　1. 财务报表是投资者、债权人评价企业财务状况和经营业绩的重要依据

　　企业外部的投资者、债权人通过企业定期提供的财务报表，可以了解企业的财务状况和经营业绩，分析、评价企业的偿债能力、盈利能力、获取现金的能力和可持续发展能力，并据此对企业经营管理当局的工作业绩作出评价和做出相应的经济决策。

　　2. 财务报表是企业管理当局改善经营管理的重要依据

　　财务报表是企业管理当局掌握企业情况，做出正确决策的重要依据。通过企业定期编制的财务报表，管理当局可以全面掌握企业的财务状况、经营情况、现金流量以及所有者权益变动情况，通过进一步分析，可以发现经营管理中存在的问题，探究问题存在的原因，并有针对性地采取有效措施，以改善经营管理，提高经营管理效益，增强可持续发展能力。

　　3. 财务报表是国家进行宏观调控的重要资料来源

　　企业定期报送的财务报表是财政、工商、税务、审计等国家有关行政管理部门监督国民经济运行情况，实施宏观调控的主要依据。通过财务报表，它们可以了解企业生产经营情况的好坏、管理水平的高低，监督企业执行国家财政方针、政策，遵守财经纪律和税收法规的情况；通过汇总企业财务报表，了解整个部门、地区，乃至整个国民经济的运行状况，并据以进行相应的宏观调控。

4. 财务报表是社会公众了解企业财务状况和经营情况的重要依据

企业的财务报表是证券分析、会计师事务所等社会中介机构和工会、社区以及企业员工了解企业基本情况的主要信息来源。社会公众通过企业财务报表提供的会计信息，评价企业的财务状况、经营业绩、社会责任的履行和经济效益情况，并据以作出判断和做出相应的决策。

10.1.2 财务报表的内容

企业财务报表是按照《企业会计准则》的规定，为满足多方面的需要编制的，是向财务报表使用者提供会计信息的主要载体。财务报表是反映企业在某一特定日期的财务状况和某一会计期间的经营成果、现金流量和所有者权益变动情况信息的书面文件。

按照新会计准则的要求，我国企业的对外财务报表由两部分构成：一是会计报表，包括资产负债表、利润表、现金流量表和所有者权益变动表；二是附注。

1. 会计报表

（1）资产负债表，也称为财务状况表，是反映企业在某一特定日期财务状况的财务报表。财务状况是指企业在某一时点的资产、负债、所有者权益相互对照揭示的关系。资产负债表以"资产=负债+所有者权益"这一会计恒等式为理论依据编制，对日常工作中形成的大量数据进行高度浓缩整理后编制而成，是反映企业财务状况的一种静态报表。

资产负债表在整个财务报表体系中占据着重要地位，被称为第一报表。资产负债表将企业的财务状况，包括资产结构、负债结构和资本（权益）结构等会计信息，通过报表形式提供给使用者，特别是投资者、债权人，供他们决策使用。

（2）利润表，又称为损益表，是反映企业一定期间生产经营成果的财务报表。利润表根据收入与费用配比原则，将一定期间企业所取得的收入与发生的费用进行配比，从而揭示出该期间经营成果（盈利额或亏损额）。利润表是反映企业在一定时期所取得经营成果的动态报表。

利润表是企业财务报表体系中的重要报表，被称为第二报表。利润表向报表使用者提供揭示企业盈利结构和盈利能力的会计信息，财务报表的使用者可据此对企业的经营管理业绩及其未来发展趋势作出分析、判断。

（3）现金流量表，是以现金为基础编制的，反映企业在一定会计期间内现金和现金等价物流入和流出的报表。现金流量表是以收付实现制原则为基础编制的反映企业一定时期生产经营情况的财务报表。

现金流量表从经营活动、投资活动和筹资活动三个方面反映企业在一定期间的现金流动情况，揭示企业财务状况变动情况及其原因。现金流量表可为报表使用者提供反映企业支付能力及收益质量的会计信息，为评价其财务弹性，预测其未来现金流量提供依据。

（4）所有者权益（股东权益，下同）变动表，是反映构成所有者权益的各组成部分当期的增减变动情况的报表。所有者权益变动表为报表使用者提供企业当期所有者权益各组成部分发生增减变动的情况及其原因等会计信息。

2. 附注

附注是为便于报表使用者理解财务报表的内容而对财务报表的编制基础、编制依据、编制原则和方法及重要项目所作的解释。附注是财务报表的重要组成部分。

10.1.3　企业财务报表的种类

1. 静态财务报表和动态财务报表

财务报表按其提供指标的性质可分为静态财务报表和动态财务报表。

（1）静态财务报表，是综合反映企业某一特定日期的资产、负债和所有者权益等财务状况的财务报表，如资产负债表，它提供的是时点指标。

（2）动态财务报表，是综合反映企业一定时期的经营情况或现金流量以及所有者权益变动情况的财务报表，如利润表、现金流量表和所有者权益变动表，它提供的是时期指标。

2. 中期报表和年度报表

财务报表按编制的时间不同可分为中期报表和年度报表。

（1）中期报表，是企业在短于一个会计年度的报告期间编制的财务报表，包括月度报表、季度报表和半年度报表。

（2）年度报表，是企业在年末编制的，反映企业从年初（新成立企业为开业）至年末的一个完整会计年度的生产经营、财务状况、经营成果、现金流量以及所有者权益变动情况的财务报表。

3. 单位报表和汇总报表

财务报表按编制单位不同可以分为单位报表和汇总报表。

（1）单位报表是指由独立核算的基层企业在自身会计核算基础上对账簿记录进行加工而编制的财务报表，反映企业个体的财务状况、经营成果、现金流量以及所有者权益变动情况。

（2）汇总报表是由企业上级机关或主管部门，根据所属单位编制的财务报表，连同本单位财务报表综合编制的财务报表。

4. 内部报表和外部报表

财务报表按服务对象不同，可以分为内部报表和外部报表。

（1）内部报表，是适应企业经营管理需要而编制的各种报表。内部报表不需要对外公开，无须统一规定种类、格式、内容，由企业根据需要自行规定，比如成本报表、管理会计报表等。

（2）外部报表，是提供给企业外部，供投资者、债权人、政府有关部门和证券机构等使用的财务报表。外部报表的种类、格式、内容和报送时间等均有国家相应的法律法规规定，企业必须严格按照规定编制和报送。

5. 个别报表和合并报表

财务报表按报表各项目反映的数字内容不同，可以分为个别报表和合并报表。

（1）个别报表，是只反映企业本身的财务状况、经营成果、现金流量以及所有者权益变动情况的财务报表。

（2）合并报表，是由企业集团中对其他单位拥有控制权的母公司编制的综合反映企业集团整体的财务状况、经营成果、现金流量以及所有者权益变动情况的财务报表。

10.1.4　编制财务报表的基本要求

国务院颁布的《企业财务会计报告条例》和《企业会计准则第 30 号——财务报表列报》《企业会计准则第 31 号——现金流量表》《企业会计准则第 32 号——中期财务报告》等准则均对企业编制财务报表作出了规范。编制财务报表的基本要求主要包括以下几项：

1. 数字真实

财务报表信息真实可靠，是会计信息具有使用价值的前提和基础。企业要确保财务报表数字真实，企业必须根据实际发生的交易或事项进行会计核算，根据客观、真实的账簿记录编制财务报表，不得任意估计、篡改数字，弄虚作假，应如实反映生产经营活动和财务收支情况。

2. 内容完整

企业财务报表的种类、格式和内容是根据多方面需要制定的，只有按照规定的报表种类、项目和内容进行编报，才能全面反映企业的财务状况和经营成果，使有关各方获得必要的会计信息资料。因此，企业必须完整地按照规定的报表种类、格式和内容编报，不得漏编漏报、漏填漏列。

3. 计算准确

准确、可靠是财务报表信息有助于报表使用者据以做出有效经济决策的前提条件，因此，企业编制财务报表必须确保各项目的数额按照企业会计准则或统一会计制度中规定的方法计算填列，以保证报表数字准确无误。

4. 报送及时

信息的特征就是具有时效性，只有及时编报的财务报表，才有助于使用者做出迅速、准确的经济决策。为确保财务报表的及时编报，企业必须在业务发生时及时进行会计核算，及时登记账簿、及时进行汇总。

10.1.5　对外提供财务报表的规定

《企业财务会计报告条例》《企业会计制度》《企业会计准则第 30 号——财务报表列报》《企业会计准则第 31 号——现金流量表》《企业会计准则第 32 号——中期财务报告》等新准则对企业对外提供财务报表均作了明确的规定。

1. 财务报表的提供期限

月度财务报表应当于月度终了后 6 天（节假日顺延，下同）对外提供；季度财务报表应当于季度终了后 15 天对外提供；半年度财务报表应当于年度中期结束后 60 天对外提供；年度财务报表应当于年度终了后 4 个月对外提供。

2. 财务报表的金额单位

企业编制的财务会计报告应当以人民币"元"为金额单位（以某种外币为记账本

位币的企业，编制的财务会计报告在向中华人民共和国境内的单位或个人提供时，也应当换算为人民币单位"元"），"元"以下填至"分"。

3. 财务报表的格式要求

企业对外提供的财务会计报告应当依次编定页码，加具封面，装订成册，并加盖公章。封面上应当注明企业名称、统一代码、组织形式、地址、报告所属年度或者月份、报告日期，并由企业负责人和主管会计工作的负责人、会计机构负责人（会计主管人员）签名并盖章；设置总会计师的企业，还应当由总会计师签名并盖章。

10.2 资产负债表

10.2.1 资产负债表的作用

资产负债表将企业的财务状况，包括资产结构、负债结构和资本（权益）结构等会计信息，通过报表形式提供给使用者，特别是投资者、债权人，供他们决策使用。资产负债表的主要作用包括以下几个方面：

1. 反映企业所掌握的经济资源及其分布情况

企业资产的种类和数量（价值量）都通过资产负债表，以报表的形式反映在报表使用者之前。这为报表使用者了解、分析和评价企业的资产（经济资源）总量及其分布提供了方便。

2. 反映企业资金的来源渠道和构成情况

企业的资金来源于债权人提供的负债和投资人提供的所有者权益两个渠道。其中，根据债权人的不同，企业的负债又由金融机构提供的贷款、供应商提供的商业信用和通过发放企业债券筹集的应付债券款等构成；根据所有者权益资金的来源不同，企业的所有者权益又由投资者直接投入企业的资本金和企业通过经营积累形成的盈余公积金，以及未限定用途可留作以后期间股利分配的未分配利润等构成。通过资产负债表，报表使用者可以了解、分析、评价企业资金的来源渠道和构成情况。

3. 反映企业管理当局的经营业绩

资产负债表提供了反映企业财务状况的资产、负债及所有者权益的总额及其相互关系的相应指标。通过对资产负债表所反映的企业资产、负债及所有者权益总额及其构成的变化，不仅可以反映、分析、评价企业当期通过实现盈利所增加的所有者权益，还可以反映、分析、评价企业管理当局当期通过经营策略的贯彻与调整，实现的财务状况的改善情况，特别是通过与其他报表结合，可为全面分析评价管理当局经营业绩提供资料。

4. 反映企业的财务实力及发展趋势

通过对资产负债表经济资源及其构成、权益资金来源及其构成的分析，可以获得反映企业财务实力的资产总额、权益总额及其构成等指标。通过对资产负债表前后期间（期初、期末）资产、负债及所有者权益总额及其构成情况的比较分析，可以把握企业的发展趋势，预测企业的发展前景。

10.2.2 资产负债表的结构

1. 资产负债表的组成

资产负债表通常包括表头和表体。

表头主要包括报表名称、编制单位、编制日期和金额单位；表体是资产负债表的主要部分，分左右两方列示资产、负债和所有者权益的期末余额和年初余额。

2. 资产负债表的格式

资产负债表是以"资产＝负债＋所有者权益"这一会计恒等式为理论依据来编制的，其各种会计要素均按流动性来排列。资产和负债的各项目按流动性大小依次从上到下列示。资产负债表的格式有账户式和报告式两种。我国企业会计准则规定，企业的资产负债表采用账户式，其格式如表 10-1 所示。

表 10-1　资 产 负 债 表　　　　　　　　会企 01 表

编制单位：　　　　　　　　　　　_____年___月___日　　　　　　　　　　　单位：元

资　产	期末余额	年初余额	负债和所有者权益	期末余额	年初余额
流动资产：			流动负债：		
货币资金			短期借款		
交易性金融资产			交易性金融负债		
应收票据及应收账款			应付票据及应付账款		
预付款项			预收款项		
其他应收款			合同负债		
存货			应付职工薪酬		
合同资产			应交税费		
持有待售资产			其他应付款		
一年内到期的非流动资产			持有待售负债		
其他流动资产			一年内到期的非流动负债		
流动资产合计			其他流动负债		
非流动资产：			流动负债合计		
债权投资			非流动负债：		
其他债权投资			长期借款		
长期应收款			应付债券		
长期股权投资			长期应付款		
其他权益工具投资			预计负债		
投资性房地产			递延收益		
固定资产			递延所得税负债		
在建工程			其他非流动负债		

表10-1(续)

资产	期末余额	年初余额	负债和所有者权益	期末余额	年初余额
生产性生物资产			非流动负债合计		
油气资产			负债合计		
无形资产			所有者权益:		
开发支出			股本		
商誉			其他权益工具		
长期待摊费用			资本公积		
递延所得税资产			减:库存股		
其他非流动资产			其他综合收益		
非流动资产合计			盈余公积		
			未分配利润		
			所有者权益合计		
资产总计			负债和所有者权益总计		

10.2.3 资产负债表的编制

资产负债表是反映企业在特定时日财务状况的报表,企业在月末、季末和年末都需要编制,以全面反映企业在会计期末的全部资产、负债和所有者权益及其变动情况。因此,资产负债表的各项目均需填列"年初余额"和"期末余额"两栏。

1. 资产负债表项目的填列方法

(1)"年初余额"的填列方法

资产负债表"年初余额"栏内各项数字,应根据上年末资产负债表的"期末余额"栏内所列数字填列。如果上年度资产负债表规定的各个项目的名称和内容与本年度不一致,应对上年年末资产负债表各项目的名称和数字按照本年度的规定进行调整,填入本表"年初余额"栏内。

(2)"期末余额"的填列方法

资产负债表的"期末余额"栏内各项数字的填列方法如下:

① 根据总账账户的余额填列。资产负债表中的有些项目可直接根据有关总账账户的余额填列,如"交易性金融资产""短期借款""应付票据""应付职工薪酬"等项目。有些项目则需要根据几个总账账户的余额计算填列,如"货币资金"项目需根据"库存现金""银行存款""其他货币资金"三个总账账户余额计算填列。

② 根据有关明细账户的余额计算填列。资产负债表中的有些项目需要根据明细账户余额填列,如"应付账款"项目需要分别根据"应付账款"和"预付账款"两个账户所属明细账户的期末贷方余额计算填列。

③ 根据总账账户和明细账户的余额分析计算填列。资产负债表中的有些项目需要根据总账账户和明细账户二者的余额分析填列,如"长期借款"项目应根据"长期借

款"总账账户余额扣除"长期借款"账户所属的明细账户中将在资产负债表日起一年内到期，且企业不能自主地将清偿义务展期的长期借款后的金额填列。

④ 根据有关账户余额减去其备抵账户余额后的净额填列。如资产负债表中的"应收账款""长期股权投资"等项目，应根据"应收账款""长期股权投资"等账户的期末余额减去"坏账准备""长期股权投资减值准备"等账户余额后的净额填列。"固定资产""无形资产"项目应分别根据"固定资产""无形资产"账户期末余额减去"累计折旧""累计摊销""固定资产减值准备""无形资产减值准备"账户余额后的净额填列。

⑤ 综合运用上述填列方法分析填列。如资产负债表中的"存货"项目需要根据"原材料""库存商品""委托加工物资""周转材料""材料采购""在途物资""发出商品""材料成本差异"等总账账户期末余额的分析汇总数，再减去"存货跌价准备"备抵账户余额后的金额填列。

2. 资产负债表各项目期末余额的具体填列说明

第一类，资产项目的填列说明：

（1）"货币资金"项目，反映企业库存现金、银行结算账户存款、外埠存款、银行汇票存款、银行本票存款、信用卡存款、信用证保证金存款等的合计数。本项目应根据"库存现金""银行存款""其他货币资金"账户期末余额的合计数填列。

（2）"交易性金融资产"项目，反映企业持有的以公允价值计量且其变动计入当期损益的为交易目的所持有的债券投资、股票投资、基金投资、权证投资等金融资产。本项目应根据"交易性金融资产"账户的期末余额填列。

（3）"应收票据"项目，反映企业因销售商品、提供劳务等收到的商业汇票。本项目应根据"应收票据"账户的期末余额减去"坏账准备"账户中有关应收票据计提的坏账准备期末余额后的金额填列。

（4）"应收账款"项目，反映企业因销售商品、提供劳务等经营活动应收取的款项。本项目应根据"应收账款"和"预收账款"账户所属各明细账户的期末借方余额合计减去"坏账准备"账户中有关应收账款计提的坏账准备期末余额后的金额填列。如"应收账款"账户所属明细账户期末有贷方余额，应在本表"预收账款"项目内填列。

（5）"预付账款"项目，反映企业按照购货合同规定预付给供应单位的款项等。本项目应根据"预付账款"和"应付账款"账户所属各明细账户的期末借方余额合计减去"坏账准备"账户中有关预付款项计提的坏账准备期末余额后的金额填列。如"预付账款"账户所属明细账户期末有贷方余额，应在本表"应付账款"项目内填列。

（6）"应收利息"项目，反映企业应收取的债券投资的利息。本项目应根据"应收利息"账户的期末余额减去"坏账准备"账户中有关应收利息计提的坏账准备期末余额后的金额填列。

（7）"应收股利"项目，反映企业应收取的现金股利和应收取的其他单位分配的利润。本项目应根据"应收股利"账户的期末余额减去"坏账准备"账户中有关应收股利计提的坏账准备期末余额后的金额填列。

（8）"其他应收款"项目，反映企业除应收票据、应收账款、预付账款、应收股利、应收利息等经营活动以外的其他各种应收、暂付的款项。本项目应根据"其他应收款"账户的期末余额减去"坏账准备"账户中有关其他应收款计提的坏账准备期末余额后的金额填列。

（9）"存货"项目，反映企业期末在库在途和在加工中的各种存货的可变现净值。本项目应根据"原材料""库存商品""委托加工物资""委托代销商品""周转材料""材料采购""在途物资""发出商品""生产成本"等总账账户期末余额合计减去"受托代销商品款""存货跌价准备"账户期末余额后的金额填列。材料采用计划成本核算以及库存商品采用计划成本核算或售价核算的企业，还应按加或减材料成本差异、商品进销差价后的金额填列。

（10）"一年内到期的非流动资产"项目，反映企业将于一年内到期的非流动资产金额。本项目应根据有关账户的期末余额填列。

（11）"长期股权投资"项目，反映企业持有的对子公司、联营企业和合营企业的长期股权投资。本项目应根据"长期股权投资"账户的期末余额减去"长期股权投资减值准备"账户的期末余额后的金额填列。

（12）"固定资产"项目，反映企业各种固定资产原价减去累计折旧和累计减值准备后的净额。本项目应根据"固定资产"账户的期末余额减去"累计折旧"和"固定资产减值准备"账户的期末余额后的金额填列。

（13）"在建工程"项目，反映企业期末各项未完工工程的实际支出，包括交付安装的设备价值、未完建筑安装工程已经耗用的材料、工资等费用支出、预付出包工程的价款等的可收回金额。本项目应根据"在建工程"账户的期末余额减去"在建工程减值准备"账户的期末余额后的金额填列。

（14）"工程物资"项目，反映企业尚未使用的各项工程物资的实际成本。本项目应根据"工程物资"账户的期末余额填列。

（15）"固定资产清理"项目，反映企业因出售、毁损、报废等原因转入清理但尚未清理完毕的固定资产的净值，以及固定资产清理过程中所发生的清理费用和变价收入等各项金额的差额。本项目应根据"固定资产清理"账户的期末借方余额填列。如果"固定资产清理"账户的期末为贷方余额，以"-"号填列。

（16）"无形资产"项目，反映企业持有的各种无形资产，包括专利权、非专利技术、商标权、著作权、土地使用权等。本项目应根据"无形资产"账户的期末余额减去"累计摊销"和"无形资产减值准备"账户的期末余额后的金额填列。

（17）"开发支出"项目，反映企业开发无形资产过程中能够资本化形成无形资产成本的支出部分。本项目应根据"研发支出"账户所属的资本化支出明细账户的期末余额填列。

（18）"长期待摊费用"项目，反映企业已经发生但应由本期和以后各期负担的、分摊期限在一年以上的各项费用。长期待摊费用中在一年内含一年摊销的部分在资产负债表一年内到期的非流动资产项目填列。本项目应根据"长期待摊费用"账户的期末余额减去一年内含一年摊销的数额后的金额填列。

（19）"其他非流动资产"项目，反映企业除长期股权投资、固定资产、在建工程、工程物资、无形资产等以外的其他非流动资产。本项目应根据有关账户的期末余额填列。

第二类，负债项目的填列说明：

（1）"短期借款"项目，反映企业向银行或其他金融机构等借入的，期限在一年内（含一年）的各种借款。本项目应根据"短期借款"账户的期末余额填列。

（2）"应付票据"项目，反映企业因购买材料、商品和劳务供应等而开出承兑的商业汇票。本项目应根据"应付票据"账户的期末余额填列。

（3）"应付账款"项目，反映企业因购买材料、商品和劳务供应等经营活动应支付的款项。本项目应根据"应付账款"和"预付账款"账户所属各明细账户的期末贷方余额合计数填列。如"应付账款"账户所属明细账户期末有借方余额，应在本表"预付账款"项目内填列。

（4）"预收账款"项目，反映企业按照购货合同规定预收购货单位的款项。本项目应根据"预收账款"和"应收账款"账户所属各明细账户的期末贷方余额数填列。如"预收账款"账户所属明细账户期末有借方余额，应在本表"应收账款"项目内填列。

（5）"应付职工薪酬"项目，反映企业根据有关规定应付给职工的工资、职工福利、社会保险费、住房公积金、工会经费、职工教育经费、非货币性福利、辞退福利等各种薪酬。外商投资企业按照规定从净利润中提取的职工奖励及福利基金也在本项目中列示。本项目应根据"应付职工薪酬"账户期末贷方余额填列。

（6）"应交税费"项目，反映企业按照税法规定计算应缴纳的各种税费，包括增值税、消费税、所得税、车船税、教育费附加和矿产资源补偿费等。企业代扣代缴的个人所得税，也通过本项目列示。企业所缴纳的税金不需要预计应缴数的（印花税、耕地占用税等）不在本项目列示。本项目应根据"应交税费"账户的期末贷方余额填列。如果"应交税费"账户的期末为借方余额，以"－"号填列。

（7）"应付利息"项目，反映企业按照规定应当支付的利息，包括分期付息到期还本的长期借款应支付的利息、企业发行债券应支付的利息等。本项目应根据"应付利息"账户的期末余额填列。

（8）"应付股利"项目，反映企业分派的现金股利或利润，企业分配的股票股利不通过本项目列示。本项目应根据"应付股利"账户的期末余额填列。

（9）"其他应付款"项目，反映企业除"应付票据""应付账款""预收账款""应付职工薪酬""应付股利""应付利息""应交税费"等经营活动以外的其他各种应付、暂收的款项。本项目应根据"其他应付款"账户的期末余额填列。

（10）"一年内到期的非流动负债"项目，反映企业非流动负债中将于资产负债表日后一年内到期的金额（将于一年内到期偿还的长期借款）。本项目应根据有关账户的期末余额填列。

（11）"长期借款"项目，反映企业向银行或其他金融机构等借入的，期限在一年以上（不含一年）的各种借款。本项目应根据"长期借款"账户的期末余额填列。

（12）"应付债券"项目，反映企业为筹集长期资金而发行的债券本金和利息。本项目一般应根据"应付债券"账户的期末余额填列。

（13）"其他非流动负债"项目，反映企业除长期借款、应付债券等项目以外的其他非流动负债。本项目应根据有关账户的期末余额填列。其他非流动负债项目应根据有关账户期末余额减去将于一年内含一年到期偿还数后的余额填列。非流动负债各项目中将于一年内含一年到期的非流动负债应在一年内到期的非流动负债项目内单独反映。

第三类，所有者权益项目的填列说明：

（1）"实收资本（股本）"项目，反映企业各投资者实际投入的资本（股本）总额。本项目应根据实收资本（股本）账户的期末余额填列。

（2）"资本公积"项目，反映企业资本公积的期末余额。本项目应根据"资本公积"账户的期末余额填列。

（3）"盈余公积"项目，反映企业盈余公积的期末余额。本项目应根据"盈余公积"账户的期末余额填列。

（4）"未分配利润"项目，反映企业尚未分配的利润。本项目应根据"本年利润"账户和"利润分配"账户的期末余额填列。未弥补的亏损在本项目内以"－"号填列。

3. 资产负债表的编制实例

【例 10-1】大华公司为增值税一般纳税人，适用的增值税税率为 13%，所得税税率为 25%，存货采用实际成本进行核算。2022 年 12 月 31 日的资产负债表（简化）如表 10-2 所示。

表 10-2　资产负债表

编制单位：大华公司　　　　　　　　2022 年 12 月 31 日　　　　　　　　企会 01 表　单位：元

资　产	金　额	负债及所有者权益	金　额
流动资产：		流动负债：	
货币资金	450 000	短期借款	580 000
交易性金融资产	25 000	应付账款	192 000
应收账款	299 100	应付职工薪酬	109 700
其他应收款	4 000	其他应付款	11 400
存货	580 000	一年内到期的长期负债	200 000
流动资产合计	1 358 100	流动负债合计	1 093 100
非流动资产：		非流动负债：	
债权投资		长期借款	300 000
其他债权投资		非流动负债合计	300 000
长期股权投资	250 000	负债合计	1 393 100
固定资产	1 230 000	所有者权益：	
无形资产	48 000	实收资本	1 400 000
开发支出		资本公积	62 000
递延所得税资产		盈余公积	13 000
其他非流动资产	12 000	未分配利润	30 000
非流动资产合计	1 540 000	所有者权益合计	1 505 000
资产总计	2 898 100	负债及所有者权益总计	2 898 100

其中，"应收账款"账户的期末余额为 300 000 元，"坏账准备"账户的期末余额为 900 元，坏账准备按照年末应收账款余额比例的 3‰ 提取。存货、交易性金融资产都没有计提减值准备。按照公司法规定，企业按照净利润的 10% 计提法定盈余公积金，2022 年度不进行投资分红。

会计人员根据 2023 年所登记的会计账簿记录及其他记录，整理出 2023 年总账及有关明细账余额如表 10-3 所示。

表 10-3　科目余额表

科目名称	借方余额	科目名称	贷方余额
库存现金	13 560	坏账准备	1 596
银行存款	837 110	累计折旧	412 000
其他货币资金	211 140	短期借款	780 000
交易性金融资产	50 000	应付票据	50 000
应收账款	532 026	应付账款	192 000
其他应收款	4 000	应付职工薪酬	20 900
在途物资	28 000	其他应付款	11 400
原材料	65 400	应交税费	24 800
库存商品	481 500	长期借款	310 000
生产成本	38 500	实收资本	2 000 000
长期股权投资	250 000	资本公积	92 831
固定资产	1 550 000	盈余公积	13 000
无形资产	42 000	未分配利润	204 709
长期待摊费用	10 000		
总　　计	4 113 236	总　　计	4 113 236

根据《企业会计准则第 30 号——财务报表列报》的有关规定，企业会计人员编制的资产负债表（简表）如表 10-4 所示。

表 10-4　资产负债表　　　　　　　　　　　　企会 01 表

编制单位：大华公司　　　　　　　2023 年 12 月 31 日　　　　　　　　　　单位：元

资产	期末余额	年初余额	负债及所有者权益	期末余额	年初余额
流动资产：			流动负债：		
货币资金	1 061 810	450 000	短期借款	780 000	580 000
交易性金融资产	50 000	25 000	应付票据	50 000	
应收账款	530 430	299 100	应付账款	192 000	192 000
预付账款			应付职工薪酬	20 900	109 700
其他应收款	4 000	4 000	应交税费	24 800	
存货	613 400	580 000	其他应付款	11 400	11 400
流动资产合计	2 259 640	1 358 100	一年内到期的长期负债		200 000

表10-4(续)

资产	期末余额	年初余额	负债及所有者权益	期末余额	年初余额
非流动资产：			流动负债合计	1 079 100	1 093 100
债权投资			非流动负债：		
其他债权投资			长期借款	310 000	300 000
长期股权投资	250 000	250 000	应付债券		
固定资产	1 138 000	1 230 000			
在建工程			非流动负债合计	310 000	300 000
工程物资			负债合计	1 389 100	1 393 100
固定资产清理			所有者权益：		
无形资产	42 000	48 000	实收资本（或股本）	2 000 000	1 400 000
长期待摊费用	10 000	12 000	资本公积	92 831	62 000
递延所得税资产			盈余公积	13 000	13 000
其他非流动资产			未分配利润	204 709	30 000
非流动资产合计	1 440 000	1 540 000	所有者权益合计	2 310 540	1 505 000
资产总计	3 699 640	2 898 100	负债及所有者权益总计	3 699 640	2 898 100

10.3 利润表

10.3.1 利润表的作用

1. 反映企业的盈利结构

根据利润表提供的主营业务利润、营业利润、投资收益、利润总额和净利润等指标，企业有关人员可以分析企业的盈利结构，以及企业获取盈利的可持续能力。

2. 反映企业的盈利能力

企业有关人员将利润表中的相关指标进行对比分析，可以反映企业的盈利能力；将本企业利润表中的相关指标与同行业的平均水平或先进水平比较，可以反映企业的盈利水平。

3. 反映企业的营运能力

企业有关人员将利润表与资产负债表结合分析，可以计算出反映企业营运能力的各种指标，如总资产周转率等，从而可为评价企业的营运能力提供资料。

4. 可以分析经营成果的变化趋势及其变动原因

企业有关人员通过将企业前后期间的有关指标进行对比分析，可以发现企业经营成果的变动趋势及其变动原因。

10.3.2 利润表的结构

1. 利润表的组成

利润表是由表头、表体两部分组成。

利润表的表头部分主要包括利润表的编号、名称、编制单位、报表所属的会计期间和货币计量单位等内容；表体是利润表的主要部分，分项列示收入、费用、利得、损失和利润的具体内容。

2. 利润表内各利润指标含义

（1）营业利润，是以营业收入减去营业成本、税金及附加、销售费用、管理费用、财务费用、资产减值损失，加上公允价值变动收益减去公允价值变动损失和投资收益减去投资损失后的余额。其计算公式如下：

营业利润=营业收入−营业成本−税金及附加−销售费用−管理费用−财务费用−资产减值损失+公允价值变动收益（−公允价值变动损失）+投资收益（−投资损失计）

（2）利润总额，是以营业利润为基础加上营业外收入减去营业外支出后的余额。其计算公式为：

利润总额=营业利润+营业外收入−营业外支出

（3）净利润，是以利润总额为基础，减去所得税费用，计算出净利润（亏损）。其计算公式为：

净利润=利润总额−所得税费用

3. 利润表的格式

利润表是以"收入−费用=利润"这一会计平衡公式为理论依据来编制的。企业会计人员根据收入与费用的配比关系，按照一定收入与费用的分类和顺序，计算出相应的利润指标，以表格的形式反映企业在特定会计期间的经营成果。按照利润形成的方式不同，利润表的格式也不同。目前，利润表的通用格式有单步式和多步式两种。我国会计法律规定，企业按照多步式编制利润表。

多步式利润表遵循"收入−费用=利润"的原理，按照各种利润的形成过程，进行多步配比后，按照各种利润的形成顺序排列而成。多步式利润表可以提供企业的营业利润、投资收益、利润总额、净利润和每股收益等多个利润指标。多步式利润表的具体格式如表10-5所示。

表 10-5　利润表

编制单位：　　　　　　　　　　　　＿＿＿＿年＿＿月　　　　　　　　　　　会企 02 表

单位：元

项　　目	本期金额	上期金额
一、营业收入		
减：营业成本		
税金及附加		
销售费用		
管理费用		
研发费用		
财务费用		

表10-5（续）

项　　　目	本期金额	上期金额
其中：利息费用		
利息收入		
资产减值损失		
信用减值损失		
加：其他收益		
投资收益（损失以"-"号填列）		
其中：对联营企业和合营企业的投资收益		
公允价值变动收益（损失以"-"号填列）		
资产处置收益（损失以"-"号填列）		
二、营业利润（亏损以"-"号填列）		
加：营业外收入		
减：营业外支出		
三、利润总额（亏损总额以"-"号填列）		
减：所得税费用		
四、净利润（净亏损以"-"号填列）		
（一）持续经营净利润（净亏损以"-"号填列）		
（二）终止经营净利润（净亏损以"-"号填列）		
五、其他综合收益的税后净额		
（一）不能重分类进损益的其他综合收益		
1. 重新计量设定受益计划变动额		
2. 权益法下不能转损益的其他综合收益		
3. 其他权益工具投资公允价值变动		
4. 企业自身信用风险公允价值变动		
（二）将重分类进损益的其他综合收益		
1. 权益法下可转损益的其他综合收益		
2. 其他债权投资公允价值变动		
3. 金融资产重分类计入其他综合收益的金额		
4. 其他债权投资信用减值准备		
5. 现金流量套期储备		
6. 外币财务报表折算差额		
六、综合收益总额		
七、每股收益：		
（一）基本每股收益		
（二）稀释每股收益		

10.3.3　利润表的编制

利润表各项目均需要填列"本期金额"和"上期金额"两栏。利润表"本期金额""上期金额"栏内各项数字除"每股收益"项目外,应当按照相关账户的发生额分析填列。

1. "上期金额"的填列方法

"上期金额"栏内各项目数字,应根据上年该期利润表的"本期金额"栏内所列数字填列。如果上年度利润表中的项目名称与本年度不一致的,会计人员应对上年度利润表各项目的名称和数字按照本年度的规定进行调整,填入"上期金额"栏。

2. "本期金额"的填列方法

在编制中期利润表时,"本期金额"栏内各项数字一般应当根据损益类账户的发生额分析填列。

年终结账时,由于全年的收入和支出已全部转入"本年利润"账户,并且通过收支对比结出本年净利润的数额,因此,会计人员应将年度利润表中的"净利润"数字与"本年利润"账户结转到"利润分配——未分配利润"账户的数字相核对,检查账簿记录和报表编制的正确性。

3. 利润表项目的填列说明

(1)"营业收入"项目,反映企业经营主要业务和其他业务所确认的收入总额。本项目应根据"主营业务收入"和"其他业务收入"账户的贷方净发生额填列。

(2)"营业成本"项目,反映企业经营主要业务和其他业务所发生的成本总额。本项目应根据"主营业务成本"和"其他业务成本"账户的借方净发生额填列。

(3)"税金及附加"项目,反映企业经营业务应负担的城市建设维护税、资源税、土地增值税和教育费附加等。本项目应根据"税金及附加"账户的借方净发生额填列。

(4)"销售费用"项目,反映企业在销售商品过程中发生的包装费、广告费等费用和为销售本企业商品而专设销售机构的职工薪酬、业务费用等经营费用。本项目应根据"销售费用"账户的借方净发生额填列。

(5)"管理费用"项目,反映企业发生的管理费用(不包括本期转入管理费用的研发费用)。本项目应根据"管理费用"账户的本期发生额分析填列。

(6)"研发费用"项目,反映企业进行研究与开发过程中发生的费用化支出。该项目应根据"管理费用"科目下的"研发费用"明细科目的发生额分析填列。

(7)"财务费用"项目,反映企业发生的财务费用。本项目应根据"财务费用"账户的本期发生额分析填列。其中:"利息费用"项目,反映企业为筹集生产经营所需资金等而发生的应予费用化的利息支出,"利息收入"项目,反映企业确认的利息收入,两个项目应根据"财务费用"科目的相关明细科目的发生额分析填列。

(8)"资产减值损失"项目,反映企业资产减值所发生的损失。本项目应根据"资产减值损失"账户的本期发生额分析填列。

(9)"信用减值损失"行项目,反映企业按照《企业会计准则第 22 号——金融工具确认和计量》(2017)的要求计提的各项金融工具减值准备所形成的预期信用损失。

该项目应根据"信用减值损失"科目的发生额分析填列。

（10）"其他收益"项目，反映计入其他收益的政府补助等。该项目应根据在损益类科目新设置的"其他收益"科目的发生额分析填列。

（11）"投资收益"项目，反映企业各种对外投资所取得的收益。本项目应根据"投资收益"账户的本期借贷方发生额的净额填列，如为净损失，以"－"号填列。其中，对联营企业和合营企业的投资收益应单独列示。

（12）"公允价值变动收益"项目，反映企业采用公允价值模式计量的资产公允价值大于账面价值所产生的收益，应根据"公允价值变动损益"账户的本期借贷方发生额的净额填列，如为净损失，以"－"号填列。

（13）"资产处置收益"项目，反映企业出售划分为持有待售的非流动资产（金融工具、长期股权投资和投资性房地产除外）或处置组时确认的处置利得或损失，以及处置未划分为持有待售的固定资产、在建工程、生产性生物资产及无形资产而产生的处置利得或损失。债务重组中因处置非流动资产产生的利得或损失和非货币性资产交换产生的利得或损失也包括在本项目内。该项目应根据在损益类科目新设置的"资产处置损益"科目的发生额分析填列；如为处置损失，以"－"号填列。

（14）"营业外收入"和"营业外支出"项目，反映企业营业活动以外的非经常性利得和损失。本项目应根据"营业外收入"和"营业外支出"账户的本期发生额分别填列。

（15）"利润总额"项目，反映企业实现的利润总额。如为亏损总额，以"－"号填列。

（16）"所得税费用"项目，反映企业根据所得税准则确认的应从当期利润总额中扣除的所得税费用。本项目应根据"所得税费用"账户的借方净发生额填列。

（17）"其他综合收益的税后净额"项目，反映企业根据其他会计准则规定未在当期损益中确认的各项利得和损失扣除所得税影响后的净额。本项目应根据"其他综合收益"科目及其所属明细科目的本期发生额分析填列。

（18）"综合收益总额"项目，反映净利润和其他综合收益扣除所得税影响后的净额的合计金额。

（19）"每股收益"项目，包括基本每股收益和稀释每股收益。

4. 利润表的编制实例

【例 10-2】大华公司 2023 年 12 月 31 日各损益类账户"本年累计数"金额如表 10-6 所示。

表 10-6　损益表类账户本年累计数　　　　　　　　　单位：元

账户名称	借方发生额	贷方发生额
主营业务收入		7 600 000
主营业务成本	5 200 000	
其他业务收入		1 500 000
其他业务成本	1 100 000	
税金及附加	480 000	
销售费用	420 000	

表10-6（续）

账户名称	借方发生额	贷方发生额
管理费用	1 023 000	
财务费用	250 000	
资产减值损失	18 000	
投资收益		300 000
营业外收入		32 000
营业外支出	17 000	
所得税费用	23 100	

根据以上资料，编制大华公司2023年度利润表如表10-7所示。

表10-7 利 润 表　　　　　　　　　　企会02表

编制单位：大华公司　　　　　　　2023 年 12 月　　　　　　　　单位：元

项　　目	本期金额	上期金额
一、营业收入	9 100 000	（略）
减：营业成本	6 300 000	（略）
税金及附加	480 000	（略）
销售费用	420 000	（略）
管理费用	1 023 000	（略）
研发费用	—	（略）
财务费用	250 000	（略）
其中：利息费用	—	（略）
利息收入	—	（略）
资产减值损失	18 000	（略）
信用减值损失		（略）
加：其他收益		（略）
投资收益（损失以"-"号填列）	300 00	（略）
其中：对联营企业和合营企业的投资收益	—	（略）
公允价值变动收益（损失以"-"号填列）	—	（略）
资产处置收益（损失以"-"号填列）	—	（略）
二、营业利润（亏损以"-"号填列）	909 000	（略）
加：营业外收入	32 000	（略）
减：营业外支出	17 000	（略）
三、利润总额（亏损总额以"-"号填列）	924 000	（略）
减：所得税费用	231 000	（略）
四、净利润（净亏损以"-"号填列）	693 000	（略）
（一）持续经营净利润（净亏损以"-"号填列）	—	（略）
（二）终止经营净利润（净亏损以"-"号填列）	—	（略）

表10-7（续）

项　　目	本期金额	上期金额
五、其他综合收益的税后净额	—	（略）
（一）不能重分类进损益的其他综合收益		（略）
1. 重新计量设定受益计划变动额		（略）
2. 权益法下不能转损益的其他综合收益		（略）
3. 其他权益工具投资公允价值变动		（略）
4. 企业自身信用风险公允价值变动		（略）
（二）将重分类进损益的其他综合收益		（略）
1. 权益法下可转损益的其他综合收益		（略）
2. 其他债权投资公允价值变动		（略）
3. 金融资产重分类计入其他综合收益的金额		（略）
4. 其他债权投资信用减值准备		（略）
5. 现金流量套期储备		（略）
6. 外币财务报表折算差额		（略）
六、综合收益总额	—	（略）
七、每股收益：		（略）
（一）基本每股收益		（略）
（二）稀释每股收益		（略）

10.4　现金流量表

10.4.1　现金流量表的意义

现金流量表是反映企业在一定会计期间内现金和现金等价物流入和流出的报表。现金流量表从经营活动、投资活动和筹资活动三个方面反映企业在一定期间的现金流动情况，反映了企业财务状况变动情况及其原因。报表使用者通过对现金流量表的分析，能够比较真实地了解企业的偿债和支付能力及变现能力；可以通过当期现金流量信息，判断、评价企业的收益质量；通过现金流量表，能够更全面地了解企业的财务状况，评价其财务弹性，预测其未来现金流量，有助于报表使用者做出正确的决策。

10.4.2　现金流量表的结构

现金流量表由现金流量表格式和现金流量表附注两部分组成。

1. 现金流量表格式

一般企业的现金流量表的格式如表 10-8 所示。

表 10-8　现金流量表

会企 03 表

编制单位：　　　　　　　　　　　　　　　____年___月　　　　　　　　　　　　　　单位：元

项　目	本期金额	上期金额
一、经营活动产生的现金流量		
销售商品、提供劳务收到的现金		
收到的税费返还		
收到其他与经营活动有关的现金		
经营活动现金流入小计		
购买商品、接受劳务支付的现金		
支付给职工以及为职工支付的现金		
支付的各项税费		
支付其他与经营活动有关的现金		
经营活动现金流出小计		
经营活动产生的现金流量净额		
二、投资活动产生的现金流量		
收回投资收到的现金		
取得投资收益收到的现金		
处置固定资产、无形资产和其他长期资产收回的现金净额		
处置子公司及其他营业单位收到的现金净额		
收到其他与投资活动有关的现金		
投资活动现金流入小计		
购建固定资产、无形资产和其他长期资产支付的现金		
投资所支付的现金		
取得子公司及其他营业单位支付的现金净额		
支付其他与投资活动有关的现金		
投资活动现金流出小计		
投资活动产生的现金流量净额		
三、筹资活动产生的现金流量		
吸收投资收到的现金		
取得借款收到的现金		
收到其他与筹资活动有关的现金		
筹资活动现金流入小计		
偿还债务支付的现金		
分配股利、利润或偿付利息支付的现金		
支付其他与筹资活动有关的现金		
筹资活动现金流出小计		
筹资活动产生的现金流量净额		
四、汇率变动对现金及现金等价物的影响		
五、现金及现金等价物净增加额		
加：期初现金及现金等价物余额		
六、期末现金及现金等价物余额		

2. 现金流量表附注

现金流量表附注包括以下三个内容：

（1）现金流量表补充资料披露格式，如表 10-9 所示。企业应当采用间接法在现金流量表附注中披露将净利润调节为经营活动现金流量的信息。

表 10-9 现金流量表补充资料

项 目	本期金额	上期金额
1. 将净利润调节为经营活动现金流量		
净利润		
加：资产减值准备		
固定资产折旧、油气资产折耗、生产性生物资产折旧		
无形资产摊销		
处置固定资产、无形资产和其他长期资产的损失（收益以"－"号填列）		
固定资产报废损失（收益以"－"号填列）		
公允价值变动损失（收益以"－"号填列）		
财务费用（收益以"－"号填列）		
投资损失（收益以"－"号填列）		
递延所得税资产减少（增加以"－"号填列）		
递延所得税负债增加（减少以"－"号填列）		
存货减少（增加以"－"号填列）		
经营性应收项目减少（增加以"－"号填列）		
经营性应付项目增加（减少以"－"号填列）		
其他		
经营活动产生的现金流量净额		
2. 不涉及现金收支的重大投资和筹资活动		
债务转为资本		
一年内到期的可转换公司债券		
融资租入固定资产		
3. 现金及现金等价物变动情况		
现金的期末余额		
减：现金的期初余额		
加：现金等价物的期末余额		
减：现金等价物的期初余额		
现金及现金等价物净增加额		

（2）企业当期取得或处置子公司及其他营业单位的有关信息披露格式如表 10-10 所示。

表 10-10 企业当期取得或处置子公司及其他营业单位的披露格式

项　目	金　额
一、取得子公司及其他营业单位的有关信息	
1. 取得子公司及其他营业单位的价格	
2. 取得子公司及其他营业单位支付的现金和现金等价物	
减：子公司及其他营业单位持有的现金和现金等价物	
3. 取得子公司及其他营业单位支付的现金净额	
4. 取得子公司的净资产	
流动资产	
非流动资产	
流动负债	
非流动负债	
二、处置子公司及其他营业单位的有关信息	
1. 处置子公司及其他营业单位的价格	
2. 处置子公司及其他营业单位收到的现金和现金等价物	
减：子公司及其他营业单位持有的现金和现金等价物	
3. 处置子公司及其他营业单位收到的现金净额	
4. 处置子公司的净资产	
流动资产	
非流动资产	
流动负债	
非流动负债	

（3）现金和现金等价物的披露格式如表 10-11 所示。

表 10-11 现金和现金等价物的披露格式

项　目	本期金额	上期金额
一、现金		
其中：库存现金		
可随时用于支付的银行存款		
可随时用于支付的其他货币资金		
可用于支付的存放中央银行款项		
存放同业款项		
拆放同业款项		
二、现金等价物		
其中：三个月内到期的债券投资		
三、期末现金及现金等价物余额		
其中：母公司或集团内子公司使用受限制的现金和现金等价物		

10.4.3　现金流量表的编制

1. 现金流量表的编制基础

现金流量表以现金和现金等价物作为编制基础。

现金流量表中的现金是指库存现金以及可以随时支用的存款。这里的存款包括"银行存款"账户中的存款，也包括在"其他货币资金"账户中核算的外埠存款、银行汇票存款、银行本票存款和在途货币资金等其他货币资金。但企业不能随时用于支付的存款不属于现金，比如被冻结的银行存款。

现金等价物是指企业持有的期限短、流动性强、易于转换为已知金额现金、价值变动风险小的投资。现金等价物虽然不是现金，但其支付能力与现金没有太大的差异，可以视为现金，如企业购买的在公开市场销售的短期债券，在需要现金时，可以随时变现。作为现金等价物的投资，必须同时具备以下四项条件：一是期限短，一般指从购买之日起三个月内到期；二是流动性强，可以随时变现；三是易于转换为已知金额现金；四是价值变动风险很小。

2. 现金流量表项目的填列方法

第一类，经营活动产生的现金流量各项目的填列方法。

我国《企业会计准则第 31 号——现金流量表》规定，现金流量表中经营活动产生的现金流量采用直接法填列。直接法是通过现金收入和现金支出的主要类别直接反映来自企业经营活动的现金流量的一种列报方法。企业采用直接法列报经营活动产生的现金流量时，一般是通过对利润表中的营业收入、营业成本以及其他项目进行调整后取得的。"经营活动产生的现金流量"各项目的内容及填列方法如下：

（1）"销售商品、提供劳务收到的现金"项目。该项目反映企业销售商品、提供劳务实际收到的现金（向购买者收取的增值税销项税额），包括本期的销售商品、提供劳务收到的现金，以及本期收到的前期销售价款和劳务收入款，本期预收的价款等，发生销货退回而支付的现金应从销售商品或提供劳务收入中扣除。企业销售材料和代购代销业务收入收到的现金，也在本项目中反映。本项目可以根据"库存现金""银行存款""应收账款""应收票据""预收账款""主营业务收入"和"其他业务收入"等账户的记录分析填列。

（2）"收到的税费返还"项目。该项目反映企业收到的各种税费，包括收到返还的增值税、消费税、关税、所得税和教育费附加等。本项目应根据"库存现金""银行存款""税金及附加""其他应收款""营业外收入"等账户的记录分析填列。

（3）"收到的其他与经营活动有关的现金"项目。该项目反映企业除了上述各项目以外所收到的其他与经营活动有关的现金流入，如经营租赁租金收入、罚款收入、流动资产损失中由个人赔偿的现金收入等。本项目应根据"库存现金""银行存款"和"营业外收入"等账户的记录分析填列。

（4）"购买商品、接受劳务支付的现金"项目。该项目反映企业购买材料、商品、接受劳务实际支付的现金。购买商品、接受劳务支付的现金，包括当期购买商品支付的现金（增值税进项税额），当期支付的前期购买商品和劳务的未付款以及为购买商品、劳务而预付的现金等，扣除本期发生的购货退回而收到的现金。本项目应根据"库存现金""银行存款""应付账款""应付票据""预付账款""主营业务成本""其他业务成本"等账户的记录分析填列。

（5）"支付给职工以及为职工支付的现金"项目。该项目反映企业实际支付给职工以及为职工支付的现金，包括本期实际支付给职工的工资、奖金、各种津贴和补贴等，以及为职工支付的其他费用。本项目不包括支付给退休人员的各项费用及支付给在建工程人员的工资及其他费用。本项目应根据"应付职工薪酬""库存现金""银行存款"等账户的记录分析填列。

（6）"支付的各项税费"项目。该项目反映企业按规定支付的各种税费，包括本期发生并支付的税费，以及本期支付以前各期发生的税费和预交的税金，但不包括计入固定资产价值、实际支付的耕地占用税，也不包括本期退回的增值税、所得税。本项目应根据"应交税费""库存现金""银行存款"等账户的记录分析填列。

（7）"支付其他与经营活动有关的现金"项目。该项目反映企业除上述所支付的其他与经营活动有关的现金流出，如罚款支出、支付的差旅费、业务招待费和保险费等现金支出。本项目应根据"库存现金""银行存款""销售费用""管理费用"和"营业外支出"等账户的记录分析填列。

第二类，投资活动产生的现金流量各项目的填列方法。

（1）"收回投资收到的现金"项目。该项目反映企业出售、转让或到期收回除现金等价物以外的对其他企业的权益工具、债务工具和合营中的权益等投资收到的现金。本项目不包括收回债务工具实现的投资收益、处置子公司及其他营业单位收到的现金净额。本项目可根据"交易性金融资产""债权投资""其他债权投资""其他权益工具投资""长期股权投资""库存现金"和"银行存款"等账户的记录分析填列。

（2）"取得投资收益收到的现金"项目。该项目反映企业除现金等价物以外的对其他企业的权益工具、债务工具和合营中的权益分回的现金股利和债务利息，不包括股票股利。本项目可根据"库存现金""银行存款"和"投资收益"等账户的记录分析填列。

（3）"处置固定资产、无形资产和其他长期资产收回的现金净额"项目。该项目反映企业出售、报废固定资产、无形资产和其他长期资产所收到的现金，减去为处置这些资产而支付的有关费用后的净额。如所收回的现金净额为负数，则应在"支付的其他与投资活动有关的现金"项目反映。本项目可根据"库存现金""银行存款"和"固定资产清理"等账户的记录分析填列。

（4）"处置子公司及其他营业单位收到的现金净额"项目。该项目反映企业处置子公司及其他营业单位收到的现金，减去相关处置费用以及子公司及其他营业单位持有的现金和现金等价物后的净额。本项目可根据"长期股权投资""库存现金"和"银行存款"等账户的记录分析填列。

（5）"收到其他与投资活动有关的现金"项目。该项目反映除了上述各项目以外，所收到的其他与投资活动有关的现金流入。如企业收回购买股票时已宣告发放但尚未实际支付的现金股利或购买债券时已到付息期但尚未领取的债券利息。本项目可根据

"应收股利""应收利息""库存现金"和"银行存款"等账户的记录分析填列。

（6）"购建固定资产、无形资产和其他长期资产支付的现金"项目。该项目反映企业本期购买、建造固定资产、无形资产和其他长期资产所实际支付的现金，以及用现金支付的应由在建工程和无形资产负担的职工薪酬，不包括为购建固定资产而发生的借款利息资本化部分，以及融资租赁租入固定资产支付的租赁费。本项目可根据"固定资产""在建工程""无形资产""库存现金"和"银行存款"等账户的记录分析填列。

（7）"投资所支付的现金"项目。该项目反映企业取得除现金等价物以外的对其他企业的权益工具、债务工具和合营中的权益投资所支付的现金，以及支付的佣金、手续费等交易费用。本项目可根据"交易性金融资产""债权投资""其他债权投资""其他权益工具投资""长期股权投资""库存现金"和"银行存款"等账户的记录分析填列。

（8）"取得子公司及其他营业单位支付的现金净额"项目。该项目反映企业购买子公司及其他营业单位购买出价中以现金支付的部分，减去子公司及其他营业单位持有的现金及现金等价物后的净额。本项目可根据"长期股权投资""库存现金"和"银行存款"等账户的记录分析填列。

（9）"支付其他与投资活动有关的现金"项目。该项目反映企业除了上述各项目以外所支付的其他与投资活动有关的现金流出。本项目可根据"应收股利""应收利息""库存现金"和"银行存款"等账户的记录分析填列。

第三类，筹资活动产生的现金流量各项目的填列方法。

（1）"吸收投资所收到的现金"项目。该项目反映企业以发行股票、债券等方式筹集资金实际收到的款项，减去直接支付的佣金、手续费、宣传费、咨询费、印刷费等发行费用后的净额。本项目可根据"实收资本（股本）""库存现金"和"银行存款"等账户的记录分析填列。

（2）"取得借款所收到的现金"项目。该项目反映企业举借各种短期、长期借款所收到的现金。本项目可根据"短期借款""长期借款""库存现金"和"银行存款"等账户的记录分析填列。

（3）"收到的其他与筹资活动有关的现金"项目。该项目反映企业除上述各项目外所收到的其他与筹资活动有关的现金流入，如接受现金捐赠等。本项目可根据"库存现金""银行存款"和"营业外收入"等账户的记录分析填列。

（4）"偿还债务所支付的现金"项目。该项目反映企业偿还债务本金所支付的现金，包括偿还金融企业的借款本金、偿还债券本金等支付的现金。本项目可根据"短期借款""长期借款""应付债券""库存现金"和"银行存款"等账户的记录分析填列。

（5）"分配股利、利润或偿付利息支付的现金"项目。该项目反映企业实际支付的现金股利、支付给其他投资单位的利润以及支付的借款利息、债券利息等。本项目可根据"应付股利""应付利息""财务费用""长期借款""库存现金"和"银行存款"等账户的记录分析填列。

（6）"支付的其他与筹资活动有关的现金"项目。该项目反映企业除上述各项目外所支付的其他与筹资活动有关的现金流出，如现金捐赠支出、融资租入固定资产支付的租赁费等。本项目可根据"库存现金""银行存款""长期应付款"和"营业外支出"等账户的记录分析填列。

第四类，汇率变动对现金及现金等价物的影响填列方法。

该项目反映企业外币现金流量以及境外子公司的现金流量折算为人民币时，所采用的现金流量发生日的即期汇率或按照系统合理的方法确定的、与现金流量发生日即期汇率近似汇率折算的人民币金额与"现金及现金等价物净增加额"中的外币现金净增加额按期末汇率折算的人民币金额之间的差额。

10.4.4　现金流量表附注的填列

1. 将净利润调节为经营活动现金流量

现金流量表采用直接法反映经营活动产生的现金流量的同时，企业还应在附注中采用间接法将净利润调节为经营活动现金流量。间接法，是指以本期净利润为起点，通过调整不涉及现金的收入、费用、营业外收支以及经营性应收应付等项目的增减变动，调整不属于经营活动的现金收支，据此计算并列报经营活动产生的现金流量的方法。在我国，现金流量表的补充资料应采用间接法反映经营活动产生的现金流量情况，以对现金流量表中采用直接法反映的经营活动现金流量进行核对和补充说明。

采用间接法将净利润调节为经营活动的现金流量时，主要需要调整四大类项目：

（1）实际没有支付现金的费用；

（2）实际没有收到现金的收益；

（3）不属于经营活动的损益；

（4）经营性应收应付项目的增减变动。

这些项目包括资产减值准备、固定资产折旧、油气资产折耗、生产性生物资产折旧、无形资产摊销、长期待摊费用摊销、处置固定资产、无形资产和其他长期资产的损失、固定资产报废损失、存货增减变动和经营性应收应付项目的增减变动等内容。

2. 不涉及现金收支的重大投资和筹资活动

该项目反映企业一定会计期间内影响资产和负债但不形成该期现金收支的所有重大投资和筹资活动的信息。这些投资和筹资活动是企业的重大理财活动，对以后各期的现金流量会产生重大影响，因此，应单列项目在补充资料中反映。该项目包括债务转为资本、一年内到期的可转换公司债券和融资租入固定资产等内容。

3. 现金及现金等价物变动情况

该项目反映企业一定会计期间现金及现金等价物的期末余额减去期初余额的净额，是对现金流量表中"现金及现金等价物净增加额"项目的补充说明。该项目的金额应与现金流量表中的"现金及现金等价物净增加额"项目的金额核对相符。

10.4.5　现金流量表的编制方法

现金流量表的编制方法主要有工作底稿法、"T"型账户法以及分析填列法。

1. 工作底稿法

工作底稿法就是以工作底稿为手段，以利润表和资产负债表数据为基础，结合有关科目的记录，对现金流量表的每一个项目进行分析并编制调整分录，从而编制现金流量表。采用工作底稿法编制现金流量表的基本步骤如下：

第一步，将资产负债表的年初余额和期末余额过入工作底稿的年初余额和期末余额栏。

第二步，对当期业务进行分析并编制调整分录。会计人员编制调整分录时，要以利润表项目为基础，从"营业收入"开始，结合资产负债表项目逐一进行分析。在调整分录中，有关现金和现金等价物的事项，并不直接借记或贷记现金，而是分别记入"经营活动产生的现金流量""投资活动产生的现金流量""筹资活动产生的现金流量"的有关项目，借记表示现金流入，贷记表示现金流出。

第三步，将调整分录过入工作底稿中的相应部分。

第四步，核对调整分录，借贷合计应相等，资产负债表项目年初余额加减调整分录中的借贷金额以后，应当等于期末余额。

第五步，根据工作底稿中的现金流量表项目部分编制正式的现金流量表。

2. "T"型账户法

"T"型账户法就是以"T"型账户为手段，以利润表和资产负债表数据为基础，对每一项目进行分析并编制调整分录，从而编制出现金流量表的方法。采用"T"型账户法编制现金流量表的基本步骤如下：

第一步，为所有的非现金项目（资产负债表项目和利润表项目）分别开设"T"型账户，并将各自的年初、期末变动数过入该账户。

第二步，开设一个大的"现金及现金等价物""T"型账户，每边分为经营活动、投资活动和筹资活动三部分，左边记现金流入，右边记现金流出。与其他账户一样，该账户过入年初、期末变动数。

第三步，以利润表项目为基础，结合资产负债表分析每一个非现金项目的增减变动，并据此编制调整分录。

第四步，将调整分录过入各"T"型账户，并进行核对，该账户借贷相抵后的余额与前面步骤中过入的期末、期初变动数应当一致。

第五步，根据大的"现金及现金等价物""T"型账户编制正式的现金流量表。

3. 分析填列法

分析填列法是直接根据资产负债表、利润表和有关账户明细账的记录，分析计算出现金流量表各项目的金额，并据以编制现金流量表的一种方法。

根据《企业会计准则——基本准则》的规定，小企业可以不编制现金流量表。

现金流量表的具体编制将在财务会计课程中详细介绍。

10.5 所有者权益变动表

10.5.1 所有者权益变动表的内容与结构

1. 所有者权益变动表的内容

所有者权益变动表的内容主要包括当期损益、直接计入所有者权益的利得和损失以及与所有者（股东）的资本交易导致的所有者权益的变动等。所有者权益变动表至少应当单独列示反映下列信息的项目：

（1）净利润；

（2）直接计入所有者权益的利得和损失项目及其总额；

（3）会计政策变更和差错更正的累积影响金额；

（4）所有者投入资本和向所有者分配利润等；

（5）按照规定提取的盈余公积；

（6）实收资本（股本）、资本公积、盈余公积、未分配利润的期初和期末余额及其调节情况。

2. 所有者权益变动表的结构

（1）所有者权益变动表以矩阵的形式列报

一方面，列示导致所有者权益变动的交易或事项，改变了以往仅仅按照所有者权益的各组成部分反映所有者权益变动情况，而是按所有者权益变动的来源对一定时期所有者权益变动情况进行全面反映。

另一方面，按照所有者权益各组成部分（实收资本、资本公积、盈余公积、未分配利润和库存股）及其总额列示交易或事项对所有者权益的影响。

（2）列示所有者权益变动表的比较信息

根据财务报表列报准则的规定，企业需要提供比较所有者权益变动表，因此，所有者权益变动表还就各项目再分为"本年金额"和"上年金额"两栏填列。所有者权益变动表的具体格式如表 10-12 所示。

表 10-12　所有者权益变动表　　　　　　　　会企 04 表

编制单位：　　　　　　　　_____年度　　　　　　　　　单位：元

项　　目	本年金额								上年金额							
	实收资本（或股本）	其他权益工具	资本公积	减：库存股	其他综合收益	盈余公积	未分配利润	所有者权益合计	实收资本（或股本）	其他权益工具	资本公积	减：库存股	其他综合收益	盈余公积	未分配利润	所有者权益合计
一、上年年末余额																
加：会计政策变更																
前期差错更正																
二、本年年初余额																

表10-12(续)

项　目	本年金额								上年金额							
	实收资本（或股本）	其他权益工具	资本公积	减:库存股	其他综合收益	盈余公积	未分配利润	所有者权益合计	实收资本（或股本）	其他权益工具	资本公积	减:库存股	其他综合收益	盈余公积	未分配利润	所有者权益合计
三、本年增减变动金额（减少以"-"号填列）																
（一）综合收益总额																
（二）所有者投入和减少资本																
1. 所有者投入的普通股																
2. 其他权益工具持有者投入资本																
3. 股份支付计入所有者权益的金额																
4. 其他																
（三）利润分配																
1. 提取盈余公积																
2. 对所有者（或股东）的分配																
3. 其他																
（四）所有者权益内部结转																
1. 资本公积转增资本（或股本）																
2. 盈余公积转增资本（或股本）																
3. 盈余公积弥补亏损																
4. 设定收益计划变动额结转流传收益																
5. 其他综合收益结转流传收益																
6. 其他																
四、本年年末余额																

10.5.2　所有者权益变动表的填列方法

1."上年金额"栏的填列方法

所有者权益变动表"上年金额"栏内各项数字，应根据上年度所有者权益变动表"本年金额"栏内所列数字填列。如果上年度所有者权益变动表规定的各个项目的名称和内容同本年度不一致，应对上年度所有者权益变动表各项目的名称和数字按本年度的规定进行调整，填入所有者权益变动表"上年金额"栏内。

2."本年金额"的填列方法

所有者权益变动表"本年金额"栏内各项数字一般应根据"实收资本（或股本）""其他权益工具""资本公积""其他综合收益""盈余公积""利润分配""库存股""以前年度损益调整"等科目及其明细科目的发生额分析填列。

10.6 附注

10.6.1 附注的含义与作用

附注是指对在会计报表中列示项目所作的进一步说明，以及对未能在这些报表中列示项目的说明等，即为便于报表使用者理解财务报表的内容而对财务报表的编制基础、编制依据、编制原则和方法及重要项目所作的解释。

附注是财务会计报告的重要组成部分，编制和披露财务报表附注，是改善财务报表的一种重要手段，也是充分披露原则的体现。

10.6.2 财务报表附注的内容

一般企业应当按照规定披露附注信息，主要包括以下九个方面的内容：

1. 企业的基本情况

（1）企业注册地、组织形式和总部地址。

（2）企业的业务性质和主要经营活动。

（3）母公司以及集团最终母公司的名称。

（4）财务报告的批准报出者和财务报告批准报出日。

2. 财务报表的编制基础

3. 遵循企业会计准则的声明

4. 重要会计政策和会计估计

重要会计政策和会计估计的内容包括财务报表项目的计量基础和会计政策的确定依据以及下一会计期间内很可能导致资产、负债账面价值重大调整的会计估计的确定依据等。

5. 会计政策和会计估计变更以及差错更正的说明

6. 报表重要项目的说明

企业对报表重要项目的说明，应当按照资产负债表、利润表、现金流量表和所有者权益变动表中列示的顺序，采用文字和数字描述相结合的方式进行披露。报表重要项目的明细金额合计，应当与报表项目金额相衔接。

7. 或有事项

8. 资产负债表日后事项

每项重要的资产负债表日后事项的性质、内容，及其对财务状况和经营成果的影响。无法做出估计的，应当说明原因。

9. 关联方披露

（1）本企业母公司的有关信息。

（2）母公司对本公司的持股比例和表决权比例。

（3）本企业子公司的有关信息。

（4）本企业合营企业的有关信息。

（5）本企业与关联方发生交易，分别说明各关联方关系的性质、交易类型及交易要素。

复习思考题

1. 什么是财务报表？财务报表有哪些作用？

2. 编制财务报表有哪些基本要求？

3. 资产负债表有哪些作用？如何编制资产负债表？

4. 我国企业的利润表提供了哪些指标？应当如何编制利润表？

5. 现金和现金等价物包括哪些内容？现金流量表的编制方法有几种？其原理是什么？

6. 附注的主要内容有哪些？

练习题

一、单项选择题

1. 企业 2023 年年报中的利润表，在表中填写的时间是（　　）。

    A. 2023 年 12 月 31 日   B. 2023 年 1 月至 12 月

    C. 2023 年   D. 2023 年度

2. 企业 2023 年年报中的资产负债表，在表中填写的时间是（　　）。

    A. 2023 年 12 月 31 日   B. 2023 年 1 月至 12 月

    C. 2023 年   D. 2023 年度

3. 企业反映 2023 年现金流量情况的现金流量表，在表中填写的时间是（　　）。

    A. 2023 年 12 月 31 日   B. 2023 年度

    C. 2023 年   D. 2023 年 1 月至 12 月

二、多项选择题

1. 按照我国《企业会计准则》的要求，企业对外财务报表由（　　）组成。

    A. 主表   B. 会计报表

    C. 附表   D. 附注

2. 财政部 2006 年发布的《企业会计准则》规定，企业对外提供的会计报表包括（　　）。

    A. 资产负债表   B. 利润表

    C. 现金流量表   D. 所有者权益变动表

3. 我国《企业会计准则》规定，企业财务会计报告的使用者包括（　　）。

    A. 投资者   B. 债权人

    C. 政府及有关部门   D. 社会公众

11 会计法律制度体系

11.1 会计法律制度体系的内容

11.1.1 会计法律制度的含义及特征

1. 会计与会计法律制度

要实现会计的目的、体现会计的本质，必须有会计法律制度对会计活动予以约束和规范。

会计首先表现为企事业单位内部的一项管理活动，即对本单位的经济活动进行核算和监督。但是会计在处理经济业务事项中所涉及的经济利益关系已经超出了本单位的范围，直接或间接地影响了有关方面的利益。因为，一个单位的经济活动不可能孤立地进行，而是表现为与方方面面发生直接或间接的联系，会计如何处理各种经济关系，不仅将对本单位的财务收支、利益分配等产生影响，而且还会对国家、其他经济组织、职工个人产生影响。

因此，会计处理各种经济业务事项必须有一个具有约束力的规范，这是包括国家在内的各方面利益关系者对会计工作的客观要求。比如：

调整我国经济关系中会计关系的法律总规范——会计法律由此应运而生。

调整我国经济生活中某些方面会计关系的法律规范——会计行政法规由此应运而生。

规范会计工作中某些方面内容，包括对会计核算、会计监督、会计机构和会计人员管理、会计工作管理制度的规范——产生各种部门的会计规章和规范性文件。

2. 会计法律制度的意义

会计法律制度是组织会计工作，处理会计事务应该遵循的有关法律、法令、条例、规则、章程、制度等规范性文件的总称。

任何一个国家为了组织、管理好本国的会计工作，实现会计目标，都有一整套适合本国实际的会计法律制度体系，不过，由于各国政治、经济、文化习俗等的差异，会计法律制度的形式不尽相同。有的国家以有关法律和民间性质的会计法律制度等组成会计法律制度体系，有的国家则是以有关法律和政府制定的会计准则等组成会计法律制度体系。

我国会计法律制度体系的建立，既要从我国的社会、政治、经济文化的实际情况出发，又要适应不断发展的态势，充分考虑会计工作对社会经济发展的促进作用；既考虑我国的国情，又要考虑国际交流的需要，能够与国际会计趋同，使会计真正成为"国际商业语言"。

会计工作是我国的一项重要的管理工作，为了规范会计行为，保证会计资料真实、完整，加强经济管理和财务管理，提高经济效益，维护社会主义市场经济秩序，我国政府非常重视会计工作的法制建设。经过多年的努力，已经建立起了一套基本上与国际会计趋同的会计法律制度体系，但还不完善。我国的会计法律制度都是由政府颁布的，具有强制性，是每个企事业单位必须严格遵守和执行的。

3. 会计法律制度的特征

（1）强制性。强制性是一切法规的共同特征，会计法律制度也同样需要借助国家这一权力机器来保证其实施和运行。会计法律制度主要是通过其规范性要求来引导人们的会计活动和会计行为的，但当会计活动和会计行为与法律规定相冲突时，它又通过制裁手段保障会计活动和会计行为必须无条件地服从法律的规定。

（2）标准性。会计法律制度具有明确的评价标准，人们可以根据这些标准来判断哪些会计活动和会计行为是合规的，哪些会计活动和会计行为是不合规的。当然，会计标准也往往具有一定的时效性，随着客观经济环境的变化需要被不断修订和完善，但应保持其相对稳定性和连续性。

（3）普遍适用性。会计法律制度在一定的空间和时间范围内具有普遍适用性，即针对其调整对象范围内的所有人和事，但不针对具体的人和事。

（4）可预测性。会计法律制度明确规定了哪些会计活动和会计行为是合法的和应该鼓励的，哪些会计活动和会计行为是不合法的和必须禁止的。人们可以借助这些规范来判断其所从事的会计活动和会计行为应承担的法律后果。

11.1.2　会计法律制度体系的内容

根据《中华人民共和国立法法》的规定，我国的法规体系通常由四个部分构成，即法律、行政法规、部门规章和规范性文件。所以我国会计法律制度体系也包括这四个层次。

1. 会计法律

我国的会计法律制度体系的第一个层次是会计法律，是以"法"的形式出现，主要是《会计法》。它是会计法律制度的最高层次，是指导会计工作的根本法，是制定其他会计法律制度的依据。该法由全国人民代表大会常务委员会通过，国家主席签署颁布。

2. 行政法规

我国的会计行政法规是由国务院常务委员会通过，以国务院令公布。会计行政法规通常是以"条例"的形式出现，如《企业财务会计报告条例》《会计人员职权条例》《会计专业职务试行条例》《总会计师条例》等。

3. 部门规章

我国会计法律制度体系的第三个层次是会计部门规章。它是由国务院主管会计工作的部门即财政部以部长令公布，如《企业会计准则——基本准则》《企业会计制度》

《金融企业会计制度》《小企业会计制度》等。

4. 规范性文件

我国会计法律制度体系的第四个层次是规范性文件。它是由国务院主管会计工作的部门即财政部以部门文件形式印发，如《企业会计准则——应用指南》《会计基础工作规范》《会计档案管理办法》等，以及财政部印发的各种"暂行规定""补充规定"以及"会计准则解释"等。

11.2　会计法

11.2.1　会计法的形成与发展

《会计法》是一项重要的经济法规，是会计工作的根本大法，是制定其他一切会计法律制度、办法、手续、程序等的法律依据，涉及会计工作的各个方面。

《会计法》于 1985 年 1 月 21 日第六届全国人民代表大会常务委员会第九次会议通过，1993 年 12 月 29 日第八届全国人民代表大会常务委员会第五次会议通过了《关于修改〈中华人民共和国会计法〉的决定》，于 1999 年 10 月 31 日第九届全国人民代表大会常务委员会第十二次会议进行了修订，于 2000 年 7 月 1 日起施行。

11.2.2　会计法的主要内容

现行《会计法》分七章，共五十二条，主要包括总则，会计核算，公司、企业会计核算的特别规定，会计监督，会计机构和会计人员，法律责任六个方面内容。

1. 总则

本部分共八条，主要内容包括：

（1）明确《会计法》的立法目的是规范会计行为，保证会计资料真实、完整，加强经济管理和财务管理，提高经济效益，维护社会主义市场经济秩序。

（2）明确《会计法》的适用主体是国家机关、社会团体、公司、企事业单位和其他组织。

（3）规定单位负责人对本单位的会计工作和会计资料的真实性、完整性负责。

（4）明确会计工作的管理体制——"国务院财政部门主管全国的会计工作。县级以上地方各级人民政府财政部门管理本行政区域内的会计工作"。

（5）明确规定国家实行统一的会计制度。

2. 会计核算

本部分共十五条，主要规定会计核算的内容和要求。会计核算的基本内容包括：款项和有价证券的收付；财物的收发、增减和使用；债权债务的发生和结算；资本、基金的增减；收入、支出、费用、成本的计算；财务成果的计算和处理及其他会计事项。为了保证会计信息的质量，《会计法》规定了对填制凭证、登记会计账簿、编制会计报表等会计核算全过程的基本要求。这是保证会计信息符合国家宏观经济管理的要求，满足有关各方了解企业财务状况和经营成果的需要，满足企业加强内部经营管理需要的重要条件。

3. 公司、企业会计核算的特别规定

本部分有三条，主要针对公司、企业会计核算的特殊性和重要性，强调了公司、企业会计核算中对会计要素确认、计量、记录的基本要求和公司、企业会计核算的禁止性规定。

4. 会计监督

本部分共九条，主要明确了三位一体的会计监督体系即单位内部监督、注册会计师进行的社会监督和以财政部门为主的国家监督。

（1）单位内部监督。《会计法》主要规定了单位内部监督体系的基本要求是记账人员与经济业务事项和会计事项的审批人员、经办人员、财物保管人员的职责权限应当明确，并相互分离、相互制约；重大对外投资、资产处置、资金调度和其他重要经济业务事项的决策和执行的相互监督、相互制约程序应当明确；财产清查的范围、期限和组织程序应当明确；对会计资料定期进行内部审计的办法和程序应当明确。

为了保证内部监督更好地发挥作用，本部分还强调了会计机构、会计人员的职责、权限。"会计机构、会计人员对违反本法和国家统一的会计制度规定的会计事项，有权拒绝办理或者按照职权予以纠正。""会计机构、会计人员发现会计账簿记录与实物、款项及有关资料不相符的，按照国家统一的会计制度的规定有权自行处理的，应当及时处理；无权处理的，应当立即向单位负责人报告，请求查明原因，作出处理。"

（2）社会监督。它主要规定了注册会计师获取真实信息和独立发表审计意见的权限。"有关法律、行政法规规定，须经注册会计师进行审计的单位，应当向受委托的会计师事务所如实提供会计凭证、会计账簿、财务会计报告和其他会计资料以及有关情况。任何单位或者个人不得以任何方式要求或者示意注册会计师及其所在的会计师事务所出具不实或者不当的审计报告。"

（3）国家监督。它主要明确了财政部门的监督内容以及国家监督的参与监督部门。财政部门监督内容主要包括："是否依法设置会计账簿；会计凭证、会计账簿、财务会计报告和其他会计资料是否真实、完整；会计核算是否符合本法和国家统一的会计制度的规定；从事会计工作的人员是否具备从业资格。"参与监督的部门主要有财政、审计、税务、人民银行、证券监管、保险监管等部门。

5. 会计机构和会计人员

本部分共六条，主要规定会计机构的设置和会计人员的配备。"各单位应当根据会计业务的需要，设置会计机构，或者在有关机构中设置会计人员并指定会计主管人员；不具备设置条件的，应当委托经批准设立从事会计代理记账业务的中介机构代理记账。国有的和国有资产占控股地位或者主导地位的大、中型企业必须设置总会计师。""担任单位会计机构负责人（会计主管人员）的，应当具备会计师以上专业技术职务资格或者从事会计工作三年以上经历。"

6. 法律责任

本部分共八条，主要规定单位负责人、会计人员违反会计法应承担的法律责任。《会计法》明确规定了单位负责人、会计人员违反会计法的具体行为及其相应的法律后果，并强化了单位负责人的法律责任。

11.3　企业会计准则体系

11.3.1　企业会计准则体系内容

1. 会计准则的含义

会计准则是指导会计工作的规范，是处理会计事务的标准和准绳。它是根据《会计法》制定的，是从属和服从会计法的有关法规。

从 20 世纪 50 年代到 90 年代初期，我国的企业会计标准一直采用会计制度的形式；1992 年财政部颁布了《企业会计准则——基本准则》，开始采用会计准则规范会计行为，之后陆续发布了 16 项具体准则。2006 年 2 月，财政部重新修订、发布了《企业会计准则——基本准则》及 38 项具体准则，2006 年 10 月又发布了《企业会计准则——应用指南》，形成了比较完善的企业会计准则体系。

2. 企业会计准则体系

会计准则体系作为技术规范，有着严密的结构和层次。中国企业会计准则体系由三部分内容构成：

（1）《企业会计准则——基本准则》，在整个会计准则体系中起统驭作用，主要规范会计目标，会计假设，会计信息质量要求，会计要素的确认、计量和报告原则等。其作用是指导具体准则的制定和为尚未有具体准则规范的会计实务问题提供处理原则，企业会计的账务处理程序、方法等都必须符合基本准则的要求。

（2）《企业会计准则——具体准则》。我国发布了 38 项具体准则，主要规范企业发生的具体交易或事项的会计处理。具体准则涉及会计核算的具体业务，它体现基本准则的要求，并保证具体准则之间的协调性、严密性及科学性。

（3）《企业会计准则——应用指南》，为企业执行会计准则提供操作性规范。

这三项内容既相对独立，又互为关联，构成统一整体。

此外，财政部还发布了《企业会计准则解释》作为会计准则体系的补充。《企业会计准则解释》对如果在执行企业会计准则以及企业在执行会计准则过程中出现的具体情况和问题，作出了有针对性的解释，以帮助企业更好地执行企业会计准则。

11.3.2　《企业会计准则——基本准则》的内容

《企业会计准则——基本准则》共 11 章 50 条，主要包括以下内容：

1. 总则

主要说明企业会计准则的性质、制定的依据（《会计法》）、适用范围（在中华人民共和国境内设立的企业)、会计工作的前提条件(会计主体、持续经营、会计分期、货币计量)、记账基础(权责发生制)、核算方法(借贷记账法)以及会计核算基础工作的要求等。

2. 会计信息质量要求

基本准则提出了企业提供会计信息质量的八条要求:可靠性、相关性、可理解性、可比性、实质重于形式、重要性、谨慎性和及时性。

3. 会计要素

基本准则把企业会计核算的对象划分为资产、负债、所有者权益、收入、费用、利润六大要素,并明确规定了各要素的含义、确认及列报条件。

4. 会计计量

基本准则规定,"企业在将符合确认条件的会计要素登记入账并列报于会计报表及其附注时,应当按照规定的会计计量属性进行计量,确定其金额"。会计计量属性包括历史成本、重置成本、可变现净值、现值和公允价值五种,基本准则对五种计量属性的含义及使用作出了明确规定。

5. 财务会计报告

基本准则规定:"财务会计报告是指企业对外提供的反映企业某一特定日期的财务状况和某一会计期间的经营成果、现金流量等会计信息的文件。""财务会计报告包括会计报表及其附注和其他应当在财务会计报告中披露的相关信息和资料。会计报表至少应当包括资产负债表、利润表、现金流量表等报表。"基本准则还对各种报表的含义进行了规范。

11.3.3 具体准则的内容

从 2006 年到 2022 年,财政部陆续发布了 42 项具体准则,其间又对多项具体准则行了修订和合并。2017 年,财政部对 14 号收入准则和 15 号建造合同准则进行合并修订为新的 14 号收入准则,所以目前实施的只有 41 项具体准则。(下面具体准则后括弧内的时间是最后发布或修改发布的年份)

《企业会计准则第 1 号——存货》(2006)

《企业会计准则第 2 号——长期股权投资》(2014)

《企业会计准则第 3 号——投资性房地产》(2006)

《企业会计准则第 4 号——固定资产》(2006)

《企业会计准则第 5 号——生物资产》(2006)

《企业会计准则第 6 号——无形资产》(2006)

《企业会计准则第 7 号——非货币性资产交换》(2019)

《企业会计准则第 8 号——资产减值》(2006)

《企业会计准则第 9 号——职工薪酬》(2014)

企业会计准则第 10 号——企业年金基金》(2006)

《企业会计准则第 11 号——股份支付》(2006)

《企业会计准则第 12 号——债务重组》(2019)

《企业会计准则第 13 号——或有事项》（2006）

《企业会计准则第 14 号——收入》（2017）

《企业会计准则第 15 号——建造合同》（2006）（2017 年并入收入准则，废除）

《企业会计准则第 16 号——政府补助》（2017）

《企业会计准则第 17 号——借款费用》（2006）

《企业会计准则第 18 号——所得税》（2006）

《企业会计准则第 19 号——外币折算》（2006）

《企业会计准则第 20 号——企业合并》（2006）

《企业会计准则第 21 号——租赁》（2019）

《企业会计准则第 22 号——金融工具确认和计量》（2017）

《企业会计准则第 23 号——金融资产转移》（2017）

《企业会计准则第 24 号——套期会计》（2017）（2006 年名称为套期保值，2017 年改为现名）

《企业会计准则第 25 号——保险合同》（2020）（2006 年名称为原保险合同，2020年改为现名）

《企业会计准则第 26 号——再保险合同》（2006）

《企业会计准则第 27 号——石油天然气开采》（2006）

《企业会计准则第 28 号——会计政策、会计估计变更和差错更正》（2006）

《企业会计准则第 29 号——资产负债表日后事项》（2006）

《企业会计准则第 30 号——财务报表列报》（2014）

《企业会计准则第 31 号——现金流量表》（2006）

《企业会计准则第 32 号——中期财务报告》（2006）

《企业会计准则第 33 号——合并财务报表》（2014）

《企业会计准则第 34 号——每股收益》（2006）

《企业会计准则第 35 号——分部报告》（2006）

《企业会计准则第 36 号——关联方披露》（2006）

《企业会计准则第 37 号——金融工具列报》（2017）

《企业会计准则第 38 号——首次执行企业会计准则》（2006）

《企业会计准则第 39 号——公允价值计量》（2015）

《企业会计准则第 40 号——合营安排》（2014）

《企业会计准则第 41 号——在其他主体中权益的披露》（2015）

《企业会计准则第 42 号——持有待售的非流动资产、处置组和终止经营》（2017）

11.3.4　应用指南

为了更好地运用具体准则，财政部于 2006 年 10 月又发布了《企业会计准则——应用指南》。《企业会计准则——应用指南》对除第 15、25、26、29、32、36、39、40、41、42 号具体准则外余下的 32 项具体准则的内容进行了解释、指导和进一步的规范；同时还制定了企业的会计科目和主要账务处理规范。对企业执行会计准则起到了具体、详细的指导作用。

11.3.5 企业会计准则解释

到目前为止，财政部已经发布了 16 项《企业会计准则解释》，对 63 个问题进行了解释或新的规范。（下列括弧内是发布时间）

《企业会计准则解释第 1 号》（2007）

《企业会计准则解释第 2 号》（2008）

《企业会计准则解释第 3 号》（2009）

《企业会计准则解释第 4 号》（2010）

《企业会计准则解释第 5 号》（2012）

《企业会计准则解释第 6 号》（2014）

《企业会计准则解释第 7 号》（2015）

《企业会计准则解释第 8 号》（2016）

《企业会计准则解释第 9 号——关于权益法下投资净损失的会计处理》（2017）

《企业会计准则解释第 10 号——关于以使用固定资产产生的收入为基础的折旧方法》（2017）

《企业会计准则解释第 11 号——关于以使用无形资产产生的收入为基础的摊销方法》（2017）

《企业会计准则解释第 12 号——关于关键管理人员服务的提供方与接受方是否为关联方》（2017）

《企业会计准则解释第 13 号》（2020）

《企业会计准则解释第 14 号》（2021）

《企业会计准则解释第 15 号》（2021）

《企业会计准则解释第 16 号》（2022）

11.4 其他会计法律制度

会计法律制度体系除了《会计法》和《企业会计准则》以外，还有许多，这里主要介绍会计基础工作规范和会计档案管理办法。

11.4.1 会计基础工作规范

为了加强会计基础工作，建立规范的会计工作秩序，不断提高会计工作水平，财政部于 1996 年 6 月 17 日制定了《会计基础工作规范》，并于同日开始施行。为了更好地实施《会计基础工作规范》，财政部又于 1997 年 7 月 10 日发布了《会计基础工作规范化管理办法》。

《会计基础工作规范》分 6 章，共 101 条。主要内容包括

1. 总则

总则部分主要说明本规范的制定目的、依据、适用范围会计基础工作的责任人和责任单位。

2. 会计机构和人员

该部分主要规范会计机构设置和会计人员配备、会计人员职业道德、会计工作交接等方面。

3. 会计核算

本部分主要说明会计核算的一般要求及会计凭证填制、账簿登记以及报表编制等方面的具体要求。

4. 会计监督

本部分主要说明各单位会计机构、会计人员的监督范围、依据、职责、权限以及各单位接受监督的义务。

5. 内部会计管理制度

该部分主要说明各单位建立内部会计管理制度的依据、原则以及应当包括的内容。

11.4.2 会计档案管理办法

为了加强会计档案的科学管理，统一全国会计档案工作制度，财政部和国家档案局于 1998 年 8 月 21 日共同发布了《会计档案管理办法》。2023 年 12 月 11 日财政部和国家档案局又发布了最新修订的《会计档案管理办法》（中华人民共和国财政部、国家档案局令第 79 号）。

修订后的《会计档案管理办法》共 31 条，主要内容包括

1. 本办法的制定目的、依据及适用范围

本办法的制定目的是加强会计档案管理，有效保护和利用会计档案。

依据是《中华人民共和国会计法》《中华人民共和国档案法》等有关法律和行政法规。

本办法适用于国家机关、社会团体、企业、事业单位和其他组织（以下统称单位）管理会计档案。

2. 会计档案的管理部门

财政部和国家档案局主管全国会计档案工作，共同制定全国统一的会计档案工作制度，对全国会计档案工作实行监督和指导。

县级以上地方人民政府财政部门和档案行政管理部门管理本行政区域内的会计档案工作，并对本行政区域内会计档案工作实行监督和指导。

单位的档案机构或者档案工作人员所属机构（以下统称单位档案管理机构）负责管理本单位的会计档案。单位也可以委托具备档案管理条件的机构代为管理会计档案。

3. 会计档案的含义及内容

会计档案是指单位在进行会计核算等过程中接收或形成的，记录和反映单位经济业务事项的，具有保存价值的文字、图表等各种形式的会计资料，包括通过计算机等电子设备形成、传输和存储的电子会计档案。具体包括

（1）会计凭证类：原始凭证、记账凭证。

（2）会计账簿类：总账、明细账、日记账、固定资产卡片及其他辅助性账簿。

（3）财务报告类：月度、季度、半年度、年度财务会计报告。

（4）其他会计资料类：银行存款余额调节表、银行对账单、纳税申报表、会计档案移交清册、会计档案保管清册、会计档案销毁清册、会计档案鉴定意见书及其他具有保存价值的会计资料。

（5）电子会计档案：单位可以利用计算机、网络通信等信息技术手段管理会计档案。

满足本法第 8 条规定条件的，单位内部形成的属于归档范围的电子会计资料可仅以电子形式保存，形成电子会计档案。

单位从外部接收的电子会计资料附有符合《中华人民共和国电子签名法》规定的电子签名的，可仅以电子形式归档保存，形成电子会计档案。

4. 会计档案的保管与移交

单位会计管理机构按照归档范围和归档要求，负责定期将应当归档的会计资料整理立卷，编制会计档案保管清册。

当年形成的会计档案，在会计年度终了后，可由单位会计管理机构临时保管一年，再移交单位档案管理机构保管。因工作需要确须推迟移交的，应当经单位档案管理机构同意。

单位会计管理机构临时保管会计档案最长不超过三年。临时保管期间，会计档案的保管应当符合国家档案管理的有关规定，且出纳人员不得兼管会计档案。

单位会计管理机构在办理会计档案移交时，应当编制会计档案移交清册，并按照国家档案管理的有关规定办理移交手续。

纸质会计档案移交时应当保持原卷的封装。电子会计档案移交时应当将电子会计档案及其元数据一并移交，且文件格式应当符合国家档案管理的有关规定。特殊格式的电子会计档案应当与其读取平台一并移交。

单位档案管理机构接收电子会计档案时，应当对电子会计档案的准确性、完整性、可用性、安全性进行检测，符合要求的才能接收。

5. 会计档案的查阅、复制

单位应当严格按照相关制度利用会计档案，在进行会计档案查阅、复制、借出时履行登记手续，严禁篡改和损坏。

单位保存的会计档案一般不得对外借出。确因工作需要且根据国家有关规定必须借出的，应当严格按照规定办理相关手续。

会计档案借用单位应当妥善保管和利用借入的会计档案，确保借入会计档案的安全完整，并在规定时间内归还。

单位的会计档案及其复制件需要携带、寄运或者传输至境外的，应当按照国家有关规定执行。

6. 会计档案的保管期限

会计档案的保管期限，从会计年度终了后的第一天算起。

会计档案的保管期限分为永久、定期两类。定期保管期限一般分为 10 年和 30 年。企业会计档案具体保管期限如表 11-1 所示。

表 11-1　企业和其他组织会计档案保管期限

序号	档案名称	保管期限	备注
一	会计凭证		
1	原始凭证	30 年	
2	记账凭证	30 年	
二	会计账簿		
3	总账	30 年	
4	明细账	30 年	
5	日记账	30 年	
6	固定资产卡片		固定资产报废清理后保管 5 年
7	其他辅助性账簿	30 年	
三	财务会计报告		
8	月度、季度、半年度财务会计报告	10 年	
9	年度财务会计报告	永久	
四	其他会计资料		
10	银行存款余额调节表	10 年	
11	银行对账单	10 年	
12	纳税申报表	10 年	
13	会计档案移交清册	30 年	
14	会计档案保管清册	永久	
15	会计档案销毁清册	永久	
16	会计档案鉴定意见书	永久	

7. 会计档案的鉴定与销毁

单位应当定期对已到保管期限的会计档案进行鉴定，并形成会计档案鉴定意见书。经鉴定，仍需继续保存的会计档案，应当重新划定保管期限；对保管期满，确无保存价值的会计档案，可以销毁。

经鉴定可以销毁的会计档案，应当按照以下程序销毁：

单位档案管理机构编制会计档案销毁清册，列明拟销毁会计档案的名称、卷号、册数、起止年度、档案编号、应保管期限、已保管期限和销毁时间等内容。

单位负责人、档案管理机构负责人、会计管理机构负责人、档案管理机构经办人、会计管理机构经办人在会计档案销毁清册上签署意见。

单位档案管理机构负责组织会计档案销毁工作，并与会计管理机构共同派员监销。监销人在会计档案销毁前，应当按照会计档案销毁清册所列内容进行清点核对；在会计档案销毁后，应当在会计档案销毁清册上签名或盖章。

电子会计档案的销毁还应当符合国家有关电子档案的规定，并由单位档案管理机构、会计管理机构和信息系统管理机构共同派员监销。

保管期满但未结清的债权债务会计凭证和涉及其他未了事项的会计凭证不得销毁，纸质会计档案应当单独抽出立卷，电子会计档案单独转存，保管到未了事项完结时为止。

单独抽出立卷或转存的会计档案，应当在会计档案鉴定意见书、会计档案销毁清册和会计档案保管清册中列明。

8. 会计档案的交接

《会计档案管理办法》规定了单位因撤销、解散、破产、合并等情况下，如何进行档案的交接。

特别对电子会计档案的移交作了明确规定，电子会计档案应当与其元数据一并移交，特殊格式的电子会计档案应当与其读取平台一并移交。档案接受单位应当对保存电子会计档案的载体及其技术环境进行检验，确保所接收电子会计档案的准确、完整、可用和安全。

复习思考题

1. 什么是会计法律制度？它有哪些特征？
2. 我国的会计法规体系是怎样构成的？各个层次的内容在体系中的地位和作用为何？
3. 《会计法》的立法宗旨是什么？它包括哪些主要内容？
4. 我国企业会计准则体系包括哪些内容？各部分的作用和地位为何？
5. 《会计基础工作规范》的主要内容有哪些？
6. 企业会计档案的保管期限是如何规定的？

练习题

一、单项选择题

1. 我国发布的《企业会计准则——应用指南》，是于（　　）正式发布的。
   A. 1999 年 2 月　　　　　　　　B. 2006 年 2 月
   C. 2008 年 10 月　　　　　　　　D. 2007 年 10 月
2. 我国发布的企业基本会计准则和 38 个具体准则，是于（　　）正式发布的。
   A. 1999 年 10 月 1 日　　　　　　B. 2006 年 2 月 15 日
   B. 2000 年 10 月 1 日　　　　　　D. 2007 年 2 月 15 日
3. 我国到 2022 年为止已经发布了（　　）个企业会计具体准则。
   A. 39　　　　　　　　　　　　　B. 40
   B. 41　　　　　　　　　　　　　D. 42
4. 我国目前实施的《会计法》，开始实施的时间是（　　）。
   A. 2007 年 1 月 1 日　　　　　　B. 2000 年 1 月 1 日

C. 2000 年 10 月 1 日　　　　　　　　D. 2000 年 7 月 1 日

5. 下列会计档案保管期限为永久的是（　　　　）。

A. 总账　　　　　　　　　　　　　　B. 明细账

C. 现金日记账　　　　　　　　　　　D. 年度财务报告

二、多项选择题

1. 我国的企业会计准则体系由（　　　　）三部分组成。

A. 企业会计准则——基本准则　　　　B. 企业会计准则——具体准则

C. 企业会计准则——应用指南　　　　D. 企业会计准则解释

2. 我国会计法律制度体系的内容包括（　　　　）。

A. 会计法律　　　　　　　　　　　　B. 行政法规

C. 部门规章　　　　　　　　　　　　D. 规范性文件

3. 下列会计档案保管期限为 30 年的包括（　　　　）。

A. 总账和明细账　　　　　　　　　　B. 记账凭证

C. 原始凭证　　　　　　　　　　　　D. 银行对账单

4. 下列会计档案需要永久保管的是（　　　　）。

A. 会计档案保管清册　　　　　　　　B. 会计档案销毁清册

C. 会计档案鉴定意见书　　　　　　　D. 年度财务报告

12　会计工作管理体制

为了保证会计资料真实、完整，提高会计工作的管理水平，必须完善和健全会计工作管理体制。会计工作管理体制是会计管理机构、管理制度以及会计人员管理办法的总称。

12.1　会计组织机构

12.1.1　国家会计工作管理部门

《会计法》明确规定：国务院财政部门主管全国的会计工作，县级以上地方各级人民政府财政部门管理本行政区域内的会计工作。所以，我国实行的是由财政部统一领导，地方各级财政部门分级管理，各企事业单位实行内部管理的会计工作管理体制。

财政部内设置了会计司，主管全国的会计工作，其主要职责是在财政部领导下，拟定全国性的会计法令，研究、制定改进会计工作的措施和总体规划，颁发会计工作的各项规章制度，管理和报批外国会计公司在我国设立常驻代表机构，会同有关部门制定并实施全国会计人员专业技术职称考评制度等。

各省、市、自治区以及地、县财政部门设置会计处、科、股来主管本地区的会计工作；同时企业主管部门一般也要设置财务会计处来负责本部门所属企业单位的会计工作的管理。它们的职责是根据财政部的统一规定，制定适合本地区、本系统的会计规章制度；负责组织、领导和监督所属企业、单位的会计工作；审核、分析、批复所属单位的财务报表，并编制本地区、本系统的汇总财务报表；了解和检查所属单位的会计工作情况；负责本地区、本系统会计人员的业务培训，以及会同有关部门评聘会计人员技术职务。

12.1.2　企业会计机构的设置

会计机构是指企业依据会计工作的需要设置的专门负责办理本单位会计业务事项，进行会计核算，实行会计监督的职能部门。健全的会计机构，是保证会计工作顺利进行，充分发挥会计职能的重要前提条件。

1. 设置会计机构的原则

每个企业设置会计机构一般应遵循以下原则：

（1）满足需要原则。该原则有两方面的要求，一是要求企业必须根据会计业务的需要设置会计机构，即考虑企业的自身特点，设置能充分满足本企业会计工作的需要的会计机构；二是设置的会计机构必须满足社会经济对会计工作的要求，并与国家的会计管理体制相适应。

（2）效率性与效益性原则。该原则要求企业设置的会计机构，应当在保证会计核算质量的前提下，提高效率，简化会计核算手续；同时及时、正确地提供会计核算资料，节约人力、财力、物力，提高效益性。

（3）适应性原则。该原则要求企业在设置会计机构时必须全面考虑企业单位会计人员的数量和业务素质的适应能力。

（4）协调性原则。该原则要求设置的会计机构要能够使得各相关部门之间做到相互配合。

2. 设置会计机构

《会计法》明确规定："各单位应根据会计业务的需要，设置会计机构，或者在有关机构中设置会计人员并指定会计主管人员；不具备设置条件的，应当委托经批准设立从事会计代理记账业务的中介机构代理记账。"可见，《会计法》并没有对是否独立设置会计机构作统一的、强制性的规定。所以，设置与不设置独立的会计机构具体应当由企业根据自身的需要确定。

（1）独立设置会计机构

企业单位一般都应当独立设置会计部、处、科、室等会计机构，并配备专职会计人员，在财务总监（总会计师）的直接领导下，负责组织、领导会计工作并进行会计核算和会计监督，以保证企业单位会计工作的效率和会计信息的质量。

（2）不设置独立的会计机构，但要配备专职会计人员

规模太小或者业务量过少的企业或单位可以不单独设置会计机构，但可以在有关机构（办公室）中设置专门的会计岗位，配备专职的会计人员并指定会计主管人员负责办理具体会计事务。

（3）不设置独立的会计机构，也不配备专职会计人员

对于不具备单独设置会计机构，也不需要配备专职会计人员的小型经济组织，可以委托有资质的中介机构（会计师事务所）进行代理记账工作。代理记账是指经依法批准设立的从事会计代理记账业务的中介机构，代理他人进行会计核算，实行会计监督，并收取一定劳务报酬的行为。

12.1.3　会计工作的组织方式

企业会计工作的组织方式是指独立设置会计机构的单位内部组织和管理会计工作的具体形式，一般分为集中核算和非集中核算两种。

1. 集中核算组织方式

集中核算组织方式是指企业的会计核算工作都集中在财务会计部门进行，单位内其他各部门一般不单独核算，只是对发生的经济业务进行原始记录，填制或取得原始凭证并进行适当汇总，定期将原始凭证和汇总原始凭证送交会计部门，由会计部门进行总分类核算和明细分类核算。

集中核算组织形式，由于核算工作集中，便于对会计人员进行分工，采用较合理的凭证整理方法，实行核算工作的电算化，从而简化和加速了核算工作，减少核算费用；企业会计部门可以完整地掌握详细的核算资料，全面了解企业的经济活动。这种核算组织形式主要适用于规模不大的中小型企业单位。

2. 非集中核算组织方式

非集中核算组织方式又叫分散核算组织方式，是指在企业会计工作中，把与本单位内部各部门业务有关的明细核算，在会计部门指导下分散在各有关部门进行，会计部门主要进行汇总性核算的一种核算组织形式。非集中核算组织方式有利于企业内部有关部门及时地利用核算资料进行日常的分析和考核，有利于企业的经济核算制原则和全面经济核算的实施，便于企业考核内部单位工作业绩。但是，在这种核算组织形式下，不便于采用最合理的凭证整理方法，会计人员的合理分工受到一定的限制，核算的工作总量较集中，核算有所增加，核算人员的编制也要加大，核算费用支出也要增多。这种核算组织形式主要适用于大中型企业单位以及内部单位比较分散的企业单位。

企业、单位采用集中核算还是非集中核算，要根据本单位的实际情况确定，可以在二者中选一种，也可以将二者结合起来进行。比如在一个单位内部，对各部门发生的经济业务可以分别采用集中核算和非集中核算，也可以对一些业务采用集中核算，而对另一些业务采用非集中核算。具体核算形式的选择，应根据单位特点和管理要求，以有利于加强经济管理、提高经济效益为标准。

12.1.4 会计工作岗位责任制

会计工作岗位责任制是指为了搞好会计工作，在设置的会计机构内部，按照会计工作的内容以及会计人员的配备情况，将单位全部的会计工作划分为若干岗位，并规定每个岗位的职责和权限，建立起来的相应的责任管理制度。建立会计工作岗位责任制，有利于会计工作的法制化、程序化和规范化，使得会计人员职责清楚，纪律严明，有条不紊地进行工作，提高工作效率；同时会计工作岗位责制也是这些单位配备数量适当的会计人员的客观依据之一。

1. 设置会计岗位的原则

（1）根据本单位会计业务的需要设置

各个企事业单位所属行业性质不一样，规模也不同，经济业务的内容、数量以及会计核算与管理的要求都会有所不同，所以各单位必须根据自身的实际情况来设置会计工作岗位。

（2）符合内部控制的要求

内部会计控制是指单位为了提高会计信息质量，保护资产的安全、完整，确保有关法律法规和规章制度的贯彻执行等而制定和实施的一系列控制方法、措施和程序。会计工作岗位的设置必须要适应内部会计控制的要求，特别要符合内部牵制制度的要求。内部牵制制度是内部会计控制的主要内容之一，其核心内容是分工明确、职责清楚、钱物分开、钱账分管，出纳人员不得兼管稽核，会计档案保管和收入、费用、债权债务账目的登记工作。具体来讲：出纳、会计不能一人兼任；出纳与财产物资保管工作不能一人兼任；采购人员不能兼任出纳或者财产保管工作。这样，按照内部会计控制的要求，就必须设置相应的会计工作岗位。

（3）有利于建立岗位责任制

设置的会计工作岗位，必须使得各个岗位职责分明，便于分工和管理，又有利于提高工作效率，节约经费开支。

（4）有利于会计人员熟悉业务，不断提高业务素质

设置会计工作岗位要有利于分工不分家，有利于实行轮岗、交流，不断提高会计人员的业务水平和适应能力。

2. 企业设置的主要会计工作岗位

（1）会计机构负责人（会计主管）岗位；

（2）出纳岗位；

（3）稽核岗位；

（4）资本、基金核算岗位；

（5）收入、支出、债权债务核算岗位；

（6）工资、成本费用、财务成果核算岗位；

（7）财产物资的收发、增减核算岗位；

（8）总账岗位；

（9）财务会计报告编制岗位；

（10）会计档案管理岗位等。

以上的会计工作岗位，可以一岗一人，也可以一岗多人或一人多岗，但是必须符合内部会计控制的要求，比如出纳人员不得兼管稽核，会计档案保管和收入、费用、债权债务账目的登记工作。

会计工作岗位应当有计划地进行轮换。

12.2 会计人员

12.2.1 会计人员的条件及专业职务

会计人员是具备了会计的专门知识和技能，并从事会计工作的专业技术人员。实际中会计人员通常是指在企业、机关、事业单位或其他经济组织中从事财务会计工作的人员。会计人员的任职要求是对会计工作各级岗位人员业务素质的基本规定。具体包括以下几个方面：

1. 会计人员的基本条件

（1）会计人员应当具备必要的专业知识和专业技能。

（2）熟悉并掌握会计准则及其他财经法规。

（3）遵守职业道德。

2. 会计机构负责人（会计主管人员）的任职条件

会计主管人员是指单位任用的组织和领导会计机构依法进行会计核算、实行会计监督的中层管理人员。会计机构负责人（会计主管人员）必须具备的条件是：

（1）政治素质，即能遵纪守法，坚持原则，廉洁奉公，具备良好的职业道德。

（2）专业技术资格条件，即要求具备会计师以上专业技术职务资格或者从事会计工作三年以上。

（3）熟悉国家财经法律、法规、规章制度和方针、政策，掌握本行业业务管理的有关知识。

（4）有较强的组织能力。

（5）身体状况能够适应本职工作的要求。

3. 会计专业技术职务

会计专业技术职务分为高级会计师、会计师、助理会计师、会计员四个档次。其中，高级会计师为高级职务，会计师为中级职务，助理会计师和会计员为初级职务。

4. 会计专业技术资格考试制度

我国从 1992 年开始执行《会计专业技术资格考试暂行规定》，对会计专业技术资格实行全国统一考试制度。2000 年修订《暂行规定》后，全国统一考试分为两个等级：

（1）中级会计资格考试，考试科目有三门："经济法""财务管理""中级会计实务"。参加中级考试的人员必须在连续的两个考试年度内通过全部科目的考试，方能获得中级会计专业技术资格证书。

（2）初级会计资格考试，考试科目有两门："经济法基础"和"初级会计实务"。参加初级考试的人员必须在一个考试年度内通过全部科目的考试，才能取得初级会计专业技术资格证书。

当会计人员取得中级会计资格证书后就取得了会计师的资格，取得了初级会计资格证书就取得会计员和助理会计师资格，各个单位根据自身的需要进行相应资格和职位的聘用。

12.2.2　会计人员的职责和权限

1. 会计人员的职责

（1）进行会计核算。

（2）实行会计监督。

（3）拟定本单位会计事务处理的具体办法。

（4）参与单位的经济预测与决策。

（5）办理其他会计事务。

2. 会计人员的主要权限

为了保证会计人员能严格履行其职责，国家赋予了会计人员相应的权限。会计人员的具体权限有：

（1）会计人员有权要求本单位有关部门、人员认真遵守国家的财经纪律和会计制度。

会计人员在工资中有权要求本单位的有关部门和有关人员认真遵守国家财经纪律和财务会计制度的规定；如果有违反，会计人员有权拒绝付款、拒绝报销和拒绝执行。

（2）会计人员有权进行会计监督，即有权监督和检查本单位内部各部门的财务收支，资金使用和财产保管、收发、计量、检验等情况。

3. 会计人员的法律保护与法律责任

（1）会计人员受到法律保护。会计人员在正常工作中是受到法律保护的，任何人不得打击报复。《会计法》第四十六条规定：单位负责人对依法履行职责、抵制违反会计法规定行为的会计人员以降级、撤职、调离工作岗位、解聘或者开除等方式实行打击报复，构成犯罪的，依法追究刑事责任；尚不构成犯罪的，由其所在单位或者有关单位依法给予行政处分；对受打击报复的会计人员应当恢复其名誉和原有职务、级别。所以，任何人干扰、阻碍会计人员依法行使正当权力，都会受到法律的追究和制裁。

（2）会计人员的法律责任。会计人员必须依照会计法的规定进行会计核算，实行会计监督。在会计核算中会计人员必须根据实际发生的经济业务事项填制原始凭证，登记会计账簿，编制财务会计报告。但是会计人员如果违反了会计法或者会计准则的有关规定，将承担法律责任。这里主要有三类责任：经济责任、行政责任和刑事责任。

《会计法》规定出现了下列行为之一的将承担法律责任：

（1）不依法设置会计账簿的；

（2）私设会计账簿的；

（3）未按规定填制、取得原始凭证或者记账凭证、取得的原始凭证不符合规定的；

（4）以未审核的会计凭证为依据登记会计账簿或者登记会计账簿不符合规定的；

（5）随意变更会计处理方法的；

（6）向不同的会计资料使用者提供的财务会计报告编制依据不一致的；

（7）未按规定使用会计记录文字或者记账本位币的；

（8）未按照规定保管会计资料，致使会计资料毁损、灭失的；

（9）伪造、变造会计凭证、会计账簿，编制虚假财务会计报告；

（10）隐匿或者故意销毁依法应当保存的会计凭证、会计账簿、财务会计报告。

会计人员有上述所列行为之一的，构成犯罪的，要被依法追究刑事责任；不构成犯罪的，要处以两千元至五万元的罚款；属于国家工作人员的，还应当由其所在单位或者有关单位依法给予行政处分；不构成犯罪，但情节严重的，将被吊销会计人员的会计从业资格证书。

12.2.3 总会计师制度

按照《会计法》的规定，国有的和国有资产占控股地位或者主导地位的大中型企业必须设置总会计师。总会计师是在单位负责人领导下，主管经济核算和财务会计工作的人。总会计师作为单位财务会计的主要负责人，全面负责本单位的财务会计管理和经济核算，参与本单位的重大经营决策活动，是单位负责人的参谋和助手。

1. 总会计师的任职条件

（1）坚持社会主义方向，积极为社会主义市场经济建设和改革开放服务；

（2）坚持原则，廉洁奉公；

（3）取得会计师专业技术资格后，主管一个单位或单位内部一个重要方面的财务会计工作的时间不少于 3 年；

（4）要有较高的政策理论水平，熟悉国家财经纪律、法规、方针和政策，掌握现代化管理的有关知识；

（5）具备本行业的基本业务知识，熟悉行业情况，有较强的组织领导能力；

（6）身体健康，胜任本职工作。

2. 总会计师的权限

根据《总会计师条例》的规定，总会计师有以下权限：

（1）对违法违纪问题的制止和纠正权。

（2）总会计师有权对违反国家财经纪律、法规、方针、政策、制度和有可能在经济上造成损失、浪费的行为，有权制止和纠正，制止或者纠正无效时提请单位负责人处理。

（3）有建立健全单位经济核算的组织指挥权。

（4）对单位财务收支具有审批签署权。

（5）对本单位会计人员的管理权。

（6）对本单位会计机构设置、会计人员配备、继续教育、考核、奖惩进行管理。

3. 总会计师的职责

根据《总会计师条例》的规定，总会计师的职责主要包括两个方面：

（1）由总会计师负责组织的工作

① 组织编制和执行预算、财务收支计划、信贷计划，拟订资金筹措和使用方案，开辟财源，有效地使用资金；

② 建立、健全经济核算制度，强化成本管理，进行经济活动分析，精打细算，提高经济效益；

③ 负责对本单位财务会计机构的设置和会计人员的配备，组织对会计人员进行业务培训和考核；

④支持会计人员依法行使职权等。

（2）由总会计师协助、参与的工作

① 协助单位负责人对本单位的生产经营和业务管理等问题做出决策；

② 参与新产品开发、技术改造、科学研究、商品（劳务）价格和工资、奖金方案的制定；

③ 参与重大经济合同和经济协议的研究、审查。

12.2.4　注册会计师及会计师事务所

1. 注册会计师

注册会计师是具有一定的会计专业水平，经国家或特定组织考试或考核合格，经国家批准执行会计查账验证业务和会计咨询业务的人员。在我国，要取得注册会计师执业资格，必须通过注册会计师全国统一考试，并从事两年以上的审计业务工作，才能向省、自治区、直辖市注册会计师协会申请注册。注册会计师的工作机构是会计师事务所，注册会计师只有加入会计师事务所才能承办业务。

按照《中华人民共和国注册会计师法》（以下简称《注册会计师法》）及其他法律法规的规定，我国注册会计师的业务范围包括：

（1）审计业务，主要包括审查企业会计报表，出具审计报告；验证企业资本，出具验资报告；办理企业合并、分立、清算事项中的审计业务，出具有关的报告；法律、行政法规规定的其他审计业务。审计业务属于法定业务，非注册会计师不得承办。

（2）咨询业务。注册会计师可以提供会计咨询、服务等业务。如：设计财务会计制度及其有关的内部控制；担任会计顾问，提供会计、财务、税务和经济管理咨询；代理纳税申报；代理记账；代办申请注册登记，协助拟定合同、章程和其他经济文件；培训财务会计人员；审核企业前景财务资料等。这些业务属于服务性质，非法定业务，所有具备条件的中介机构，甚至个人都能够从事。

2. 会计师事务所

会计师事务所指经国家有关部门批准、注册登记、依法独立承办注册会计师业务的单位。会计师事务所由注册会计师组成，是承办法定业务的工作机构，它不是国家机关的职能部门，经济上实行有偿服务、自收自支、独立核算、依法纳税，具有法人资格。会计师事务所接受国家审计机关、政府其他部门、企业主管部门和事业单位的委托，依法独立地承办业务。根据《注册会计师法》的规定，在我国只能设立有限责任的会计师事务所和合伙的会计师事务所。

12.3 会计人员职业道德

中华人民共和国财政部于 2023 年 1 月 23 日印发了《会计人员职业道德规范》。会计人员职业道德主要包括以下三个方面：

1. 坚持诚信，守法奉公

牢固树立诚信理念，以诚立身、以信立业，严于律己、心存敬畏。学法知法守法，公私分明、克己奉公，树立良好职业形象，维护会计行业声誉。

2. 坚持准则，守责敬业

严格执行准则制度，保证会计信息真实完整。勤勉尽责、爱岗敬业，忠于职守、敢于斗争，自觉抵制会计造假行为，维护国家财经纪律和经济秩序。

3. 坚持学习，守正创新

始终秉持专业精神，勤于学习、锐意进取，持续提升会计专业能力。不断适应新形势新要求，与时俱进、开拓创新，努力推动会计事业高质量发展。

会计人员职业道德规范是广大会计人员在从事会计工作过程中应该认同和自觉践行的行为准则。会计人员在会计工作中应当自觉遵守会计人员职业道德，树立良好的职业品质、严谨的工作作风，严守工作纪律，努力提高工作效率和工作质量。

用人单位加强会计人员职业道德教育，将遵守职业道德情况作为评价、选用会计人员的重要标准。

复习思考题

1. 我国主管会计工作的是哪个部门？实行的是什么样的会计工作管理体制？
2. 企业应当如何设置会计机构？
3. 会计工作的组织方式有几种？其特点是什么？
4. 会计人员必须具备什么条件才能从事会计工作？
5. 会计人员的职责和权限有哪些？
6. 企业应当设置哪些会计工作岗位？如何设置？
7. 会计人员应当具有哪些职业道德？

练习题

一、单项选择题

1. 高级会计师为高级职务，会计师为中级职务，助理会计师和会计员为（　　）职务。
   A. 高级　　　　　　　　　　　　B. 中级
   C. 初级　　　　　　　　　　　　D. 低级
2. 国家会计工作的管理部门是（　　）。
   A. 各级财政部门　　　　　　　　B. 各级审计部门
   C. 各企业的财会部门　　　　　　D. 会计师事务所

二、多项选择题

1. 出纳人员除按规定办理货币资金支付手续外，还负责（　　）。
   A. 保管部分印章　　　　　　　　B. 登记现金和银行存款日记账
   C. 保管库存现金　　　　　　　　D. 保管有价证券
2. 总会计师有以下权限（　　）。
   A. 对本单位违法违纪问题的制止和纠正权
   B. 是建立健全单位经济核算的组织指挥权
   C. 是对单位财务收支具有审批签署权
   D. 有对本单位会计人员的管理权
   E. 外单位会计核算情况的检查
3. 会计专业职务分为（　　）。
   A. 高级会计师　　　　　　　　　B. 会计师
   C. 助理会计师和会计员　　　　　D. 总会计师
4. 下列项目不属于会计职称范围的是（　　）。
   A. 会计员　　　　　　　　　　　B. 会计师
   C. 高级会计师　　　　　　　　　D. 注册会计师
5. 财政部于（　　）发布了《会计人员职业道德规范》。
   A. 1997 年　　　　　　　　　　B. 2006 年
   C. 2015 年　　　　　　　　　　D. 2023 年

13 会计基础模拟实验案例

本章以大华科技有限责任公司（以下简称"大华公司"）2023 年 1 月份经济业务为例，分别采用记账凭证核算形式、科目汇总表核算形式和汇总记账凭证核算形式进行实账处理。

13.1 模拟实验案例资料

大华公司 2023 年年初有关账户余额如表 13-1 所示。

表 13-1 账户余额 单位：元

资产项目	金 额	负债和所有者权益项目	金 额
库存现金	1 000	短期借款	150 000
银行存款	150 000	应付账款	151 000
应收账款	120 000	实收资本	350 000
原 材 料	50 000		
生产成本	50 000		
库存商品	100 000		
固定资产	200 000		
累计折旧	20 000		
合 计	651 000	合 计	651 000

该公司 2023 年 1 月份发生经济业务如下：

（1）2 日，收到光明公司投入资本 350 000 元，款项已存入银行。

（2）3 日，公司向银行借入 6 个月借款 200 000 元，存入银行。

（3）3 日，从银行提取现金 1 000 元备用。

（4）4 日，向大众公司购入 A 材料一批，已验收入库，货款 100 000 元和增值税 13 000 元尚未支付。

（5）6 日，向光明公司购入 A 材料，已验收入库。货款 80 000 元和增值税 10 400 元已用银行存款支付。

（6）6 日，车间领用 A 材料一批。其中：用于产品生产 25 000 元，用于车间一般耗费 1 000 元。

（7）8 日，以银行存款 80 000 元购入小汽车一辆。

（8）9 日，以银行存款支付第一季度企业管理部门房屋租金 10 000 元。

（9）9 日，接银行通知，收到群众公司归还的上月所欠货款 50 000 元。

（10）11 日，职工张三出差，借支差旅费 1 000 元。

（11）11 日，销售产品给群众公司，货款 150 000 元，增值税 19 500 元，产品已发出，并向银行办妥托收手续。

（12）15 日，销售一批产品给大毛公司，货款 100 000 元，增值税 13 000 元，款项已存入银行。

（13）19 日，以银行存款偿还前欠大众公司货款 113 000 元。

（14）20 日，张三出差归来，报销差旅费 800 元，余款退还现金。

（15）21 日，以银行存款支付广告费和其他销售费用 10 000 元。

（16）25 日，以银行存款 5 000 元支付电费。其中，产品生产用电费 4 000 元，车间照明 500 元，企业管理部门用电 500 元。

（17）26 日，用银行存款支付管理部门办公费 5 000 元。

（18）29 日，分配本月工资费用 30 000 元。其中生产工人工资 20 000 元，车间管理人员工资 3 000 元，企业行政管理人员工资 7 000 元。

（19）29 日，收到乙公司以现金预交的上半年仓库租金 12 000 元。

（20）29 日，从银行提取现金 30 000 元，准备发放工资。

（21）29 日，以现金发放工资 30 000 元。

（22）30 日，计提本月固定资产折旧费 8 000 元。其中车间使用固定资产应计提折旧费 5 200 元，企业行政管理部门使用固定资产应计提折旧费 2 800 元。

（23）31 日，结转本月制造费用 9 700 元。

（24）31 日，结转本月完工产品实际生产成本 85 000 元。

（25）31 日，结转本月已销售产品生产成本 183 500 元。

（26）31 日，根据银行存款余额和利率预计本月利息收入 1 500 元。

（27）31 日，银行划转支付利息支出 5 000 元。

（28）31 日，确认本月租金收入 2 000 元。

（29）31 日，计算出本月应交的城市维护建设税额 1 000 元，应交所得税额 9 207 元。

（30）31 日，结转本月收入、成本费用、支出至"本年利润"账户。

13.2 记账凭证核算形式的应用

13.3.1 填制记账凭证

根据原始凭证和原始凭证汇总表（编制从略）填制：

（1）银行存款收款凭证，如表 13-2 至表 13-5 所示；

（2）现金收款凭证，如表 13-6 和表 13-7 所示；

（3）银行存款付款凭证，如表 13-8 至表 13-17 所示；

（4）现金付款凭证，如表 13-18 和表 13-19 所示；

（4）转账凭证，如表 13-20 至表 13-34 所示。

13.3.2 登记日记账

根据上一步骤填制的库存现金收、付凭证和银行存款收、付凭证，逐日逐笔登记现金日记账和银行存款日记账。现金日记账具体登记情况，如表 13-35 所示。银行存款日记账登记方法与现金日记账登记方法完全一样，此处从略。

13.3.3 登记明细账

根据原始凭证及所编制的收、付、转凭证登记明细账。具体登记方法和实例在前面第四章中已介绍，此处从略。

13.3.4 登记总分类账

根据第一步填制的记账凭证逐笔登记有关的总分类账。总分类账的登记可以在月终一次登记，也可以在月内数次登记。本例为月终一次登记，仅以银行存款、应付账款、实收资本、生产成本、制造费用、主营业务收入、本年利润七个账户为例，登记总账，如表 13-36 至表 13-42 所示。其他总账的登记此处从略。

13.3.5 账账核对

将总账与明细账、总账与日记账进行核对，保证账账相符。账账核对的方法在第五章中已介绍。此处从略。

13.3.6 编制会计报表

根据总账和明细账的资料，编制会计报表。有关会计报表的具体编制方法已在第十章中介绍。本例编制的资产负债表如表 13-43 所示，利润表如表 13-44 所示。

表 13-2　　收 款 凭 证

应借科目：银行存款　　　　　2023 年 1 月 2 日　　　　　银　收字第　01　号

摘　　要	应 贷 科 目		√	√	金　　额									
	一　级	明　细			百	十	万	千	百	十	元	角	分	附件2张
光明公司投入资本	实收资本	光明公司	√	√		3	5	0	0	0	0	0	0	
合　　　　计						3	5	0	0	0	0	0	0	

会计主管：　　　记账：　　　稽核：　　　出纳：　　　填制：万明

表 13-3 　**收 款 凭 证**

应借科目：银行存款　　　　　　　　2023 年 1 月 3 日　　　　　　　银 收字第 02 号

摘　　要	应 贷 科 目		√	√	金　　额									附件3张
	一　级	明　细			百	十	万	千	百	十	元	角	分	
借入短期借款	短期借款	上街支行	√	√		2	0	0	0	0	0	0	0	
合　　　　　计						2	0	0	0	0	0	0	0	

会计主管：　　　记账：　　　稽核：　　　出纳：　　　填制：万明

表 13-4 　**收 款 凭 证**

应借科目：银行存款　　　　　　　　2023 年 1 月 9 日　　　　　　　银 收字第 03 号

摘　　要	应 贷 科 目		√	√	金　　额									附件2张
	一　级	明　细			百	十	万	千	百	十	元	角	分	
收回群众公司欠款	应收账款	群众公司	√	√			5	0	0	0	0	0	0	
合　　　　　计							5	0	0	0	0	0	0	

会计主管：　　　记账：　　　稽核：　　　出纳：　　　填制：万明

表 13-5 　**收 款 凭 证**

应借科目：银行存款　　　　　　　　2023 年 1 月 15 日　　　　　　　银 收字第 04 号

摘　　要	应 贷 科 目		√	√	金　　额									附件5张
	一　级	明　细			百	十	万	千	百	十	元	角	分	
销售产品给大毛公司	主营业务收入	甲	√	√		1	0	0	0	0	0	0	0	
	应交税费	应交增值税（销项税额）	√	√			1	3	0	0	0	0	0	
合　　　　　计						1	1	3	0	0	0	0	0	

会计主管：　　　记账：　　　稽核：　　　出纳：　　　填制：万明

表 13-6 　**收 款 凭 证**

应借科目：库存现金　　　　　　　　2023 年 1 月 20 日　　　　　　　现 收字第 01 号

摘　　要	应 贷 科 目		√	√	金　　额									附件1张
	一　级	明　细			百	十	万	千	百	十	元	角	分	
张三出差归来退现金	其他应收款	张三	√	√					2	0	0	0	0	
合　　　　　计									2	0	0	0	0	

会计主管：　　　记账：　　　稽核：　　　出纳：　　　填制：万明

表 13-7　　**收 款 凭 证**

应借科目：<u>库存现金</u>　　　　　　　　2023 年 1 月 29 日　　　　　　　<u>现</u> 收字第 <u>02</u> 号

摘　　　要	应 贷 科 目		√	√	金　　额									附件3张
	一　级	明　细			百	十	万	千	百	十	元	角	分	
预收仓库租金	其他应付款	仓库租金	√	√			1	2	0	0	0	0	0	
合　　　　计							1	2	0	0	0	0	0	

会计主管：　　　　记账：　　　　　稽核：　　　　　出纳：　　　　　填制：万明

表 13-8　　**付 款 凭 证**

应贷科目：<u>银行存款</u>　　　　　　　　2023 年 1 月 3 日　　　　　　　　<u>银</u> 付字第 <u>01</u> 号

摘　　　要	应 借 科 目		√	√	金　　额									附件1张
	一　级	明　细			百	十	万	千	百	十	元	角	分	
提现金备用	库存现金		√	√				1	0	0	0	0	0	
合　　　　计								1	0	0	0	0	0	

会计主管：　　　　记账：　　　　　稽核：　　　　　出纳：　　　　　填制：万明

表 13-9　　**付 款 凭 证**

应贷科目：<u>银行存款</u>　　　　　　　　2023 年 1 月 6 日　　　　　　　　<u>银</u> 付字第 <u>02</u> 号

摘　　　要	应 借 科 目		√	√	金　　额									附件4张
	一　级	明　细			百	十	万	千	百	十	元	角	分	
向光明公司购A材料	原材料	A	√	√			8	0	0	0	0	0	0	
	应交税费	应交增值税（进项税额）	√	√			1	0	4	0	0	0	0	
合　　　　计							9	0	4	0	0	0	0	

会计主管：　　　　记账：　　　　　稽核：　　　　　出纳：　　　　　填制：万明

表 13-10　　**付 款 凭 证**

应贷科目：<u>银行存款</u>　　　　　　　　2023 年 1 月 8 日　　　　　　　　<u>银</u> 付字第 <u>03</u> 号

摘　　　要	应 借 科 目		√	√	金　　额									附件3张
	一　级	明　细			百	十	万	千	百	十	元	角	分	
购买小汽车	固定资产	汽车	√	√			8	0	0	0	0	0	0	
合　　　　计							8	0	0	0	0	0	0	

会计主管：　　　　记账：　　　　　稽核：　　　　　出纳：　　　　　填制：万明

表 13-11 　　**付　款　凭　证**

应贷科目：<u>银行存款</u>　　　　　　2023 年 1 月 9 日　　　　　　<u>银</u>付字第<u>04</u>号

摘　要	应借科目		√	√	金　额								
	一　级	明　细			百	十	万	千	百	十	元	角	分
支付一季度房屋租金	管理费用		√	√			1	0	0	0	0	0	0
			√	√									
合　　计							1	0	0	0	0	0	0

会计主管：　　记账：　　稽核：　　出纳：　　填制：万明

表 13-12 　　**付　款　凭　证**

应贷科目：<u>银行存款</u>　　　　　　2023 年 1 月 19 日　　　　　　<u>银</u>付字第<u>05</u>号

摘　要	应借科目		√	√	金　额								
	一　级	明　细			百	十	万	千	百	十	元	角	分
归还大众公司款项	应付账款	大众公司	√	√		1	1	3	0	0	0	0	0
合　　计						1	1	3	0	0	0	0	0

会计主管：　　记账：　　稽核：　　出纳：　　填制：万明

表 13-13 　　**付　款　凭　证**

应贷科目：<u>银行存款</u>　　　　　　2023 年 1 月 21 日　　　　　　<u>银</u>付字第<u>06</u>号

摘　要	应借科目		√	√	金　额								
	一　级	明　细			百	十	万	千	百	十	元	角	分
支付广告费等	销售费用	广告费	√	√			1	0	0	0	0	0	0
合　　计							1	0	0	0	0	0	0

会计主管：　　记账：　　稽核：　　出纳：　　填制：万明

表 13-14 　　**付　款　凭　证**

应贷科目：<u>银行存款</u>　　　　　　2023 年 1 月 25 日　　　　　　<u>银</u>付字第<u>07</u>号

摘　要	应借科目		√	√	金　额								
	一　级	明　细			百	十	万	千	百	十	元	角	分
支付电费	生产成本		√	√				4	0	0	0	0	0
	制造费用		√	√					5	0	0	0	0
	管理费用		√	√					5	0	0	0	0
合　　计								5	0	0	0	0	0

会计主管：　　记账：　　稽核：　　出纳：　　填制：万明

表13-15 **付 款 凭 证**

应贷科目：__银行存款__   2023 年 1 月 26 日   __银__ 付字第 __08__ 号

摘　　要	应借科目		√	√	金　额									
	一　级	明　细			百	十	万	千	百	十	元	角	分	
支付办公费用	管理费用	办公费	√	√				5	0	0	0	0	0	附件6张
合　　　　计								5	0	0	0	0	0	

会计主管：　　　记账：　　　稽核：　　　出纳：　　　填制：万明

表13-16 **付 款 凭 证**

应贷科目：__银行存款__   2023 年 1 月 29 日   __银__ 付字第 __09__ 号

摘　　要	应借科目		√	√	金　额									
	一　级	明　细			百	十	万	千	百	十	元	角	分	
提现金备发工资	库存现金		√	√			3	0	0	0	0	0	0	附件2张
合　　　　计							3	0	0	0	0	0	0	

会计主管：　　　记账：　　　稽核：　　　出纳：　　　填制：万明

表13-17 **付 款 凭 证**

应贷科目：__银行存款__   2023 年 1 月 31 日   __银__ 付字第 __10__ 号

摘　　要	应借科目		√	√	金　额									
	一　级	明　细			百	十	万	千	百	十	元	角	分	
支付利息	财务费用		√	√				5	0	0	0	0	0	附件2张
合　　　　计								5	0	0	0	0	0	

会计主管：　　　记账：　　　稽核：　　　出纳：　　　填制：万明

表13-18 **付 款 凭 证**

应贷科目：__库存现金__   2023 年 1 月 11 日   __现__ 付字第 __01__ 号

摘　　要	应借科目		√	√	金　额									
	一　级	明　细			百	十	万	千	百	十	元	角	分	
张三借支差旅费	其他应收款	张三	√	√				1	0	0	0	0	0	附件2张
合　　　　计								1	0	0	0	0	0	

会计主管：　　　记账：　　　稽核：　　　出纳：　　　填制：万明

表 13-19 付 款 凭 证

应贷科目：库存现金　　　　2023 年 1 月 29 日　　　　现 付字第 02 号

摘　要	应 借 科 目		√	√	金　额								
	一 级	明 细			百	十	万	千	百	十	元	角	分
发工资	应付职工薪酬	工资	√	√			3	0	0	0	0	0	0
合　计							3	0	0	0	0	0	0

附件 2 张

会计主管：　　记账：　　稽核：　　出纳：　　填制：万明

表 13-20 转 账 凭 证

2023 年 1 月 4 日　　　　转 字第 01 号

摘　要	会 计 科 目		√	借　方									贷　方								
	一 级	明 细		百	十	万	千	百	十	元	角	分	百	十	万	千	百	十	元	角	分
向大众公司购材料	原材料	A	√		1	0	0	0	0	0	0	0									
	应交税费	应交增值税（进项税额）	√			1	3	0	0	0	0	0									
	应付账款	大众公司	√											1	1	3	0	0	0	0	0
合　计					1	1	3	0	0	0	0	0		1	1	3	0	0	0	0	0

附件 4 张

会计主管：　　记账：　　稽核：　　出纳：　　填制：万明

表 13-21 转 账 凭 证

2023 年 1 月 6 日　　　　转 字第 02 号

摘　要	会 计 科 目		√	借　方									贷　方								
	一 级	明 细		百	十	万	千	百	十	元	角	分	百	十	万	千	百	十	元	角	分
车间领材料	生产成本	甲	√			2	5	0	0	0	0	0									
	制造费用		√				1	0	0	0	0	0									
	原材料		√												2	6	0	0	0	0	0
合　计						2	6	0	0	0	0	0			2	6	0	0	0	0	0

附件 3 张

表 13-22 转 账 凭 证

2023 年 1 月 11 日　　　　转 字第 03 号

摘　要	会 计 科 目		√	借　方									贷　方								
	一 级	明 细		百	十	万	千	百	十	元	角	分	百	十	万	千	百	十	元	角	分
售产品给群众公司	应收账款	群众公司	√		1	6	9	5	0	0	0	0									
	主营业务收入	甲	√											1	5	0	0	0	0	0	0
	应交税费	应交增值税（销项税额）	√												1	9	5	0	0	0	0
合　计					1	6	9	5	0	0	0	0		1	6	9	5	0	0	0	0

附件 3 张

表 13-23　　转 账 凭 证

2023 年 1 月 20 日　　　　　　　　　　　　　　　转 字第 __04__ 号

摘　要	会 计 科 目		√	借　方											贷　方											附件4张
	一　级	明　细		百	十	万	千	百	十	元	角	分	百	十	万	千	百	十	元	角	分	
张三报差旅费	管理费用		√				8	0	0	0	0											
	其他应收款	张三	√													8	0	0	0	0		
合　计							8	0	0	0	0					8	0	0	0	0		

表 13-24　　转 账 凭 证

2023 年 1 月 29 日　　　　　　　　　　　　　　　转 字第 __05__ 号

摘　要	会 计 科 目		√	借　方											贷　方											附件5张
	一　级	明　细		百	十	万	千	百	十	元	角	分	百	十	万	千	百	十	元	角	分	
分配工资费用	生产成本	甲	√			2	0	0	0	0	0	0										
	制造费用		√				3	0	0	0	0	0										
	管理费用		√				7	0	0	0	0	0										
	应付职工薪酬	工资	√												3	0	0	0	0	0	0	
合　计						3	0	0	0	0	0	0			3	0	0	0	0	0	0	

表 13-25　　转 账 凭 证

2023 年 1 月 30 日　　　　　　　　　　　　　　　转 字第 __06__ 号

摘　要	会 计 科 目		√	借　方											贷　方											附件3张
	一　级	明　细		百	十	万	千	百	十	元	角	分	百	十	万	千	百	十	元	角	分	
计提折旧费		制造费用	√				5	2	0	0	0	0										
	管理费用		√				2	8	0	0	0	0										
	累计折旧		√													8	0	0	0	0	0	
合　计							8	0	0	0	0	0				8	0	0	0	0	0	

表 13-26　　转 账 凭 证

2023 年 1 月 31 日　　　　　　　　　　　　　　　转 字第 __07__ 号

摘　要	会 计 科 目		√	借　方											贷　方											附件4张
	一　级	明　细		百	十	万	千	百	十	元	角	分	百	十	万	千	百	十	元	角	分	
结转本月制造费用	生产成本	甲	√				9	7	0	0	0	0										
	制造费用		√													9	7	0	0	0	0	
合　计							9	7	0	0	0	0				9	7	0	0	0	0	

表 13-27　　转　账　凭　证

2023 年 1 月 31 日　　　　　转　字第　08　号

摘　要	会　计　科　目		√	借　方											贷　方											附件2张
	一　级	明　细		百	十	万	千	百	十	元	角	分	百	十	万	千	百	十	元	角	分	
结转本月完工产品成本	库存商品	甲	√			8	5	0	0	0	0	0										
	生产成本	甲	√												8	5	0	0	0	0	0	
合　　计						8	5	0	0	0	0	0			8	5	0	0	0	0	0	

表 13-28　　转　账　凭　证

2023 年 1 月 31 日　　　　　转　字第　09　号

摘　要	会　计　科　目		√	借　方											贷　方											附件2张
	一　级	明　细		百	十	万	千	百	十	元	角	分	百	十	万	千	百	十	元	角	分	
结转本月销售成本	主营业务成本	甲	√		1	8	3	5	0	0	0	0	0									
	库存商品	甲	√											1	8	3	5	0	0	0	0	0	
合　　计					1	8	3	5	0	0	0	0	0		1	8	3	5	0	0	0	0	0	

表 13-29　　转　账　凭　证

2023 年 1 月 31 日　　　　　转　字第　10　号

摘　要	会　计　科　目		√	借　方											贷　方											附件2张
	一　级	明　细		百	十	万	千	百	十	元	角	分	百	十	万	千	百	十	元	角	分	
预计本月利息收入	其他应收款	利息收入	√				1	5	0	0	0	0										
	财务费用	利息收入	√													1	5	0	0	0	0	
合　　计							1	5	0	0	0	0				1	5	0	0	0	0	

表 13-30　　转　账　凭　证

2023 年 1 月 31 日　　　　　转　字第　12　号

摘　要	会　计　科　目		√	借　方											贷　方											附件2张
	一　级	明　细		百	十	万	千	百	十	元	角	分	百	十	万	千	百	十	元	角	分	
本月仓库租金收入	其他应付款	租金	√				2	0	0	0	0	0										
	其他业务收入	租金收入	√													2	0	0	0	0	0	
合　　计							2	0	0	0	0	0				2	0	0	0	0	0	

表 13-31 　　转 账 凭 证

2023 年 1 月 31 日　　　　　　　　　　　转 字第 14 号

摘要	会计科目 一级	会计科目 明细	√	借方 百	十	万	千	百	十	元	角	分	贷方 百	十	万	千	百	十	元	角	分	
计算城建税	税金及附加		√				1	0	0	0	0	0										附件 2 张
	应交税费	应交城建税	√													1	0	0	0	0	0	
合　　计							1	0	0	0	0	0				1	0	0	0	0	0	

表 13-32 　　转 账 凭 证

2023 年 1 月 31 日　　　　　　　　　　　转 字第 15 号

摘要	会计科目 一级	会计科目 明细	√	借方 百	十	万	千	百	十	元	角	分	贷方 百	十	万	千	百	十	元	角	分	
计算所得税	所得税费用		√				9	2	0	7	0	0										附件 2 张
	应交税费	应交所得税	√													9	2	0	7	0	0	
合　　计							9	2	0	7	0	0				9	2	0	7	0	0	

表 13-33 　　转 账 凭 证

2023 年 1 月 31 日　　　　　　　　　　　转 字第 16 号

摘要	会计科目 一级	会计科目 明细	√	借方 百	十	万	千	百	十	元	角	分	贷方 百	十	万	千	百	十	元	角	分	
结转本月成本费用	本年利润		√		2	3	3	3	0	7	0	0										附件 5 张
	主营业务成本		√											1	8	3	5	0	0	0	0	
	销售费用		√												1	0	0	0	0	0	0	
	管理费用		√												2	6	1	0	0	0	0	
	财务费用		√													3	5	0	0	0	0	
	税金及附加		√													1	0	0	0	0	0	
	所得税费用		√													9	2	0	7	0	0	
合　　计					2	3	3	3	0	7	0	0		2	3	3	3	0	7	0	0	

表 13-34 　　转 账 凭 证

2023 年 1 月 31 日　　　　　　　　　　　转 字第 17 号

摘要	会计科目 一级	会计科目 明细	√	借方 百	十	万	千	百	十	元	角	分	贷方 百	十	万	千	百	十	元	角	分	
结转本月收入	主营业务收入	甲	√		2	5	0	0	0	0	0	0										附件 3 张
	其他业务收入		√				2	0	0	0	0	0										
	本年利润		√											2	5	2	0	0	0	0	0	
合　　计					2	5	2	0	0	0	0	0		2	5	2	0	0	0	0	0	

表 13-35 现金日记账

2023 年度　　　　　　　　　　　　　　　　　　　　　　　　　　　第 1 页

2023年 月	日	凭证号	摘要	借方 十万	千	百	十	元	角	分	贷方 十万	千	百	十	元	角	分	余额 十万	千	百	十	元	角	分
1	1		期初余额																1	0	0	0	0	0
	3		提现金备用	银行存款		1	0	0	0	0	0									2	0	0	0	0	0
	11		张三借差旅费	其他应收款									1	0	0	0	0	0		1	0	0	0	0	0
	20		张三退回现金	其他应收款			2	0	0	0	0									1	2	0	0	0	0
	29		预收仓库租金	预收账款	1	2	0	0	0	0	0								1	3	2	0	0	0	0
	29		提现金备发工资	银行存款	3	0	0	0	0	0									4	3	2	0	0	0	0
	29		发工资	应付职工薪酬								3	0	0	0	0	0	0	1	3	2	0	0	0	0
			本月合计		4	3	2	0	0	0	0		3	1	0	0	0	0	1	3	2	0	0	0	0

表 13-36　　总　　账

编　　号：1002　　　　　　2023 年

会计科目：银行存款　　　　　　　　　　　　　　　　　　　　第 3 页

2023年 月	日	凭证号	摘要	借方 百	十	万	千	百	十	元	角	分	贷方 百	十	万	千	百	十	元	角	分	借或贷	余额 百	十	万	千	百	十	元	角	分
1	1		期初余额																			借		1	5	0	0	0	0	0	0
	2	银收 1	光明公司投入资本		3	5	0	0	0	0	0	0																			
	3	银收 2	借入短期借款		2	0	0	0	0	0	0	0																			
	3	银付 1	提现金备用													1	0	0	0	0	0										
	6	银付 2	购买 A 材料												9	0	4	0	0	0	0										
	8	银付 3	购买设备												8	0	0	0	0	0	0										
	9	银付 4	支付房屋租金													1	0	0	0	0	0										
	9	银收 3	收回群众公司欠款			5	0	0	0	0	0	0																			
	15	银收 4	销售产品给大毛公司		1	1	3	0	0	0	0	0																			
	19	银付 5	归还大众公司欠款											1	1	3	0	0	0	0	0										
	21	银付 6	支付广告费													1	0	0	0	0	0										
	25	银付 7	支付电费														5	0	0	0	0										
	26	银付 8	支付办公费														5	0	0	0	0										
	29	银付 9	提现备发工资													3	0	0	0	0	0										
	31	银付 10	支付利息														5	0	0	0	0										
			本月合计		7	1	3	0	0	0	0	0		3	4	9	4	0	0	0	0	借		5	1	3	6	0	0	0	0

表 13-37　　总　　账

编　　号：2202　　　　　　　　2023 年

会计科目：应付账款　　　　　　　　　　　　第 16 页

2023年 月	日	凭证号	摘要	借方 百	十	万	千	百	十	元	角	分	贷方 百	十	万	千	百	十	元	角	分	借或贷	余额 百	十	万	千	百	十	元	角	分
1	1		期初余额																			贷		1	5	1	0	0	0	0	0
	4	转1	向大众公司购材料											1	1	3	0	0	0	0	0										
		银付5	归还大众公司款		1	1	3	0	0	0	0	0																			
			本月合计		1	1	3	0	0	0	0	0		1	1	3	0	0	0	0	0	贷		1	5	1	0	0	0	0	0

表 13-38　　总　　账

编　　号：4001　　　　　　　　2023 年

会计科目：实收资本　　　　　　　　　　　　第 23 页

2023年 月	日	凭证号	摘要	借方 百	十	万	千	百	十	元	角	分	贷方 百	十	万	千	百	十	元	角	分	借或贷	余额 百	十	万	千	百	十	元	角	分
1	1		期初余额																			贷		3	5	0	0	0	0	0	0
	2	银收1	光明公司投入资本											3	5	0	0	0	0	0	0										
			本月合计											3	5	0	0	0	0	0	0	贷		7	0	0	0	0	0	0	0

表 13-39　　总　　账

编　　号：5001　　　　　　　　2023 年

会计科目：生产成本　　　　　　　　　　　　第 35 页

2023年 月	日	凭证号	摘要	借方 百	十	万	千	百	十	元	角	分	贷方 百	十	万	千	百	十	元	角	分	借或贷	余额 百	十	万	千	百	十	元	角	分
1	1		期初余额																			借			5	0	0	0	0	0	0
	6	转2	车间用 A 材料			2	5	0	0	0	0	0																			
	25	银付7	电费				4	0	0	0	0	0																			
	29	转5	分配工资费用				2	0	0	0	0	0																			
	31	转7	制造费用转入				9	7	0	0	0	0																			
	31	转8	完工产品转出												8	5	0	0	0	0	0										
			合　计			5	8	7	0	0	0	0		8	5	0	0	0	0	0		借			2	3	7	0	0	0	0

表 13-40　　　　总　　账

编　　号：5101　　　　2023 年

会计科目：制造费用　　　　第 37 页

2023年 月	日	凭证号	摘要	借方 百	十	万	千	百	十	元	角	分	贷方 百	十	万	千	百	十	元	角	分	借或贷	余额 百	十	万	千	百	十	元	角	分
1	6	转2	车间用A材料				1	0	0	0	0	0																			
	25	银付7	电费					5	0	0	0	0																			
	29	转5	分配工资					3	0	0	0	0																			
	30	转6	计提折旧费					5	2	0	0	0										借				9	7	0	0	0	0
	31	转7	转入生产成本													9	7	0	0	0	0	平									
			本月合计				9	7	0	0	0	0				9	7	0	0	0	0	平									

表 13-41　　　　总　　账

编　　号：6001　　　　2023 年

会计科目：主营业务收入　　　　第 45 页

2023年 月	日	凭证号	摘要	借方 百	十	万	千	百	十	元	角	分	贷方 百	十	万	千	百	十	元	角	分	借或贷	余额 百	十	万	千	百	十	元	角	分
1	11	转3	销售产品给群众公司											1	5	0	0	0	0	0	0										
	15	银收4	销售产品给大众公司											1	0	0	0	0	0	0	0	贷									
	31	转17	结转本年利润		2	5	0	0	0	0	0	0																			
			本月合计		2	5	0	0	0	0	0	0		2	5	0	0	0	0	0	0	平									

表 13-42　　　　总　　账

编　　号：4103　　　　2023 年

会计科目：本年利润　　　　第 51 页

2023年 月	日	凭证号	摘要	借方 百	十	万	千	百	十	元	角	分	贷方 百	十	万	千	百	十	元	角	分	借或贷	余额 百	十	万	千	百	十	元	角	分
1	1		期初余额																			平									
	31	转17	本月主营业务收入											2	5	0	0	0	0	0	0										
		转17	本月其他业务收入														2	0	0	0	0										
		转16	本月主营业务成本		1	8	3	5	0	0	0	0																		
		转16	本月营业费用				1	0	0	0	0	0																		
		转16	本月管理费用			2	6	1	0	0	0	0																		
		转16	本月财务费用				3	5	0	0	0	0																		
		转16	主营业务税金				1	0	0	0	0	0																		
			合　计		2	2	4	1	0	0	0	0		2	5	2	0	0	0	0	0	贷			2	7	9	0	0	0	0
		转16	本月所得税				9	2	0	7	0	0																		
			本月合计		2	3	3	3	0	7	0	0		2	5	2	0	0	0	0	0	贷			1	8	6	9	3	0	0

表 13-43　资产负债表　　　　　　　　　　　　会企 01 表

编制单位：大华科技有限责任公司　　　2023 年 1 月 31 日　　　　　　　单位：元

资　　产	期末余额	年初余额	负债及所有者权益	期末余额	年初余额
流动资产			流动负债		
货币资金	526 800	151 000	短期借款	350 000	150 000
应收账款	239 500	120 000	应付账款	151 000	151 000
其他应收款	1 500		其他应付款	10 000	
存货	229 200	200 000	应付职工薪酬	0	
			应交税费	19 307	
流动资产合计	997 000	471 000	流动负债合计	530 307	301 000
固定资产	252 000	180 000	长期负债	0	
非流动资产合计	252 000	180 000	负债合计	530 307	301 000
			所有者权益		
			实收资本	700 000	350 000
			未分配利润	18 693	
			所有者权益合计	718 693	350 000
资产总计	1 249 000	651 000	负债及所有者权益总计	1 249 000	651 000

表 13-44　利润表　　　　　　　　　　　　　　企 02 表

编制单位：大华科技有限责任公司　　　2023 年 1 月　　　　　　　　　单位：元

项　　　目	本期金额	上期金额
一、营业收入	252 000	（略）
减：营业成本	183 500	（略）
税金及附加	1 000	（略）
销售费用	10 000	（略）
管理费用	26 100	（略）
财务费用	3 500	（略）
资产减值损失	0	（略）
加：公允价值变动收益	0	（略）
投资收益	0	（略）
二、营业利润	27 900	（略）
加：营业外收入	—	（略）
减：营业外支出	—	（略）
三、利润总额	27 900	（略）
减：所得税费用	9 207	（略）
四、净利润	18 693	（略）

13.3　科目汇总表核算形式的应用

由于科目汇总表核算形式与记账凭证核算形式相比，只多了编制科目汇总表一步，并根据科目汇总表直接登记总账，所以我们以记账凭证核算形式编制的记账凭证为基础编制科目汇总表，再按科目汇总表登记总账。其他各步骤内容完全相同，就不再重复。

13.3.1　编制科目汇总表

根据该公司 2023 年 1 月份发生的经济业务，填制记账凭证（如表 13-2 至表 13-34 所示）；再根据这些记账凭证编制科目汇总表。我们按旬编制科目汇总表，分别将上、中、下旬的全部记账凭证按同一科目逐个汇总，编制出科目汇总表如表 13-45、表 13-46 和表 13-47 所示。

表 13-45　　　科目汇总表

2023 年 1 月 1 日至 1 月 10 日　　　　　　　　　　　　　　第 1 页

会计科目	账页	本期发生额																	记账凭证起讫号数
		借　　方									贷　　方								
		千	百	十	万	千	百	十	元	角	分	千	百	十	万	千	百	十	元	角	分	
库存现金	1				1	0	0	0	0	0												现付第 1 号
银行存款	3		6	0	0	0	0	0	0	0			1	8	1	4	0	0	0	0	银收第 1 至 3 号
应收账款	5													5	0	0	0	0	0	0	银付第 1 至 4 号
原材料	8			1	8	0	0	0	0	0				2	6	0	0	0	0	0	转字第 1 至 3 号
固定资产	14			8	0	0	0	0	0											
短期借款	18													2	0	0	0	0	0	0	
应付账款	20													1	1	3	0	0	0	0	
应交税费	25			2	3	4	0	0	0											
实收资本	30													3	5	0	0	0	0	0	
生产成本	35			2	5	0	0	0	0											
制造费用	37			1	0	0	0	0	0											
管理费用	44			1	0	0	0	0	0											
合　　计			9	2	0	4	0	0	0	0			9	2	0	4	0	0	0	0	

会计主管：　　　　　记账：　　　　　审核：　　　　　制表：李　强

表 13-46　　　**科目汇总表**

2023 年 1 月 11 日至 1 月 20 日　　　　　　　　　　　第 1 页

会计科目	账页	借方 千	百	十	万	千	百	十	元	角	分	贷方 千	百	十	万	千	百	十	元	角	分	记账凭证起讫号数
库存现金	1						2	0	0	0	0						1	0	0	0	0	现收第 1 号
银行存款	3				1	1	3	0	0	0	0				1	1	3	0	0	0	0	银收第 4 号
应收账款	5			1	6	9	5	0	0	0	0											银付第 5 号
其他应收款	6						1	0	0	0	0						1	0	0	0	0	转字第 4 号
应付账款	20				1	1	3	0	0	0	0											
应交税费	25														3	2	5	0	0	0	0	
主营业务收入	38														2	5	0	0	0	0	0	
管理费用	44						8	0	0	0	0											
合　计				3	9	7	5	0	0	0	0			3	9	7	5	0	0	0	0	

会计主管：　　　　记账：　　　　审核：　　　　制表：李　强

表 13-47　　　**科目汇总表**

2023 年 1 月 21 日至 1 月 31 日　　　　　　　　　　　第 1 页

会计科目	账页	借方 千	百	十	万	千	百	十	元	角	分	贷方 千	百	十	万	千	百	十	元	角	分	记账凭证起讫号数
库存现金	1					4	2	0	0	0	0					3	0	0	0	0	0	现收第 2 号
银行存款	3															5	5	0	0	0	0	银付第 6 至 9 号
其他应收款	6					1	5	0	0	0	0											现付第 2 号
库存商品	12				8	5	0	0	0	0	0			1	8	3	5	0	0	0	0	转字第 5 至 17 号
待摊费用	16															1	0	0	0	0	0	
累计折旧	22																8	0	0	0	0	
其他应付款	24						2	0	0	0	0					1	2	0	0	0	0	
应付职工薪酬	25					3	0	0	0	0	0					3	0	0	0	0	0	
应交税费	27														1	0	2	0	7	0	0	
生产成本	37				3	3	7	0	0	0	0					8	5	0	0	0	0	
制造费用	38					8	7	0	0	0	0					9	7	0	0	0	0	
主营业务收入	39				2	5	0	0	0	0	0											
主营业务成本	40			1	8	3	5	0	0	0	0			1	8	3	5	0	0	0	0	
营业费用	41					1	0	0	0	0	0					1	0	0	0	0	0	
主营业务税金及附加	42					1	0	0	0	0	0					1	0	0	0	0	0	
其他业务收入	44					2	0	0	0	0	0					2	0	0	0	0	0	
管理费用	45				2	5	3	0	0	0	0				2	6	1	0	0	0	0	
财务费用	48					5	0	0	0	0	0					5	0	0	0	0	0	
所得税	33					9	2	0	7	0	0					9	2	0	7	0	0	
本年利润	50			2	3	3	3	0	7	0	0			2	5	2	0	0	0	0	0	
合　计				9	2	2	2	1	4	0	0			9	2	2	2	1	4	0	0	

会计主管：　　　　记账：　　　　审核：　　　　制表：李　强

13.3.2 登记总账

根据上一步编制的科目汇总表直接登记总账。我们以银行存款、应付账款、制造费用、本年利润为例登记总账，如表 13-48、表 13-49、表 13-50 和表 13-51 所示。其他总账的登记从略。

13.3.3 编制会计报表

会计报表的编制与记账凭证核算形式下的会计报表编制完全相同，资产负债表如表 13-43 所示，利润表如表 13-44 所示。

表 13-48　　总　　账

编　　号：1002　　　　　　　　2023 年度

会计科目：银行存款　　　　　　　　　　　　　　　　　　　　　　第 3 页

2023年		凭证号	摘　要	借　方										贷　方										借或贷	余　额									
月	日			百	十	万	千	百	十	元	角	分	百	十	万	千	百	十	元	角	分		百	十	万	千	百	十	元	角	分
1	1		期初余额																			借		1	5	0	0	0	0	0	0
	10	科汇1	1—10 日发生额		6	0	0	0	0	0	0	0		1	8	1	4	0	0	0	0										
	20	科汇2	11—20 日发生额		1	1	3	0	0	0	0	0		1	1	3	0	0	0	0										
	31	科汇3	21—31 日发生额												5	5	0	0	0	0										
			本月合计		7	1	3	0	0	0	0	0		3	4	9	4	0	0	0	借		5	1	3	6	0	0	0	0

表 13-49　　总　　账

编　　号：2202　　　　　　　　2023 年度

会计科目：应付账款　　　　　　　　　　　　　　　　　　　　　　第 20 页

2023年		凭证号	摘　要	借　方										贷　方										借或贷	余　额									
月	日			百	十	万	千	百	十	元	角	分	百	十	万	千	百	十	元	角	分		百	十	万	千	百	十	元	角	分
1	1		期初余额																			贷		1	5	1	0	0	0	0	0
	10	科汇1	1—10 日发生额											1	1	3	0	0	0	0										
	20	科汇2	11—20 日发生额		1	1	3	0	0	0	0																		
			本月合计		1	1	3	0	0	0	0		1	1	3	0	0	0	0	贷		1	5	1	0	0	0	0	0

表 13-50　　总　　账

编　　号：5101　　　　　　　　2023 年度

会计科目：制造费用　　　　　　　　　　　　　　　　　　　　　　第 20 页

2023年		凭证号	摘　要	借　方										贷　方										借或贷	余　额									
月	日			百	十	万	千	百	十	元	角	分	百	十	万	千	百	十	元	角	分		百	十	万	千	百	十	元	角	分
1	10	科汇1	1—10 日发生额				1	0	0	0	0	0																		
	31	科汇3	21—31 日发生额				8	7	0	0	0	0			9	7	0	0	0	0										
			本月合计				9	7	0	0	0	0			9	7	0	0	0	0	平									

表 13-51　　总　　账

编　　号：4103　　　　2023 年度

会计科目：本年利润　　　　　　　　　　　　　　　　第 33 页

2023年 月	日	凭证号	摘　要	借　方 百十万千百十元角分	贷　方 百十万千百十元角分	借或贷	余　额 百十万千百十元角分
1	1		期初余额				0
	31	科汇3	本月发生额	2 3 3 3 0 7 0 0	2 5 2 0 0 0 0 0	贷	1 8 6 9 3 0 0

13.4　汇总记账凭证核算形式的应用

汇总记账凭证核算形式与科目汇总表核算形式相比，只需要将编制科目汇总表改为编制汇总记账凭证，并直接根据汇总记账凭证登记总账即可；其他所有的内容都相同。所以，我们仍以光华公司 2023 年 1 月份的经济业务为例，介绍编制各种汇总记账凭证并登记总账的方法。

13.4.1　编制汇总记账凭证

根据 1 月份经济业务编制的全部记账凭证（如表 13-2 至表 13-34 所示）来汇编各种汇总记账凭证。

首先，根据现金收款凭证汇总编制库存现金汇总收款凭证（如表 13-52 所示）；根据现金付款凭证汇总编制现金汇总付款凭证（如表 13-53 所示）。

然后，根据银行存款收款凭证汇总编制银行存款汇总收款凭证（如表 13-54 所示）；根据银行存款付款凭证汇总编制银行存款汇总付款凭证（如表 13-55 所示）。

最后，根据转账凭证汇总编制汇总转账凭证（如表 13-56 至表 13-73 所示）。

13.4.2　登记总账

根据各种汇总记账凭证，直接登记总账。现以"库存现金""原材料""应付账款""应交税费""本年利润""制造费用""主营业务收入""管理费用"等八个账户为例进行登记，如表 13-74 至表 13-81 所示。其他总账登记方法相同，不再重复。

13.4.3　编制会计报表

会计报表的编制与记账凭证核算形式下的会计报表编制完全相同，资产负债表如表 13-43 所示，利润表如表 13-44 所示。

表 13-52　汇总收款凭证

借方科目：库存现金　　　　　　　　　2023 年 1 月　　　　　　　　　第 1 号

贷方科目	金　额				总账页数	
	1—10 日凭证 第　号至　号	11—20 凭证 第 1 号至　号	21—31 日凭证 第 2 号至　号	合　计	借方	贷方
其他应收款		200.00		200.00	1	6
其他应付款			12 000.00	12 000.00	1	22
合　计		200.00	12 000.00	12 200.00		

表 13-53　汇总付款凭证

贷方科目：库存现金　　　　　　　　　2023 年 1 月　　　　　　　　　第 2 号

借方科目	金　额				总账页数	
	1—10 日凭证 第 1 号至　号	11—20 凭证 第　号至　号	21—31 日凭证 第 2 号至　号	合　计	借方	贷方
其他应收款	1 000.00			1 000.00	6	1
应付职工薪酬			30 000.00	30 000.00	24	1
合　计	1 000.00		30 000.00	31 000.00		

表 13-54　汇总收款凭证

借方科目：银行存款　　　　　　　　　2023 年 1 月　　　　　　　　　第 3 号

贷方科目	金　额				总账页数	
	1—10 日凭证 第 1 号至 3 号	11—20 凭证 第 4 号至　号	21—31 日凭证 第　号至　号	合　计	借方	贷方
实收资本	350 000.00			350 000.00	3	30
短期借款	200 000.00			200 000.00	3	18
应收账款	50 000.00			50 000.00	3	5
主营业务收入		100 000.00		100 000.00	3	38
应交税费		13 000.00		13 000.00	3	25
合　计	600 000.00	113 000.00		713 000.00		

表 13-55　汇总付款凭证

贷方科目：银行存款　　　　　　　　　2023 年 1 月　　　　　　　　　第 4 号

借方科目	金　额				总账页数	
	1—10 日凭证 第 1 号至 4 号	11—20 凭证 第 5 号至　号	21—31 日凭证 第 6 号至 9 号	合　计	借方	贷方
库存现金	1 000.00		30 000.00	31 000.00	1	3
原材料	80 000.00			80 000.00	8	3
应交税费	10 400.00			10 400.00	25	3
固定资产	80 000.00			80 000.00	14	3

表13-55(续)

借方科目	金 额				总账页数	
	1—10日凭证 第1号至4号	11—20凭证 第5号至 号	21—31日凭证 第6号至9号	合　计	借方	贷方
应付账款		113 000.00		113 000.00	20	3
销售费用			10 000.00	10 000.00	40	3
生产成本			4 000.00	4 000.00	35	3
制造费用			500.00	500.00	37	3
管理费用	10 000.00		5 500.00	15 500.00	44	3
财务费用			5 000.00	5 000.00	45	3
合　计	181 400.00	113 000.00	55 000.00	349 400.00		

表13-56　汇总转账凭证

贷方科目：应付账款　　　　　　　　　　2023年1月　　　　　　　　　　第5号

贷方科目	金 额				总账页数	
	1—10日凭证 第1号至 号	11—20凭证 第 号至 号	21—31日凭证 第 号至 号	合　计	借方	贷方
原材料	100 000.00			100 000.00	8	20
应交税费	13 000.00			13 000.00	25	20
合　计	113 000.00			113 000.00		

表13-57　　　　　　　　　　　汇总转账凭证

贷方科目：原材料　　　　　　　　　　　2023年1月　　　　　　　　　　第6号

贷方科目	金 额				总账页数	
	1—10日凭证 第2号至 号	11—20凭证 第 号至 号	21—31日凭证 第 号至 号	合　计	借方	贷方
生产成本	25 000.00			25 000.00	35	8
制造费用	1 000.00			1 000.00	37	8
合　计	26 000.00			26 000.00		

表13-58　汇总转账凭证

贷方科目：主营业务收入　　　　　　　　2023年1月　　　　　　　　　　第7号

贷方科目	金 额				总账页数	
	1—10日凭证 第3号至 号	11—20凭证 第 号至 号	21—31日凭证 第 号至 号	合　计	借方	贷方
应收账款	150 000.00			150 000.00	5	38
合　计	150 000.00			150 000.00		

表 13-59 汇总转账凭证

贷方科目：应交税费　　　　　　　　2023 年 1 月　　　　　　　　第 8 号

贷方科目	金　额				总账页数	
	1—10 日凭证 第 3 号至　号	11—20 凭证 第　号至　号	21—31 日凭证 第 14 号至 15 号	合　计	借方	贷方
应收账款	19 500.00			19 500.00	5	25
税金及附加			1 000.00	1 000.00	41	25
所得税费用			9 207.00	9 207.00	48	25
合　计	19 500.00		10 207.00	29 707.00		

表 13-60 汇总转账凭证

贷方科目：其他应收款　　　　　　　2023 年 1 月　　　　　　　　第 9 号

贷方科目	金　额				总账页数	
	1—10 日凭证 第　号至　号	11—20 凭证 第 4 号至　号	21—31 日凭证 第　号至　号	合　计	借方	贷方
管理费用		800.00		800.00	44	6
合　计		800.00		800.00		

表 13-61 汇总转账凭证

贷方科目：应付职工薪酬　　　　　　2023 年 1 月　　　　　　　　第 10 号

贷方科目	金　额				总账页数	
	1—10 日凭证 第　号至　号	11—20 凭证 第　号至　号	21—31 日凭证 第 5 号至　号	合　计	借方	贷方
生产成本			20 000.00	20 000.00	35	24
制造费用			3 000.00	3 000.00	37	24
管理费用			7 000.00	7 000.00	44	24
合　计			30 000.00	30 000.00		

表 13-62 汇总转账凭证

贷方科目：累计折旧　　　　　　　　2023 年 1 月　　　　　　　　第 11 号

贷方科目	金　额				总账页数	
	1—10 日凭证 第　号至　号	11—20 凭证 第　号至　号	21—31 日凭证 第 6 号至　号	合　计	借方	贷方
制造费用			5 200.00	5 200.00	37	16
管理费用			2 800.00	2 800.00	28	16
合　计			8 000.00	8 000.00		

表 13-63　汇总转账凭证

贷方科目：制造费用　　　　　　　　2023 年 1 月　　　　　　　　第 12 号

贷方科目	金　额				总账页数	
	1—10 日凭证 第　号至　号	11—20 凭证 第　号至　号	21—31 日凭证 第 7 号至　号	合　计	借方	贷方
生产成本			9 700.00	9 700.00	35	37
合　计			9 700.00	9 700.00		

表 13-64　汇总转账凭证

贷方科目：生产成本　　　　　　　　2023 年 1 月　　　　　　　　第 13 号

贷方科目	金　额				总账页数	
	1—10 日凭证 第　号至　号	11—20 凭证 第　号至　号	21—31 日凭证 第 8 号至　号	合　计	借方	贷方
库存商品			85 000.00	85 000.00	10	35
合　计			85 000.00	85 000.00		

表 13-65　汇总转账凭证

贷方科目：库存商品　　　　　　　　2023 年 1 月　　　　　　　　第 14 号

贷方科目	金　额				总账页数	
	1—10 日凭证 第　号至　号	11—20 凭证 第　号至　号	21—31 日凭证 第 9 号至　号	合　计	借方	贷方
主营业务成本			183 500.00	183 500.00	39	10
合　计			183 500.00	183 500.00		

表 13-66　汇总转账凭证

贷方科目：财务费用　　　　　　　　2023 年 1 月　　　　　　　　第 15 号

贷方科目	金　额				总账页数	
	1—10 日凭证 第　号至　号	11—20 凭证 第　号至　号	21—31 日凭证 第 10 号至 16 号	合　计	借方	贷方
其他应收款			1 500.00	1 500.00	6	45
本年利润			3 500.00	3 500.00	33	45
合　计			5 000.00	5 000.00		

表 13-67　汇总转账凭证

贷方科目：其他业务收入　　　　　　　　2023 年 1 月　　　　　　　　　第 17 号

贷方科目	金　　额				总账页数	
	1—10 日凭证 第　号至　号	11—20 凭证 第　号至　号	21—31 日凭证 第 12 号至　号	合　　计	借方	贷方
其他应付款			2 000.00	2 000.00	22	42
合　　计			2 000.00	2 000.00		

表 13-68　汇总转账凭证

贷方科目：主营业务成本　　　　　　　　2023 年 1 月　　　　　　　　　第 18 号

贷方科目	金　　额				总账页数	
	1—10 日凭证 第　号至　号	11—20 凭证 第　号至　号	21—31 日凭证 第 16 号至　号	合　　计	借方	贷方
本年利润			183 500.00	183 500.00	33	39
合　　计			183 500.00	183 500.00		

表 13-69　汇总转账凭证

贷方科目：销售费用　　　　　　　　　　2023 年 1 月　　　　　　　　　第 19 号

贷方科目	金　　额				总账页数	
	1—10 日凭证 第　号至　号	11—20 凭证 第　号至　号	21—31 日凭证 第 16 号至　号	合　　计	借方	贷方
本年利润			10 000.00	10 000.00	33	40
合　　计			10 000.00	10 000.00		

表 13-70　汇总转账凭证

贷方科目：管理费用　　　　　　　　　　2023 年 1 月　　　　　　　　　第 20 号

贷方科目	金　　额				总账页数	
	1—10 日凭证 第　号至　号	11—20 凭证 第　号至　号	21—31 日凭证 第 16 号至　号	合　　计	借方	贷方
本年利润			26 100.00	26 100.00	33	44
合　　计			26 100.00	26 100.00		

表 13-71　汇总转账凭证

贷方科目：税金及附加　　　　　　　2023 年 1 月　　　　　　　　第 21 号

| 贷方科目 | 金　额 | | | | 总账页数 | |
	1—10 日凭证第　号至　号	11—20 日凭证第　号至　号	21—31 日凭证第 16 号至　号	合　计	借方	贷方
本年利润			1 000.00	1 000.00	22	41
合　计			1 000.00	1 000.00		

表 13-72　汇总转账凭证

贷方科目：所得税费用　　　　　　　2023 年 1 月　　　　　　　　第 22 号

| 贷方科目 | 金　额 | | | | 总账页数 | |
	1—10 日凭证第　号至　号	11—20 日凭证第　号至　号	21—31 日凭证第 16 号至　号	合　计	借方	贷方
本年利润			9 207.00	9 207.00	33	48
合　计			9 207.00	9 207.00		

表 13-73　汇总转账凭证

贷方科目：本年利润　　　　　　　　2023 年 1 月　　　　　　　　第 23 号

| 贷方科目 | 金　额 | | | | 总账页数 | |
	1—10 日凭证第　号至　号	11—20 日凭证第　号至　号	21—31 日凭证第 17 号至　号	合　计	借方	贷方
主营业务收入			250 000.00	250 000.00	38	33
其他业务收入			2 000.00	2 000.00	42	33
合　计			252 000.00	252 000.00		

表 13-74　　　总　账

编　号：1001　　　　　　　2023 年度

会计科目：库存现金　　　　　　　　　　　　　　　　　　第 1 页

2023年 月	日	凭证号	摘　要	借方 百 十 万 千 百 十 元 角 分	贷方 百 十 万 千 百 十 元 角 分	借或贷	余额 百 十 万 千 百 十 元 角 分
1	1		期初余额			借	1 0 0 0 0
	10	汇2			1 0 0 0 0 0		
		汇4		1 0 0 0 0 0			
	20	汇1		2 0 0 0 0			
	31	汇1		1 2 0 0 0 0 0			
		汇2			3 0 0 0 0 0		
		汇4		3 0 0 0 0 0			
				4 3 2 0 0 0 0	3 1 0 0 0 0	借	1 3 2 0 0 0 0

表 13-75　　总　账

编　　号：1403

2023 年度

会计科目：原材料

第 8 页

2023年		凭证号	摘　要	借　方									贷　方									借或贷	余　额								
月	日			百	十	万	千	百	十	元	角	分	百	十	万	千	百	十	元	角	分		百	十	万	千	百	十	元	角	分
1	1		期初余额																			借		5	0	0	0	0	0	0
	10	汇5			1	0	0	0	0	0	0	0																		
		汇4				8	0	0	0	0	0	0																		
		汇6													2	6	0	0	0	0	0									
			本月合计		1	8	0	0	0	0	0	0			2	6	0	0	0	0	0	借		2	0	4	0	0	0	0	0

表 13-76　　总　账

编　　号：2202

2023 年度

会计科目：应付账款

第 20 页

2023年		凭证号	摘　要	借　方									贷　方									借或贷	余　额								
月	日			百	十	万	千	百	十	元	角	分	百	十	万	千	百	十	元	角	分		百	十	万	千	百	十	元	角	分
1	1		期初余额																				贷		1	5	1	0	0	0	0	0
	10	汇5				1	1	3	0	0	0	0			1	1	3	0	0	0	0									
	20	汇4																												
			本月合计			1	1	3	0	0	0	0			1	1	3	0	0	0	0	贷		1	5	1	0	0	0	0	0

表 13-77　　总　账

编　　号：2221

2023 年度

会计科目：应交税费

第 25 页

2023年		凭证号	摘　要	借　方									贷　方									借或贷	余　额								
月	日			百	十	万	千	百	十	元	角	分	百	十	万	千	百	十	元	角	分		百	十	万	千	百	十	元	角	分
1	1		期初余额																				贷									0
	10	汇4					1	0	4	0	0	0	0																		
		汇5					1	3	0	0	0	0																		
		汇8														1	9	5	0	0	0	0									
	20	汇3														1	3	0	0	0	0	0									
	31	汇8															1	0	0	0	0	0									
		汇8															9	2	0	7	0	0									
			本月合计				2	3	4	0	0	0	0			4	2	7	0	7	0	0	贷			1	9	3	0	7	0	0

表 13-78 总 账

编 号：4103 2023 年度

会计科目：本年利润 第 33 页

2023年 月	日	凭证号	摘 要	借 方 百	十	万	千	百	十	元	角	分	贷 方 百	十	万	千	百	十	元	角	分	借或贷	余 额 百	十	万	千	百	十	元	角	分
1	1		期初余额																													0
	31	汇 19			1	8	3	5	0	0	0	0																			
		汇 20					1	0	0	0	0	0																			
		汇 21				2	6	1	0	0	0	0																			
		汇 22						1	0	0	0	0																			
		汇 15						3	5	0	0	0																			
		汇 24													2	5	2	0	0	0	0	0										
			合 计		2	2	4	1	0	0	0	0		2	5	2	0	0	0	0	0	贷		2	7	9	0	0	0	0	
		汇 23					9	2	0	7	0	0																			
			本月合计		2	3	3	3	0	7	0	0		2	5	2	0	0	0	0	0	贷			1	8	6	9	3	0	0

表 13-79 总 账

编 号：5101 2023 年度

会计科目：制造费用 第 37 页

2023年 月	日	凭证号	摘 要	借 方 百	十	万	千	百	十	元	角	分	贷 方 百	十	万	千	百	十	元	角	分	借或贷	余 额 百	十	万	千	百	十	元	角	分
1	10	汇 6					1	0	0	0	0	0																			
	31	汇 4						5	0	0	0	0																			
		汇 10						3	0	0	0	0																			
		汇 11						5	2	0	0	0																			
		汇 12					9	7	0	0	0	0				9	7	0	0	0	0										
			本月合计				9	7	0	0	0	0				9	7	0	0	0	0	平									

表 13-80 总 账

编 号：6001 2023 年度

会计科目：主营业务收入 第 38 页

2023年 月	日	凭证号	摘 要	借 方 百	十	万	千	百	十	元	角	分	贷 方 百	十	万	千	百	十	元	角	分	借或贷	余 额 百	十	万	千	百	十	元	角	分
1	10	汇 7													1	5	0	0	0	0	0	0										
	20	汇 3													1	0	0	0	0	0	0	0										
	30	汇 24			2	5	0	0	0	0	0	0																			
			本月合计		2	5	0	0	0	0	0	0		2	5	0	0	0	0	0	0	平									

表 13-81　　总　账

编　　号：6602　　　　　　　　　　2023 年度

会计科目：管理费用　　　　　　　　　　　　　　　第 44 页

2023年		凭证号	摘　要	借　方									贷　方									借或贷	余　额								
月	日			百	十	万	千	百	十	元	角	分	百	十	万	千	百	十	元	角	分		百	十	万	千	百	十	元	角	分
1	20	汇9					8	0	0	0	0																				
	31	汇4				5	5	0	0	0	0																				
		汇10					7	0	0	0	0																				
		汇11					2	8	0	0	0																				
		汇18				1	0	0	0	0	0																				
		汇21													2	6	1	0	0	0	0										
			本月合计			2	6	1	0	0	0	0			2	6	1	0	0	0	0	平									

14 会计基础模拟实验题集

14.1 模拟实验题一：会计要素分类

1. 目的

练习会计要素的分类。

2. 资料

大华公司 2022 年 12 月 31 日有关资产、负债和所有者权益资料如表 14-1 所示。

表 14-1 资产、负债和所有者权益资料 　　　　　　　　　单位：元

内　　容	金　　额	会计要素	会计科目
明花公司对本企业的投资	500 000		
功臣公司对本企业的投资	500 000		
出纳保管的现金	50 000		
企业在银行中的存款	860 000		
办公楼等建筑物	600 000		
设备 5 台	500 000		
已累计提折旧	100 000		
库存材料	200 000		
生产过程中未完工产品	150 000		
库存完工产品	100 000		
未发职工工资	50 000		
尚未收回的销货款	120 000		
欠交税金	30 000		
欠供应商的材料款	200 000		
向银行借入 9 个月借款	500 000		
向银行借入 3 年期借款	200 000		
资本公积金	500 000		

3. 要求

（1）根据以上资料判明哪些项目属于资产项目，哪些属于负债项目，哪些属于所有者权益项目，并将结果填入"会计要素"栏。

（2）根据以上资料找出对应的会计科目，将其名称填入"会计科目"栏。

（3）编制 2023 年年初账户余额表，并计算出资产总额、负债总额和所有者权益总额，并以此证明会计等式的恒等性。

14.2　模拟实验题二：开设账户

1. 目的

练习开设总分类账户。

2. 资料

实务题一的资料。

3. 要求

根据模拟实验题一的资料开设有关账户（用"T"型账户代替），并填入期初余额。

14.3　模拟实验题三：会计要素变化对会计等式的影响

1. 目的

通过分析各种经济业务的发生对企业资产和权益的影响，深刻理解会计恒等式。

2. 资料

大致公司 2023 年 1 月份发生的经济业务如下：

（1）2 日收到三和公司投资款 200 000 元，存入银行。

（2）5 日从银行提取现金 50 000 元，备发上月工资。

（3）5 日以现金 50 000 元发放工资。

（4）7 日向银行取得 9 个月的短期借款 100 000 元，款项已经到账。

（5）7 日用银行存款支付前欠光明公司材料款 100 000 元。

（6）8 日购入材料一批，取得增值税专用发票，发票上注明价款 170 000 元，增值税额 22 100 元，款项尚未支付。

（7）9 日用银行存款购买汽车一辆，取得增值税专用发票，发票上注明价款 100 000 元，增值税额 13 000 元。

（8）9 日用资本公积转增资本 300 000 元，已经在工商行政管理局更改了注册资本。

3. 要求

（1）分析以上经济业务的发生会引起哪些会计要素的具体项目发生变化。

（2）归纳以上经济业务引起会计要素的变化类型并分析对会计等式的影响情况。

14.4　模拟实验题四：账户分类

1. 目的

掌握账户的不同分类方法。

2. 资料

大华公司设置以下账户：

"实收资本""本年利润""库存现金""银行存款""长期待摊费用""原材料""固定资产""其他应收款""应收账款""其他应付款""应付账款""制造费用""物资采购""累计折旧""坏账准备""管理费用""财务费用""主营业务收入""营业外收入""营业外支出""主营业务成本""预收账款""预付账款""应交税费""短期借款""盈余公积"和"利润分配"。

3. 要求

分析以上各账户按经济内容和用途结构分类各归属于哪类账户，并将其结果填入表 14-2 中。

表 14-2　结果

按经济内容分类　　按用途和结构分类	资产类	负债类	所有者权益类	费用类	收入类
资本类					
盘存类					
结算类					
跨期摊提类					
集合分配类					
成本计算类					
调整类					
经营成果类					
计价对比类					
暂记类					

14.5　模拟实验题五：填制原始凭证

1. 目的

练习原始凭证的填制方法。

2. 资料及要求

成都光华沙发有限责任公司是一般纳税人，税务登记证号为 510105592166633，地址为成都市光华大道二段 168 号。基本存款账户为成都银行谢家祠支行（四川省成都市青羊区东坡路 16 号），账号为 2702201199894490018，联系电话是 028-81321689，邮编为 610173。法定代表人是胡睿，会计是赵慧，出纳是周琳。

该公司 2022 年 12 月发生部分经济业务如下：

【业务 1】1 日，向成都沙发城有限责任公司（纳税人识别号为 510108596566639，地址为成都市武侯大道双楠段 300 号，电话为 028-85320698，开户行及账号是成都银行科技支行，27022011998944900018）销售布艺沙发（型号 A1）200 套，单价为 5 000 元，采用转账支票结算，价款 1 130 000 元已收存银行，增值税发票已开出。

要求：填制增值税专用发票和产品出库单。

（1）增值税专用发票（图 14-1）

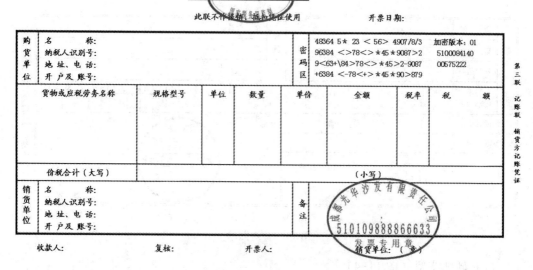

图 14-1 增值税专用发票

（2）产品出库单（图 14-2）

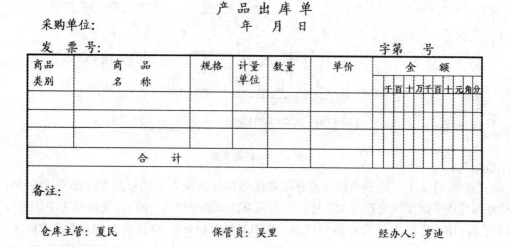

图 14-2 产品出库单

【业务 2】1 日，向成都天府木材贸易有限责任公司（纳税人识别号为 51010659208777，地址为成都市一环路北二段 200 号，电话是 028-83321789，开户行及账号为成都银行华兴支行，27021011988944900139）购入木料 160 立方米，单价为

2 000 元，用银行存款支付货款 320 000 元及增值税 41 600 元，增值税专用发票已收到，木料尚在运输途中。

要求：填制进账单和转账支票。

（1）进账单（图 14-3）

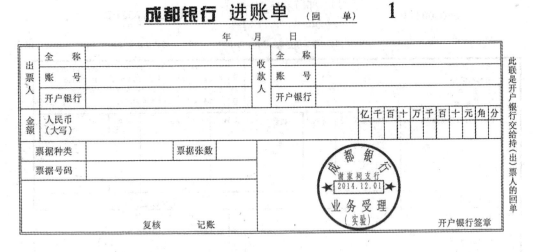

图 14-3　进账单

（2）转账支票（图 14-4）

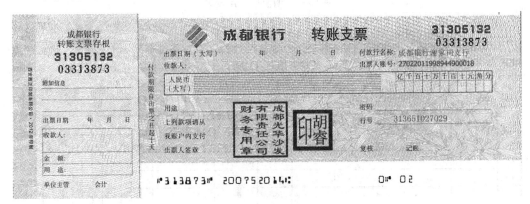

图 14-4　转账支票

【业务 3】2 日，收到重庆布艺有限责任公司（纳税人识别号为 500108591789666，地址为重庆市南岸区大石路 180 号，电话是 023-62984123，开户行及账号为中国工商银行重庆市南岸区支行大石路分理处，5001234565463698658）发来的布料 3 000 米，单价为 50 元，采用电汇方式支付余款 115 500 元，同时收到对方发出的增值税专用发票（发票号：60576569）。布料已验收入库（仓库主管为夏民，保管员为吴里，经办人为罗迪）。

要求：填制材料入库单（图 14-5）。

材料入库单

供应单位：
发票号：   年　月　日   第　号

材料名称	规格	计量单位	数量	实收数量	单价	金额								
						百	十	万	千	百	十	元	角	分
合　计														
备注：														

仓库主管：夏民　　　　　　保管员：吴里　　　　　　经办人：罗迪

图 14-5　材料入库单

【业务4】17 日，王华从仓库领用钢材（编号 C02，规格 G1）50 吨，用于生产布艺沙发。

要求：填制材料领用单（图 14-6）。

材料领用单
年　月　日

领用部门：   第　号

材料编号	材料名称	规格	计量单位	请领数量	实领数量	单价	金额							
							百	十	万	千	百	十	元	角	分
合　计														
用途：生产实木沙发														

仓库主管：夏民　　　　　　保管员：吴里　　　　　　经办人：王华

图 14-6　材料领用单

【业务5】20 日，提取现金 2 000 元备用。

要求：签发现金支票。

（1）现金支票正面（图14-7）

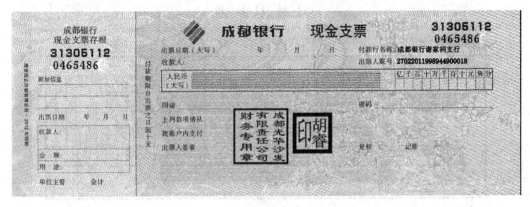

图14-7　现金支票（正面）

（2）现金支票背面（图14-8）

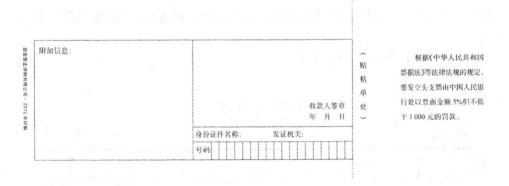

图14-8　现金支票（背面）

14.6　模拟实验题六：编制记账凭证

1. 目的

练习和掌握会计分录及记账凭证的编制方法。

2. 资料

实务题三的经济业务资料；大华公司2023年1月份发生的其他经济业务：

（9）9日销售A产品5 000件给大明公司，价款300 000元，增值税39 000元，已经开出增值税专用发票，全部款项已存入银行。

（10）11日购进材料一批，已经验收入库，价款200 000元，增值税26 000元，已用银行存款支付，取得增值税专用发票。

（11）15日用现金支付办公费用1 000元。

（12）16日用银行存款支付广告费15 000元。

（13）16 日收回广大公司所欠货款 60 000 元。

（14）16 日销售 A 产品给某商场，价款 220 000 元，增值税 28 600 元，开出增值税专用发票，所有款项尚未收到。

（15）16 日车间领用材料一批，其中，生产 A 产品用 250 000 元，车间一般耗用 10 000 元。

（16）17 日张话借支差旅费 3 000 元。

（17）25 日张话报销差旅费 2 500 元，余款交回现金。

（18）25 日用银行存款支付订阅全年报刊费 12 000 元。

（19）26 日用银行存款偿还上月欠某单位货款 50 000 元。

（20）26 日领用材料一批。其中：A 产品生产用 200 000 元；车间一般耗用 20 000 元；行政管理部门耗用 10 000 元。

（21）30 日计算本月应付职工薪酬 80 000 元。其中：生产工人工资 50 000 元；车间管理人员工资 10 000 元；行政管理部门人员工资 20 000 元。并按 10%的比例计提福利费。

（22）31 日计提本月固定资产折旧费 70 000 元。其中：车间固定资产计提 50 000 元；行政管理部门固定资产计提 20 000 元。

（23）31 日结转本月制造费用。

（24）31 日结转完工产品成本 400 000 元。

（25）31 日结转本月销售产品成本 350 000 元。

（26）31 日企业收到职工张华户交来的违章罚款 200 元。

（27）31 日企业开出转账支票一张，捐赠希望工程 10 000 元。

（28）31 日结转收入类账户发生额至本年利润账户。

（29）31 日结转费用类账户发生额至本年利润账户。

（30）31 日计算所得税费用，结出净利润。

（31）31 日将本年利润结转至利润分配账户。

（32）31 日按净利润的 10%计提法定盈余公积，按 5%计提任意盈余公积。

（33）31 日向股东分配 30 000 元的净利润。

（34）31 日结转未分配利润。

3. 要求

（1）在模拟实验题二开设的账户基础上，再根据上述资料开设相关账户。

（2）根据上述资料，编制会计分录及记账凭证（可分别采用通用记账凭证和专用记账凭证）。

（3）根据上述资料编制会计分录簿。

14.7 模拟实验题七：登记会计账簿

1. 目的

练习登记账簿的方法。

2. 资料

模拟实验题六的资料。

3. 要求

（1）根据实务题六编制的记账凭证（会计分录）登记有关账户。

（2）结出各账户的本期发生额和期末余额。

（3）进行试算平衡，编制试算平衡表。

14.8 模拟实验题八：编制会计报表

1. 目的

练习编制会计报表的方法。

2. 资料

模拟实验题七的资料。

3. 要求

（1）根据实务题七的资料进行试算平衡，编制试算平衡表。

（2）编制资产负债表。

（3）编制利润表。

14.9 模拟实验题九：总账与明细账平行登记

1. 目的

练习总分类账户与明细分类账户的平行登记。

2. 资料

大华公司在"原材料"总账账户下设置了明细分类账户；在"应付账款"总账下设置了明细账户。两个账户的期初余额分别如表14-3和表14-4所示。

表 14-3　原材料明细账

名　称	数　量	单　价（元）	金　额（元）
A	10 000 件	20. 00	200 000. 00
B	100 吨	50. 00	5 000. 00
C	6 000 千克	30. 00	180 000. 00
D	3 000 千克	10. 00	30 000. 00
合　计			415 000. 00

表 14-4　应付账款明细账

单位名称	余　额（元）
甲	50 000. 00
乙	20 000. 00
丙	30 000. 00
合　计	100 000. 00

大华公司 2023 年 3 月份发生下列经济业务：

（1）1 日向甲公司购进 A 材料 5 000 件，单价 20 元；B 材料 100 吨，单价 50 元；进项增值税合计 13 650 元。两种材料已经验收入库，款项尚未支付。

（2）2 日生产车间领用 A 材料 6 000 件，C 材料 3 000 千克，全部投入生产 M 产品。

（3）5 日以银行存款偿还应付账款，其中偿还甲公司 50 000 元，乙公司 20 000 元。

（4）8 日，向乙公司购买 C 材料 3 000 千克，单价 30 元，进项增值税 11 700 元，材料已经验收入库，款项尚未支付。

（5）10 日以银行存款偿还丙公司款项 30 000 元。

（6）12 日向丙公司购进 D 材料 5 000 千克，单价 10 元，进项增值税 6 500 元，材料已入库，款项暂欠。

（7）12 日生产车间领用 B 材料 150 吨和 D 材料 6 000 千克，用于生产 N 产品。

（8）20 日生产车间领用 A 材料 4 000 件，C 材料 3 000 千克，用于生产 M 产品。

（9）21 日向甲公司购入 A 材料 5 000 千克，单价 20 元，进项增值税 13 000 元，材料已验收入库，款项未付。

（10）22 日，向乙公司购入 C 材料 5 000 千克，单价 30 元，进项增值税 19 500 元，材料已验收入库，款项未付。

（11）24 日，以银行存款偿还甲公司货款 118 650 元；偿还乙公司货款 101 700 元。

3. 要求

（1）根据上述资料开设"原材料"和"应付账款"总账和所属明细账户，填入期初余额。

（2）根据上述资料编制会计分录，登记"原材料"和"应付账款"总账和明细账（其他账户从略）。

（3）结出以上两个账户的本期发生额和期末余额，将两个总账的本期发生额和期末余额余所属明细账的本期发生额和期末余额的合计数进行核对，检验二者是否相符。

14.10 模拟实验题十：错账更正

1. 目的

练习错账更正的方法。

2. 资料

大地公司 3 月份发现如下的账务处理错误：

（1）3 月 5 日生产车间领用材料一批价值 9 250 元，用于生产 Q 产品，编制 05 号转账凭证。会计分录为：

借：生产成本   9 520

　　贷：原材料   9 520

按此会计分录录入生产成本账户和原材料账户。

（2）公司用银行存款偿还 A 公司款项 6 500 元，编制以下会计分录并据此入账：

借：应收账款   6 500

　　贷：银行存款   6 500

（3）公司以现金 600 元支付下半年报刊费，编制以下会计分录并据此入账：

借：制造费用   600

　　贷：库存现金   600

（4）以银行存款支付办公费 6 960 元，编制下列分录并据此入账：

借：管理费用   9 660

　　贷：银行存款   9 660

（5）公司接银行通知，收回 N 企业所欠公司的货款 200 000 元，已做会计分录并入账：

借：银行存款   20 000

　　贷：应收账款   20 000

3. 要求

首先判断以上五笔业务账务处理中错误的性质，并采用正确的错账更正方法进行更正。

14.11 模拟实验题十一：编制银行存款余额调节表

1. 目的

练习银行存款余额调节表的编制方法。

2. 资料

光彩公司 2023 年 3 月 31 日银行存款日记账余额为 350 000 元，银行送来的对账单余额为 450 000 元，经逐笔核对，发现以下四笔未达账项：

（1）银行代公司支付水电费共计 20 000 元，公司尚未收到银行通知。

（2）公司购买材料一批，开出银行转账支票 70 000 元，银行尚未记账。

（3）银行代公司收回 A 企业欠销货款 150 000 元。

（4）公司销售一批产品给 B 企业，收到 B 企业开出的转账支票一张，金额为 100 000 元，公司记账后送银行，银行尚未记账。

3. 要求

编制该公司的银行存款余额调节表。

14.12　模拟实验题十二：财产清查结果的账务处理

1. 目的

练习财产清查结果的账务处理方法。

2. 资料

大卡公司 2022 年 12 月底财产清查结果如下：

（1）经盘点发现以下财产物资发生盘盈或者盘亏，已呈报审批，尚未批复。

① 甲材料盘盈 5 吨，每吨 2 000 元。

② 发现账外设备一台，估计重置价值为 5 000 元，估计折旧 3 000 元。

③ 丙材料盘亏 520 千克，单价 100 元，经查明属于定额内自然损耗 500 千克，属于保管人员的责任损失 20 千克。

④ 发现设备丢失一台，原价 20 000 元，已计提折旧 12 000 元。

⑤ 查明应收子公司销货款 4 000 元，因对方单位破产而无法收回。

⑥ 企业长期挂账的一笔应付账款 2 000 元，因对方单位撤销而无法支付。

⑦ 发现现金短缺 40 元。

（2）接上级关于财产清查结果批复如下：

① 盘盈和盘亏的固定资产净损溢作为以前年度损益和营业外支出处理。

② 盘盈和盘亏的材料中的定额内损耗，列作管理费用。

③ 属于个人失职的材料和现金由过失人赔偿。

④ 无法收回的应收账款作坏账处理。

⑤ 无法支付的应付账款列作营业外收入。

3. 要求

编制财产清查账务处理的会计分录。

15　会计基础模拟实验题集解答

15.1　模拟实验题一解答：会计要素分类

15.1.1　将对应的会计要素和会计科目填入表 15-1 内

表 15-1　资产、负债和所有者权益资料　　　　　　　　　　单位：元

内　　容	金　额	会计要素	会计科目
明花公司对本企业的投资	500 000	所有者权益	实收资本
功臣公司对本企业的投资	500 000	所有者权益	实收资本
出纳保管的现金	50 000	资产	库存现金
企业在银行中的存款	860 000	资产	银行存款
办公楼等建筑物	600 000	资产	固定资产
设备 5 台	500 000	资产	固定资产
已累计提折旧	100 000	资产	累计折旧
库存材料	200 000	资产	原材料
生产过程中未完工产品	150 000	资产	生产成本
库存完工产品	100 000	资产	库存商品
未发职工工资	50 000	负债	应付职工薪酬
尚未收回的销货款	120 000	资产	应收账款
欠交税金	30 000	负债	应交税费
欠供应商的材料款	200 000	负债	应付账款
向银行借入 9 个月借款	500 000	负债	短期借款
向银行借入 3 年期借款	200 000	负债	长期借款
资本公积金	500 000	所有者权益	资本公积

15.1.2　编制 2023 年年初账户余额表，如表 15-2 所示

表 15-2　2023 年年初账户余额　　　　　　　　　　单位：元

会计科目	金　额	会计科目	金　额
库存现金	50 000	应交税费	30 000
银行存款	860 000	应付账款	200 000
固定资产	1 100 000	短期借款	500 000
累计折旧	−100 000	应付职工薪酬	50 000

表15-2（续）

会计科目	金 额	会计科目	金 额
原材料	200 000	长期借款	200 000
生产成本	150 000	实收资本	1 000 000
库存商品	100 000	资本公积	500 000
应收账款	120 000		
资产合计	2 480 000	负债及所有者权益合计	2 480 000

15.2 模拟实验题二解答：开设账户并结转期初余额

15.2.1 说明

为了保证会计模拟实验的仿真性，我们应当采用企业会计实务中的实际账页进行实验。但鉴于本教材的篇幅所限，我们就以"银行存款""生产成本""实收资本"三个账户为例采用实际账页进行会计实验，其他账户采用"T"型账户进行实验。

15.2.2 采用实际账页开设账户并结转期初余额

1. "银行存款"账户（图 15-1）

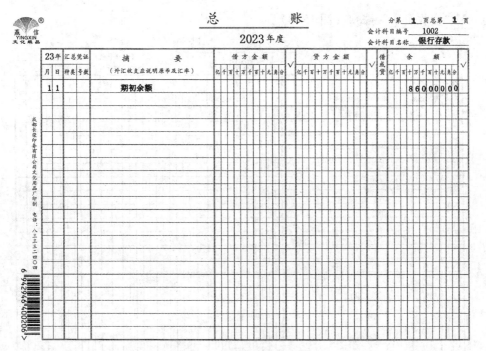

图 15-1 "银行存款"账户

2."生产成本"账户（图15-2）

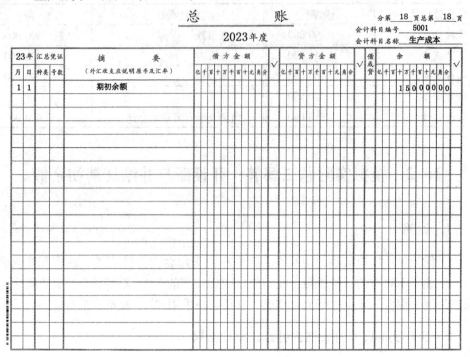

图15-2 "生产成本"账户

3."实收资本"账户（图15-3）

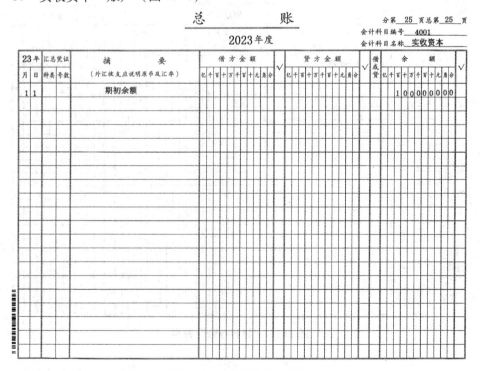

图15-3 "实收资本"账户

15.2.3　采用"T"型账开设账户并结转期初余额（图15-4）

库存现金		应收账款	
期初余额　50 000		期初余额　120 000	

原材料		库存商品	
期初余额　200 000		期初余额　100 000	

固定资产		累计折旧	
期初余额　1 100 000			期初余额　100 000

生产成本		应付职工薪酬	
期初余额　150 000			期初余额　50 000

短期借款		应付账款	
	期初余额　500 000		期初余额　200 000

应交税费		长期借款	
	期初余额　30 000		期初余额　200 000

实收资本		资本公积	
	期初余额　10 000 000		期初余额　5 000 000

图15-4　"T"型账户

15.3　模拟实验题三解答：会计要素变化对会计等式的影响

15.3.1　经济业务引起会计要素变化

（1）资产（银行存款）和所有者权益（实收资本）等量增加。

（2）资产（流动资产）内部（库存现金、银行存款）此增彼减。

（3）资产（库存现金）和负债（应付职工薪酬）等量减少。

（4）资产（银行存款）和负债（短期借款）等量增加。

（5）资产（银行存款）和负债（应付账款）等量减少。

（6）资产（原材料）和负债（应付账款-应交税费）等量增加。

（7）资产内部（固定资产、银行存款）此增彼减。

（8）所有者权益内部（实收资本、资本公积）此增彼减。

15.3.2　经济业务引起会计要素变化对会计等式的影响

企业所有经济业务的发生对资产、负债、所有者权益的数量变化即对会计恒等式的影响归纳为四种类型若干种情况：

第一类经济业务引起资产和权益同时增加，且两者增加的金额相等，从而使得会计等式左右两边的总额等量增加，平衡关系不会被破坏。

（1）资产和所有者权益同时等量增加，如经济业务（1）。

（2）资产和负债同时等量增加，如经济业务（4）、（6）。

第二类经济业务引起资产和权益同时减少，且两者减少的金额相等，从而使得会计等式左右两边的总额等量减少，平衡关系不会被破坏。

（1）资产减少的同时，负债也等量减少，如经济业务（3）、（5）。

（2）一般情况下，资产和所有者权益不会同时减少。因为在现代企业制度下，企业投入资本在经营期内，投资者只能依法转让，不得以任何方式抽回。转让只是所有者的变更，公司的所有者权益总额没有发生变化。

第三类经济业务只会引起资产内部项目的此增彼减，而且增减的金额相等，资产和权益总额保持不变，当然会计等式的平衡关系不会被破坏。

（1）流动资产内部项目的此增彼减，如经济业务（2）。

（2）流动资产与非流动资产项目的此增彼减，如经济业务（7）。

（3）非流动资产内部项目的此增彼减，如在建工程完工转为固定资产。

第四类经济业务只会引起权益内部项目的此增彼减，而且增减的金额相等，资产和权益总额保持不变，当然会计等式的平衡关系不会被破坏。

（1）负债内部项目的此增彼减。

（2）负债与所有者权益项目的此增彼减。

（3）所有者权益内部项目的此增彼减，如经济业务（8）。

15.4　模拟实验题四解答：账户分类

大华公司设置的账户分类结果如表 15-3 所示。

表 15-3　账户分类

按用途和结构分类＼按经济内容分类	资产类	负债类	所有者权益类	费用类	收入类
资本类			实收资本 资本公积 盈余公积		
盘存类	库存现金 银行存款 原材料 固定资产				
结算类	其他应收款 应收账款 预付账款	其他应付款 应付账款 预收账款 短期借款			
跨期摊提类	长期待摊费用				
集合分配类				制造费用	
成本计算类	材料采购 生产成本				
调整类	累计折旧 坏账准备				
经营成果类			利润分配	管理费用 财务费用 营业外支出 主营业务成本	主营业务收入 营业外收入
计价对比类	材料采购 固定资产清理				
暂记类	固定资产清理 待处理财产损益				

15.5　模拟实验题五解答：填制原始凭证

15.5.1　【业务1】开具增值税专用发票和填制产品出库单

（1）增值税专用发票（图15-5）

5100084140　　四川增值税专用发票　Ｎо 00575222

此联不作报销、扣税凭证使用　　　开票日期：2022年12月1日

购货单位	名　称：成都沙发城有限责任公司 纳税人识别号：510108596566639 地　址、电话：成都市武侯大道双楠段300号 028-85320698 开户及账号：成都银行科技支行 27022011998944900018	密码区	48364 5＊23 ＜56＞4907/8/3 96384 ＜＞78＜＞＊45＊9087＞2 9＜63+\84＞78＜＞＊45＞2-9087 +6384 ＜-78＜+＞＊45＊90＞879	加密版本：01 5100084140 00575222

货物或应税劳务名称	规格型号	单位	数量	单价	金额	税率	税额
布艺沙发	A1	套	200	5 000.00	1 000 000.00	13%	130 000.00

价税合计（大写）	⊗壹佰壹拾叁万元整	（小写）¥1 130 000.00

销货单位	名　称：成都光华沙发有限责任公司 纳税人识别号：510105592166633 地　址、电话：成都市光华大道二段168号 028-81321689 开户及账号：成都银行谢家祠支行 27022011998944900018	备注	510105592166633 发票专用章

收款人：王号　　　复核：李铭　　　开票人：万千　　　销货单位：（章）

图15-5　增值税专用发票

（2）产品出库单（图15-6）

产　品　出　库　单

采购单位：成都沙发城有限责任公司　　　2022年12月1日

发　票　号：00575222　　　　　　　　　字第 50 号

商品类别	商品名　称	规格	计量单位	数量	单价	金　额										
						亿	千	百	十	万	千	百	十	元	角	分
沙发	布艺沙发	A1	套	200	5 000.00		¥	1	0	0	0	0	0	0	0	0
合　计				200	5 000.00		¥	1	0	0	0	0	0	0	0	0

备注：

仓库主管：夏民　　　　保管员：吴里　　　　经办人：罗迪

图15-6　产品出库单

15.5.2 【业务2】填制进账单和签发转账支票

(1) 进账单（图15-7）

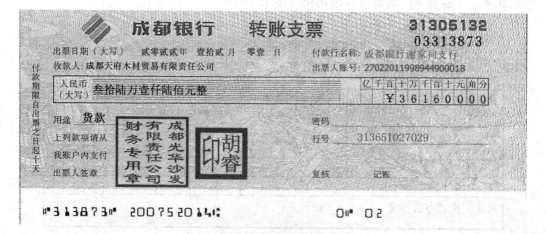

图 15-7 进账单

(2) 转账支票（图15-8）

图 15-8 转账支票

15.5.3 【业务3】填制材料入库单（图15-9）

材 料 入 库 单

供应单位：重庆布艺有限责任公司　　2022年12月2日

发 票 号：60576569　　　　　　　　　　　　字第35号

材料名称	规格	计量单位	数量	实收数量	单价	金额 亿 千 佰 十 万 千 百 十 元 角 分
布料	B1	米	3 000	3 000	50.00	¥1 5 0 0 0 0 0 0
合　计			3 000	3 000	50.00	¥1 5 0 0 0 0 0 0
备注：						

仓库主管：夏民　　　　　　　保管员：吴里　　　　　　　经办人：罗迪

图15-9　材料入库单

15.5.4 【业务4】填制材料领用单（图15-10）

材 料 领 用 单

2022年12月17日

领用部门：生产车间　　　　　　　　　　　　第 5号

材料编号	材料名称	规格	计量单位	请领数量	实领数量	单价	金额 百 十 万 千 百 十 元 角 分
C02	钢材	G1	吨	50	50		
合　计				50	50		
用途：生产布艺沙发							

仓库主管：夏民　　　　　　　保管员：吴里　　　　　　　经办人：王华

图15-10　材料领用单

15.5.5 【业务5】签发现金支票

（1）现金支票（正面）（图 15-11）

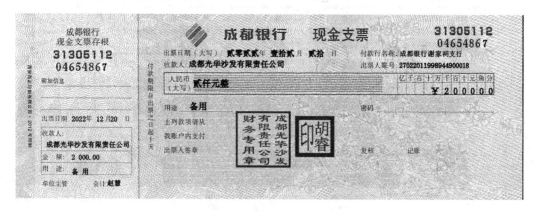

图 15-11　现金支票（正面）

（2）现金支票（背面）（图 15-12）

图 15-12　现金支票（背面）

15.6　模拟实验题六解答：编制记账凭证

15.6.1　编制通用记账凭证

根据该大华公司 2023 年 1 月份发生的第（1）至（9）笔业务资料编制通用记账凭证。

（1）记账凭证 01 号（图 15-13）

记 账 凭 证

2023年 1 月 日

记 字第 01 号

摘要	科目		借方金额	贷方金额	✓
	总账科目	明细科目	亿千百十万千百十元角分	亿千百十万千百十元角分	
收到三和公司投资款	银行存款		20000000		
	实收资本	三和公司		20000000	
合		计	¥20000000	¥20000000	

附单据 2 张

会计主管：吴网 记账： 出纳：张花 复核： 制单：王尚

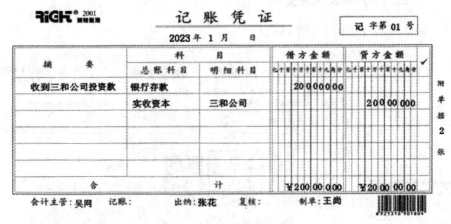

图 15-13 记账凭证 01 号

（2）记账凭证 02 号（图 15-14）

记 账 凭 证

2023年 1 月 5 日

记 字第 02 号

摘要	科目		借方金额	贷方金额	✓
	总账科目	明细科目	亿千百十万千百十元角分	亿千百十万千百十元角分	
从银行提取现金备发工资	库存现金		5000000		
	银行存款			5000000	
合		计	¥5000000	¥5000000	

附单据 1 张

会计主管：吴网 记账： 出纳：张花 复核： 制单：王尚

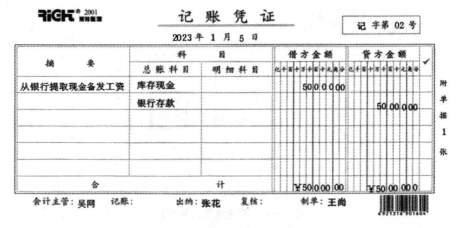

图 15-14 记账凭证 02 号

（3）记账凭证 03 号（图 15-15）

记 账 凭 证

2023年 1 月 5 日

记 字第 03 号

摘要	科目		借方金额	贷方金额	✓
	总账科目	明细科目	亿千百十万千百十元角分	亿千百十万千百十元角分	
发放工资	应付职工薪酬		5000000		
	库存现金			5000000	
合		计	¥5000000	¥5000000	

附单据 1 张

会计主管：吴网 记账： 出纳：张花 复核： 制单：王尚

图 15-15 记账凭证 03 号

（4）记账凭证 04 号（图 15-16）

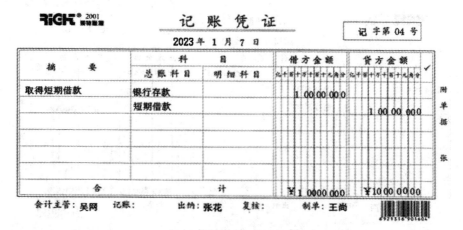

图 15-16 记账凭证 04 号

（5）记账凭证 05 号（图 15-17）

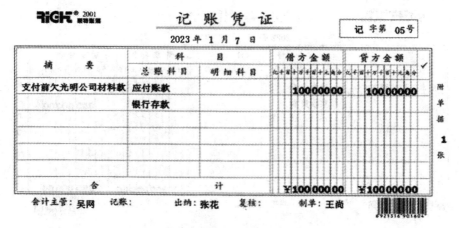

图 15-17 记账凭证 05 号

（6）记账凭证 06 号（图 15-18）

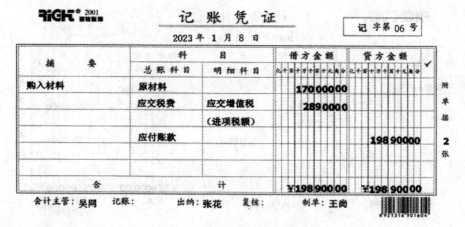

图 15-18 记账凭证 06 号

（7）记账凭证 07 号（图 15-19）

图 15-19　记账凭证 07 号

（8）记账凭证 08 号（图 15-20）

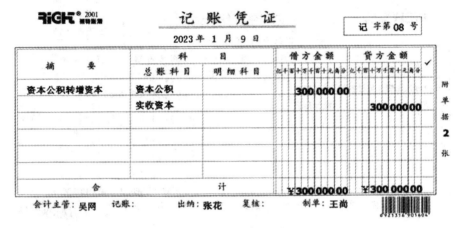

图 15-20　记账凭证 08 号

（9）记账凭证 09 号（图 15-21）

图 15-21　记账凭证 09 号

15.6.2　编制会计分录

根据该大华公司 2023 年 1 月份发生的第（10）至（34）笔业务资料编制会计分录代替记账凭证。

（10）会计分录：

借：原材料	200 000
应交税费——应交增值税（进项税额）	26 000
贷：银行存款	226 000

（11）会计分录：

借：管理费用	1 000
贷：库存现金	1 000

（12）会计分录：

借：销售费用	15 000
贷：银行存款	15 000

（13）会计分录：

借：银行存款	60 000
贷：应收账款——广大公司	60 000

（14）会计分录：

借：应收账款	248 600
贷：主营业务收入	220 000
应交税费——应交增值税（销项税额）	28 600

（15）会计分录：

借：生产成本	250 000
制造费用	10 000
贷：原材料	260 000

（16）会计分录：

借：其他应收款	3 000
贷：库存现金	3 000

（17）会计分录：

借：管理费用	2 500
库存现金	500
贷：其他应收款	3 000

（18）会计分录：

借：管理费用	12 000
贷：银行存款	12 000

（19）会计分录：

借：应付账款	50 000
贷：银行存款	50 000

（20）会计分录：

借：生产成本   200 000

  制造费用   20 000

  管理费用   10 000

 贷：原材料   230 000

（21）会计分录：

借：生产成本   55 000

  制造费用   11 000

  管理费用   22 000

 贷：应付职工薪酬——工资   80 000

      ——福利费   8 000

（22）会计分录：

借：制造费用   50 000

  管理费用   20 000

 贷：累计折旧   70 000

（23）会计分录：

借：生产成本   91 000

 贷：制造费用   91 000

（24）会计分录：

借：库存商品   400 000

 贷：生产成本   400 000

（25）会计分录：

借：主要业务成本   350 000

 贷：库存商品   350 000

（26）会计分录：

借：库存现金   200

 贷：营业外收入   200

（27）会计分录：

借：营业外支出   10 000

 贷：银行存款   10 000

（28）会计分录：

借：主营业务收入   520 000

  营业外收入   200

 贷：本年利润   520 200

（29）会计分录：

借：本年利润   442 500

 贷：主营业务成本   350 000

  管理费用   67 500

| 销售费用 | 15 000 |
| 营业外支出 | 10 000 |

（30）31 日计算并结转所得税（所得税税率为 25%）。

利润总额 = 520 200 - 442 500 = 77 700（元）

所得税费用 = 77 700×25% = 19 425（元）

净利润 = 77 700 - 19 425 = 58 275（元）

会计分录：

借：所得税费用	19 425
贷：应交税费——应交所得税	19 425
借：本年利润	19 425
贷：所得税费用	19 425

（31）会计分录：

| 借：本年利润 | 58 275 |
| 　贷：利润分配——未分配利润 | 58 275 |

（32）会计分录：

借：利润分配——提取法定盈余公积	5 827.50
——提取任意盈余公积	2 913.75
贷：盈余公积——法定盈余公积	5 827 50
——任意盈余公积	2 913.75

（33）会计分录：

| 借：利润分配——应付股利 | 30 000 |
| 　贷：应付股利 | 30 000 |

（34）会计分录：

借：利润分配——未分配利润	38 741.25
贷：利润分配——提取法定盈余公积	5 827.50
——提取任意盈余公积	2 913.75
——应付股利	30 000.00

15.7　模拟实验题七解答：登记会计账簿

15.7.1　登记相关账户

根据实务题六编制的记账凭证（或会计分录）登记有关账户。

其中："银行存款""生产成本""实收资本"账户采用实际账页进行登记，其他账户采用"T"型账户进行登记。

1. 采用实际账页登记会计账簿

（1）银行存款账户（图 15-22）：

总账

2023年度

分第 1 页总第 3 页
会计科目编号 1002
会计科目名称 银行存款

23年 月日	汇总凭证 种类号数	摘要（外汇收支应说明原币及汇率）	借方金额	贷方金额	借或贷	余额
1 1		期初余额				86 000 000 00
2	记 1	收到三和公司投资款	20 000 000			
5	记 2	银行提取现		5 000 000		
7	记 4	银行取得9个月的短期借款	10 000 000			
7	记 5	银行存款支付前欠光明公司材料款		10 000 000		
9	记 7	购买汽车		11 700 000		
9	记 9	销售A产品	33 900 000			
11	记 10	购进材料		22 600 000		
16	记 12	银行存款支付广告费		1 500 000		
16	记 13	收回广大公司所欠货款	6 000 000			
25	记 18	订阅全年报刊费		1 200 000		
26	记 19	偿还上月欠某单位货款		5 000 000		
31	记 27	捐赠希望工程		1 000 000		
		本月合计	69 900 000 00	57 600 000 00	借	98 300 000 00

图 15-22　银行存款账户

（2）生产成本账户（图 15-23）：

总账

2023年度

分第 18 页总第 18 页
会计科目编号 5001
会计科目名称 生产成本

23年 月日	汇总凭证 种类号数	摘要（外汇收支应说明原币及汇率）	借方金额	贷方金额	借或贷	余额
1 1		期初余额				15 000 000 0
16	记 15	车间领用材料	25 000 000 0			
26	记 20	车间领用材料	20 000 000 0			
30	记 21	计算工资	5 500 000 0			
31	记 23	结转制造费用	9 100 000 0			
31	记 24	结转完工产品成本		40 000 000 0		
		本月合计	59 600 000 0	40 000 000 0		34 600 000 0

图 15-23　生产成本账户

（3）实收资本账户（图15-24）：

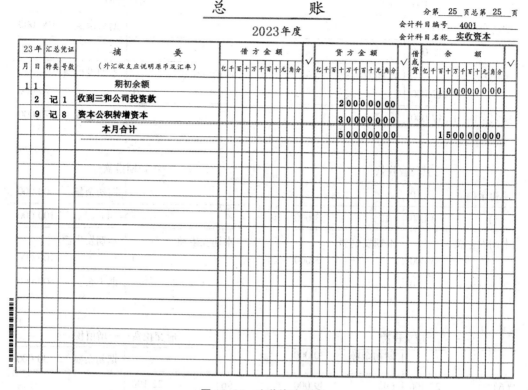

图 15-24　实收资本账户

2. 采用"T"型账户登记会计账簿（图15-25）

库存现金		
期初余额	50 000	
（2）	50 000	（3）　　50 000
（17）	500	（11）　　1 000
（26）	200	（16）　　3 000
本期发生额		本期发生额
	50 700	54 000
期末余额	46 700	

原材料		
期初余额	200 000	
（6）	170 000	（15）　　260 000
（10）	200 000	（20）　　230 000
本期发生额		本期发生额
	370 000	490 000
期末余额	80 000	

应收账款		
期初余额	120 000	
（14）	248 600	（13）　　60 000
本期发生额		本期发生额
	248 600	60 000
期末余额	308 600	

库存商品		
期初余额	100 000	
（24）	400 000	（25）　　350 000
本期发生额		本期发生额
	400 000	350 000
期末余额	150 000	

固定资产

期初余额	1 100 000		
(7)	117 000		
本期发生额		本期发生额	
	117 000		0
期末余额	1 217 000		

累计折旧

		期初余额	100 000
		(22)	70 000
本期发生额		本期发生额	
	0		70 000
		期末余额	170 000

其他应收款

期初余额	0		
(16)	3 000	(17)	3 000
本期发生额		本期发生额	
	3 000		3 000
期末余额	0		

短期借款

		期初余额	500 000
		(4)	100 000
本期发生额		本期发生额	
	0		100 000
		期末余额	600 000

应交税费

		期初余额	30 000
(6)	22 100	(9)	39 000
(10)	26 000	(14)	28 600
		(30)	19 425
本期发生额		本期发生额	
	48 100		87 025
		期末余额	68 925

应交税费——增值税

		期初余额	30 000
(6)	22 100		
(10)	26 000	(9)	39 000
		(14)	28 600
本期发生额		本期发生额	
	48 100		67 600
		期末余额	49 500

应付职工薪酬

		期初余额	50 000
(3)	50 000	(21)	88 000
本期发生额		本期发生额	
	50 000		88 000
		期末余额	88 000

应交税费——应交所得税

		期初余额	0
		(30)	19 425
本期发生额		本期发生额	
	0		19 425
		期末余额	19 425

所得税费用

（30）	19 425	（30）	19 425
本期发生额		本期发生额	
	19 425		19 425
—		—	

实收资本

		期初余额	1 000 000
		（1）	200 000
		（8）	300 000
本期发生额		本期发生额	
	0		500 000
		期末余额	1 500 000

长期借款

		期初余额	200 000
本期发生额		本期发生额	
	0		0
		期末余额	200 000

资本公积

		期初余额	500 0 000
（8）	300 000		
本期发生额		本期发生额	
	300 000		0
		期末余额	200 000

制造费用

（15）	10 000	（23）	91 000
（20）	20 000		
（21）	11 000		
（22）	50 000		
本期发生额		本期发生额	
	91 000		91 000
—		—	

主营业务收入

（28）	520 000	（9）	300 000
		（14）	220 000
本期发生额		本期发生额	
	520 000		520 000

管理费用

（11）	1 000	（29）	67 500
（17）	2 500		
（18）	12 000		
（20）	10 000		
（21）	22 000		
（22）	20 000		
本期发生额		本期发生额	
	67 500		67 500
—		—	

销售费用

（12）	15 000	（29）	15 000
本期发生额		本期发生额	
	15 000		15 000
—		—	

主要业务成本

(25)	350 000	(29)	350 000
本期发生额		本期发生额	
	350 000		350 000
		—	

营业外支出

(27)	10 000	(29)	10 000
本期发生额		本期发生额	
	10 000		10 000
		—	

营业外收入

(28)	200	(26)	200
本期发生额		本期发生额	
	200		200
—		—	

本年利润

(29)	350 000	(28)	520 000
	67 500		200
	15 000		
	10 000		
本期发生额		本期发生额	
	442 500		520 200
(30)	19 425	利润总额	77 700
(31)	58 275	净利润	58 275
本期发生额		本期发生额	
	520 200		520 200
		—	

利润分配

		期初余额	0
(32)	5 827.50	(31)	58 275
	2 913.75		
(33)	30 000.00		
本期发生额		本期发生额	
	38 741.25		58 275
		期末余额	19 533.75

利润分配——未分配利润

		期初余额	0
(34)	5 827.50	(31)	58 275
	2 913.75		
	30 000.00		
本期发生额		本期发生额	
	38 741.25		58 275
		期末余额	19 533.75

利润分配——提取法定盈余公积

		—	
(32)	5 827.50	(34)	5 827.50
本期发生额		本期发生额	
	5 827.50		5 827.50
—		—	

本年利润——提取任意盈余公积

(32)	2 913.75	(34)	2 913.75
本期发生额		本期发生额	
	2 913.75		2 913.75
—		—	

利润分配——应付股利

(33)	30 000	(34)	30 000
本期发生额		本期发生额	
	30 000		30 000
—		—	

盈余公积

		期初余额	0
		(32)	5 827.50
			2 913.75
本期发生额		本期发生额	
	0		8 741.25
		期末余额	8 741.25

应付股利

		期初余额	0
		(33)	30 000
本期发生额		本期发生额	
	0		30 000
		期末余额	30 000

图 15-25 "T" 型账户

15.8 模拟实验题八解答：编制会计报表

15.8.1 编制试算平衡表

进行试算平衡，编制试算平衡表，如表 15-4 所示。

表 15-4 总分类账户本期发生额及余额（试算平衡表）

账户名称	期初余额		本期发生额		期末余额	
	借方	贷方	借方	贷方	借方	贷方
库存现金	50 000		50 700	54 000	46 700	
银行存款	860 000		699 000	576 000	983 000	
固定资产	1 100 000		117 000	0	1 217 000	
累计折旧		100 000		70 000		170 000
原材料	200 000		370 000	490 000	80 000	
生产成本	150 000		596 000	400 000	346 000	
库存商品	100 000		400 000	350 000	150 000	
应收账款	120 000		248 600	60 000	308 600	
其他应收款	0		3 000	3 000	0	
应交税费		30 000	48 100	87 025		68 925
应付账款		200 000	150 000	192 100		242 100

表15-4(续)

账户名称	期初余额		本期发生额		期末余额	
	借方	贷方	借方	贷方	借方	贷方
短期借款		500 000		100 000		600 000
应付职工薪酬		50 000	50 000	88 000		88 000
长期借款		200 000				200 000
实收资本		1 000 000		500 000		1 500 000
资本公积		500 000	300 000			200 000
盈余公积				8 741.25		8 741.25
应付股利				30 000		30 000
主营业务收入			520 000	520 000		
管理费用			67 500	67 500		
销售费用			15 000	15 000		
制造费用			91 000	91 000		
主营业务成本			350 000	350 000		
所得税费用			19 425	19 425		
营业外收入			200	200		
营业外支出			10 000	10 000		
本年利润			520 200	520 200		
利润分配			38 741.25	58 275		19 533.75
合　计	2 580 000	2 580 000	4 644 466.25	4 644 466.25	3 131 300	3 131 300

15.8.2 编制资产负债表

编制资产负债表，如表15-5所示。

表 15-5　资 产 负 债 表

企会01表

编制单位：大华公司　　　　　　　　2023 年 1 月 31 日　　　　　　　　单位：元

资　　　产	金　额	负债及所有者权益	金　额
流动资产：		流动负债：	
货币资金	1 029 700	短期借款	600 000
交易性金融资产	0	应付账款	248 900
应收账款	317 400	应付职工薪酬	88 000
		应交税费	74 925
其他应收款	0	应付股利	30 000
存货	576 000	其他应付款	0
流动资产合计	1 923 100	一年内到期的长期负债	0
非流动资产：	0	流动负债合计	1 041 825
可供出售金融资产	0	非流动负债：	

表15-5（续）

资　产	金　额	负债及所有者权益	金　额
持有至到期投资	0	长期借款	200 000
长期股权投资	0	非流动负债合计	200 000
固定资产	1 047 000	负债合计	1 191 825
无形资产	0	所有者权益：	
长期待摊费用	10 000	实收资本	1 500 000
递延所得税资产	0	资本公积	200 000
其他非流动资产	0	盈余公积	8 741.25
		未分配利润	19 533.75
非流动资产合计	1 047 000	所有者权益合计	1 728 275
资产总计	2 970 100	负债及所有者权益总计	2 970 100

15.8.3　编制利润表

编制利润表，如表15-6所示。

表15-6　利润表

编制单位：大致公司　　　　　　　　　2023 年 1 月　　　　　　　　　会企02表　　单位：元

项　目	本期金额	上期金额
一、营业收入	520 000	（略）
减：营业成本	350 000	（略）
税金及附加	0	（略）
销售费用	15 000	（略）
管理费用	67 500	（略）
财务费用	0	（略）
资产减值损失	0	（略）
加：公允价值变动收益（损失以"-"填列）	0	（略）
投资收益（损失以"-"填列）	0	（略）
其中：对联营企业和合营企业的投资收益		（略）
二、营业利润（损失以"-"填列）	87 500	（略）
加：营业外收入	200	（略）
减：营业外支出	10 000	（略）
其中：非流动资产处置损失	0	（略）
三、利润总额（损失以"-"填列）	77 700	（略）
减：所得税费用	19 425	（略）
四、净利润（损失以"-"填列）	58 275	（略）
五、每股收益	0	（略）
（一）基本每股收益	0	（略）
（二）稀释每股收益	0	（略）

15.9 模拟实验题九解答：总账与明细账平行登记

15.9.1 原材料总账与明细账平行登记

1. 登记原材料总账（图 15-26）

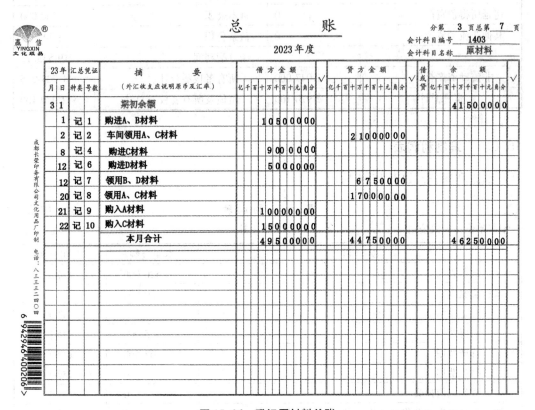

图 15-26 登记原材料总账

2. 登记原材料明细账

（1）以原材料 A 为例，采用真实账簿（数量金额式明细账）进行登记，如图 15-27 所示。

A材料　　明 细 账

最高储备量 _____ 类　别 _____ 储备定额 _____ 编　号 _____ 规　格 _____

最低储备量 _____ 存放地点 **V仓库** 计划单价 **20.00** 计量单位 **件** 名　称 **A材料**

23年		凭证		摘　要	借　方			贷　方			借或贷	余　额		
月	日	种类	号数		数量	单价	金额(千百十万千百十元角分)	数量	单价	金额(千百十万千百十元角分)		数量	单价	金额(千百十万千百十元角分)
3	1			期初余额								10000	20	2000000 00
	1	记	1	购进材料	5000	20	1000000 00							
	2	记	2	M产品领用				6000		1200000 00				
	20	记	8	M产品领用						800000 0				
	21	记	9	购进	5000	20	1000000 00							
				本月合计			2000000 00			2000000 0				2000000 00

图 15-27　原材料明细账

（2）其余原材料明细账采用"T"型账户进行登记，如图 15-28 所示。

原材料——B

期初余额	5 000		
（1）	5 000	（7）	7 500
本期发生额	5 000	本期发生额	7 500
期末余额	2 500		

原材料——C

期初余额	180 000		
（4）	90 000	（2）	90 000
（10）	150 000	（8）	90 000
本期发生额	240 000	本期发生额	180 000
期末余额	240 000		

原材料——D

期初余额	30 000		
(6)	50 000	(7)	60 000
本期发生额	50 000	本期发生额	60 000
期末余额	20 000		

图 15-28　"T"型账户

15.9.2　应付账款总账与明细账平行登记

1. 登记应付账款总账（图 15-29）

总　　　账

分第 __10__ 页总第 __28__ 页
会计科目编号 __2202__
会计科目名称 __应付账款__

2023 年度

23年 月	日	汇总凭证 种类	号数	摘　要（外汇收支应说明原币及汇率）	借方金额 亿千百十万千百十元角分	√	贷方金额 亿千百十万千百十元角分	√	借或贷	余　额 亿千百十万千百十元角分	√
3	1			期初余额						1000000 00	
	1	记	1	从甲公司购进材料			1228500 00				
	5	记	3	偿还甲、乙公司款项	700000 00						
	8	记	4	从乙公司购进材料			1053000 00				
	10	记	5	偿还丙公司款项	300000 00						
	12	记	6	从丙公司购进材料			585000 00				
	21	记	9	从甲公司购进材料			117000 00				
	24	记	11	偿还甲、乙公司款项	2281500 00						
				本月合计	3281500 00		5791500 00			3510000 00	

图 15-29　应付账款总账

2. 登记应付账款明细账

（1）以应付账款甲为例，采用真实账簿（三栏式明细账）进行登记，如图 15-30 所示。

应付账款明细账

第　页

一 级 科 目　**2202 应付账款**

二级科目或明细科目　**2202-1 甲公司**

23年 月 日	凭证 种类 号数	摘　要	借方	贷方	借或贷	余额
3 1		期初余额			贷	500 000 00
1	记 1	购进A、B材料		1 228 500 00		
5	记 5	偿还款项	500 000 00			
21	记 21	购进A材料		1 170 000 00		
24	记 24	偿还款项	1 228 500 00			
		本月合计	1 728 500 00	2 398 500 00	贷	1 170 000 00

图 15-30　应付账款明细账

（2）其余应付账款明细账采用"T"型账户进行登记，如图 15-31 所示。

应付账款——乙

		期初余额	2 000
（3）	20 000	（4）	105 300
（11）	105 300	（10）	175 500
本期发生额	125 300	本期发生额	280 800
		期末余额	157 500

应付账款——丙

		期初余额	350 000
（5）	30 000	（6）	58 500
本期发生额	30 000	本期发生额	58 500
		期末余额	350 000

图 15-31　"T"型账户

15.10 模拟实验题十解答：错账更正

15.10.1 判断错误性质

（1）金额错误且所填金额大于应记账金额，采用红字更正法予以更正。

（2）账户使用错误，采用红字更正法予以更正。

（3）金额错误且所填金额小于应记账金额，采用补充登记法予以更正。

15.10.2 错账更正

（1）首先，编制一张红字记账凭证（用会计分录代替）：

借：生产成本 　　9 520

　　贷：原材料 　　9 520

然后，编制一张正确的记账凭证（用会计分录代替）：

借：生产成本 　　9 250

　　贷：原材料 　　9 250

根据以上记账凭证登记相关账簿。

（2）首先，编制一张红字记账凭证（用会计分录代替）：

借：应收账款 　　6 500

　　贷：银行存款 　　6 500

然后，编制一张正确的记账凭证（用会计分录代替）：

借：应付账款 　　6 500

　　贷：银行存款 　　6 500

根据以上记账凭证登记相关账簿。

（3）首先，编制一张红字记账凭证（用会计分录代替）：

借：制造费用 　　600

　　贷：库存现金 　　600

然后，编制一张正确的记账凭证（用会计分录代替）：

借：管理费用 　　600

　　贷：库存现金 　　600

根据以上记账凭证登记相关账簿。

（4）按少记金额编制一张记账凭证（用会计分录代替）：

借：管理费用 　　300

　　贷：银行存款 　　300

根据以上记账凭证登记相关账簿。

（5）按少记金额编制一张记账凭证（用会计分录代替）：

借：银行存款　　　　　　　　　　　　　　　　　　180 000

　　贷：应收账款　　　　　　　　　　　　　　　　　　　180 000

根据以上记账凭证登记相关账簿。

15.11　模拟实验题十一解答：编制银行存款余额调节表

编制银行存款余额调节表，如表 15-7 所示。

表 15-7　银行存款余额调节表

2023 年 3 月 31 日　　　　　　　　　　　　　　　　　　单位：元

项目	金额	项目	金额
企业银行存款日记账账面余额	350 000	银行对账单的存款余额	450 000
加：银行已记增加，企业尚未记增加的款项	150 000	加：企业已记增加，银行尚未记增加的款项	100 000
减：银行已记减少，企业尚未记减少的款项	20 000	减：企业已记减少，银行尚未记减少的款项	70 000
调整后的存款余额	480 000	调整后的存款余额	480 000

15.12　模拟实验题十二解答：财产清查结果的账务处理

15.12.1　财产清查结果批准前的账务处理

（1）借：原材料——甲材料　　　　　　　　　　　　10 000

　　　　贷：待处理财产损溢——待处理流动资产损溢　　　10 000

（2）借：固定资产　　　　　　　　　　　　　　　　5 000

　　　　贷：累计折旧　　　　　　　　　　　　　　　　　3 000

　　　　　　待处理财产损溢——待处理固定资产损溢　　　2 000

（3）借：待处理财产损溢——待处理流动资产损溢　　58 760

　　　　贷：原材料——乙材料　　　　　　　　　　　　　52 000

　　　　　　应交税费——应交增值税（进项税额转出）　　6 760

（4）借：待处理财产损溢——待处理固定资产损溢　　8 000

　　　　累计折旧　　　　　　　　　　　　　　　　12 000

　　　　贷：固定资产　　　　　　　　　　　　　　　　　20 000

（5）暂不进行账务处理。

（6）暂不进行账务处理。

（7）借：待处理财产损溢——待处理流动资产损溢   40

       贷：库存现金   40

15.12.2 财产清查结果批准后的账务处理

（1）借：待处理财产损溢——待处理流动资产损溢   10 000

       贷：管理费用   10 000

（2）借：待处理财产损溢——待处理固定资产损溢   2 000

       贷：营业外收入   2 000

（3）借：管理费用   58 760

       贷：待处理财产损溢——待处理流动资产损溢   58 760

（4）借：营业外支出   8 000

       贷：待处理财产损溢——待处理固定资产损溢   8 000

（5）借：坏账准备   4 000

       贷：应收账款   4 000

（6）借：应付账款   2 000

       贷：营业外收入   2 000

（7）借：其他应收款   40

       贷：待处理财产损溢——待处理流动资产损溢   40